财 政 部 规 划 教 材
全国财政职业教育教学指导委员会推荐教材
全国中等职业学校财经类教材

出纳业务信息化处理

主编 陈建新

中国财经出版传媒集团
中国财政经济出版社

图书在版编目（CIP）数据

出纳业务信息化处理 / 陈建新主编. --北京 : 中国财政经济出版社，2020. 10

财政部规划教材 全国财政职业教育教学指导委员会推荐教材 全国中等职业学校财经类教材

ISBN 978 -7 -5095 -9971 -6

Ⅰ. ①出… Ⅱ. ①陈… Ⅲ. ①出纳会计实务 - 中等职业学校 - 教材 Ⅳ. ①F231. 7

中国版本图书馆 CIP 数据核字（2020）第 160509 号

责任编辑：樊 闽 责任校对：徐艳丽

封面设计：育林华夏

中国财政经济出版社 出版

URL：http：//www. cfeph. cn

E - mail：cfeph@ cfeph. cn

社址：北京市海淀区阜成路甲 28 号 邮政编码：100142

营销中心电话：010 -88191522 编辑中心电话：010 -88190666

天猫网店：中国财政经济出版社旗舰店

网址：https：//zgczjjcbs. tmall. com

北京鑫海金澳胶印有限公司印刷 各地新华书店经销

成品尺寸：185mm ×260mm 16 开 13. 75 印张 328 000 字

2020 年 10 月第 2 版 2020 年 10 月北京第 1 次印刷

定价：36. 00 元

ISBN 978 -7 -5095 -9971 -6

（图书出现印装问题，本社负责调换，电话：010 -88190548）

本社质量投诉电话：010 -88190744

打击盗版举报热线：010 -88191661 QQ：2242791300

编写说明

出纳工作是整个会计核算工作的基础和重要组成部分，出纳工作的质量和效率，直接关系到整个会计核算工作的质量和效率。出纳业务信息化处理将出纳业务与信息技术密切结合，既是“互联网 +”条件下财务工作对出纳业务进行信息化处理转型升级提出的新要求，也是出纳业务自身发展的必然规律。

本书根据企业实际的出纳工作进行编写，关注学生的专业要求和认知特点，结合出纳岗位信息化处理的要求，从出纳最基本的职业活动出发，采取模块化的教材结构，以任务驱动方式编制学习内容。

本书分 5 个模块，下设 10 个教学任务，主要内容如下：模块一，走进出纳岗位，讲述出纳工作基础知识及了解出纳业务信息化相关内容；模块二，设置出纳初始业务，讲述出纳开立银行账户及设置出纳系统基础信息的操作及相关知识；模块三，办理出纳日常业务，讲述出纳日常业务的处理及信息化系统的操作；模块四，处理出纳期末业务，讲述出纳期末业务的处理及信息化系统的操作；模块五，综合实训，讲述结合信息化系统操作的全月业务综合处理。

本书语言简洁，图文并茂，趣味性强，符合职业院校学生认知。书中的图示表现了职业情境，展示了业务流程，打破了传统教材的沉闷，有利于学生建构知识，形成能力。每个任务明确了学习目标，以趣味性的案例导入学习。每项活动均以栏目呈现，活动资料围绕工作事项提供相关的经济业务信息；活动指导是完成本活动的程序、方法及出纳系统操作的介绍。此外，还提供了每个模块的知识训练、技能训练，供学生巩固学习。

本书既可作为中职财经专业出纳教材使用，也可供出纳人员进行岗位培训、进修或自学使用。

本课程总学时为 36 学时，学时分配见下表（仅供参考）：

模块	任务	建议课时
模块一　走进出纳岗位	任务 1　认识出纳工作	2
	任务 2　了解出纳业务信息化	
模块二　设置出纳初始业务	任务 1　办理银行开户	8
	任务 2　启用出纳系统	
模块三　办理出纳日常业务	任务 1　处理现金业务	18
	任务 2　办理银行业务	

续表

模块	任务	建议课时
模块四　处理出纳期末业务	任务 1　处理银行对账工作	4
	任务 2　处理常规期末业务	
	任务 3　办理出纳交接业务	
模块五　综合实训	任务　综合实训	4
合　计		36

本书由广州市中等职业教育财经指导委员会牵头组织编写，广州市旅游商务职业学校陈建新担任主编。具体编写分工如下：模块一由广州市旅游商务职业学校刘佳编写；模块二由广州市商贸职业学校秦诗敏编写；模块三任务一由陈建新编写，任务二由广州市财经职业学校林娜和张聪编写；模块四由广州市番禺区工商职业技术学校邵翠芬编写；模块五由陈建新编写。全书由陈建新统稿，由广州市旅游商务职业学校韦霖制作全书账套资源。本书在编写过程中，得到广州市汇朗信息技术有限公司的大力支持，广州市财经职业学校余国艳和陈二军两位专家老师提供宝贵的专业意见，在此表示衷心的感谢。

本书为用书学校任课老师提供了习题答案和配套资源，如有需要，请以电子邮件形式向中国财政经济出版社索取（请注明学校、全书名、版次、作者），Email：caijingjiaocai@163. com。配套资源亦可登录以下网址下载：http：//jiaocai. cfeph. cn。

由于编者的水平、经验有限，书中难免存在不足之处，恳请广大读者批评指正。

编　者

2020 年 5 月

目　录

模块一

走进出纳岗位

羊城市国光电器有限公司刚刚成立，面向社会招聘财会部门工作人员。张峰从中职学校财经专业毕业，希望应聘国光电器公司的出纳岗位。他相信，凭借自己扎实的专业技能和企业出纳见习生的实践经历，一定能成功应聘！

图 1－1　面试准备

任务 1　认识出纳工作

【学习目标】

- □　明确出纳的工作内容和职责
- □　了解出纳专业能力要求
- □　知道出纳岗位与会计岗位的关系

- □ 掌握出纳必备的基本技能
- □ 了解出纳信息化软件
- □ 养成端正的工作态度和良好的职业道德

【知识储备库】

一、出纳的定义

出纳，顾名思义，出即支出，纳即纳入。从广义上讲，出纳是指任何与货币、票据等有价证券的进出管理、核算相关的工作。具体地说，出纳是指依据《中华人民共和国会计法》相关规定，保管库存现金、有价证券、财务印章及有关票据，办理本单位现金收付、银行结算、处理相关财务等工作的总称。

二、出纳人员的定义

出纳人员是指从事出纳工作、担任出纳核算的会计人员。出纳人员既包括专职的出纳，也包括现金业务工作中的各类收银员。其中收银员主要办理价值资金的收入工作，同时确保经手的资金和相关票据的安全与完整，其所经手的各种资金票据仍然需要专门的出纳人员进行核算和汇总。

三、出纳的工作内容

1. 办理现金业务。现金业务包括现金收款、付款、取现、存现、点验钞票、日记账登记等业务。

2. 办理银行业务。银行业务包括银行账户管理和银行结算业务。其中银行账户是企业在银行开立的各种银行结算账户，包括银行账户的开立、变更和年检；银行结算业务是指企业委托银行收付的相关业务，如转账、电汇、承兑、网银等业务。

3. 办理其他业务。其他业务主要包括工资的核算和发放、办理往来款项的结算、定期的盘点与对账，结账、出纳工作交接、印章和票据保管等。

四、出纳的职责

1. 维护财经纪律，执行财会制度，抵制不合法的收支和弄虚作假的行为。

2. 及时提供货币资金的使用和周转信息，参与货币资金计划的定额管理，为单位提出合理安排利用资金的意见与建议。

3. 严格遵守《现金管理暂行条例及实施细则》和《支付结算办法》，对现金支付规定范围内的货币资金进行管理，控制库存，超额现金要按规定送存银行。

五、出纳的基本技能

1. 财会基础知识。熟悉会计、税收等各项法律制度和政策法规；能认识各种账簿、票据存根、发票证明；能够准确填写企业所需的表单和文件；能将各种票据资料根据类别进行整理，装订保存。

2. 数字运算能力。能够高速、准确和精确地进行现金收付和票据金额计算。

3. 专业实操技能。能规范填制出纳业务票据，熟练辨别和点算人民币，正确审核税务发票。

4. 信息化能力。掌握在智能化票据平台上开具、复核、整理发票，在信息化平台上办理各类资金业务、进行资金管理的岗位技能。

六、出纳岗位和会计岗位的关系

1. 出纳与会计的分工不同。出纳在企业里主要负责票据、货币资金以及有价证券等的收付、保管、核算工作。而会计人员主要负责企业的财务核算工作，从设立账簿到填制会计凭证，从平行登记总账、明细账到编制会计报表，包括各种纳税申报和成本核算，都是由会计来完成的。

2. 出纳与会计的工作联系。出纳与会计之间有着很强的依赖性。他们核算的依据是相同的，都是会计原始凭证和会计记账凭证。他们相互利用对方的核算资料，共同完成会计任务，缺一不可。同时，他们之间又互相牵制与控制。出纳的现金和银行存款日记账、有价证券账要与会计负责的总账及明细分类账进行核对，保持总量相等。这就表示二者之间互相制约、互为牵制，共同确保账目核算清晰正确。

活动1　应聘出纳岗位

【活动描述】

张峰带着简历参加了羊城国光电器有限公司的出纳岗位面试。面试时，人事经理和部门主管要张峰谈谈对于出纳岗位的理解。

图1－2　企业招聘面试

【活动指导】

1. 做好面试准备工作。面试准备有助于求职者塑造良好的第一印象。在面试前，求职者应提前了解应聘单位信息和应聘岗位要求，备齐简历、荣誉证书和资格证书等原件及复印件。同时要注意自我形象设计，选择整洁、大方、得体的面试服装，打造良好的求职形象。

2. 进行面试答辩。

（1）在面试过程中，应聘者要始终保持自信，仪态大方、举止得体。

（2）在回答问题环节，针对面试官的提问，应稍作思考，充分关注问题的细节，理清思路后抓住要点、层次分明地答题。对于此次面试提问，可以从以下几个方面进行思考：

①出纳的主要工作内容是什么？

②出纳应具备怎样的专业能力和工作态度？

③出纳在企业财务工作中起什么作用？

（3）整理好思路，可以有点有面、逻辑清晰地进行回答：出纳是企业会计工作的基础，担负着最基础的资金管理和核算业务。出纳人员不仅要熟悉各项财务法律、法规政策，还要有踏实、细致、耐心的工作态度，熟练过硬的业务技能，廉洁奉公的职业道德以及良好的团队合作精神。

小提示

我们可以运用出纳人员岗位职业能力画像来加深对出纳职业的认知和理解（见表1－1），请同学们根据活动指导的提示及知识储备库的信息将出纳岗位职业能力画像补充完整。

表1－1　出纳人员岗位职业能力自画像

岗位职责概述	
岗位定位和作用	
项　目	具体要求
道德水平	
政策水平	
专业技能	
职业素养	

活动2　了解企业及部门组织架构

【活动描述】

经过层层选拔，张峰从众多应聘者中脱颖而出，成为羊城市国光电器有限公司的一名出纳人员。为了更好地了解企业、融入企业，张峰参加了公司组织的新员工入职培训。

【活动指导】

1. 了解企业。作为初入职场的新员工，在接受人力资源（HR）部门的入职培训时，可以从公司的性质、业务范围和企业文化等方面对任职企业做全面的了解。国光电器有限公司相关信息如下：

（1）企业类型：有限责任公司

（2）规模：中小企业

（3）营业地点：羊城市滨海区新华路20号

（4）成立时间：2019年5月5日

（5）经营范围：家用电器、电子产品、办公设备、通信产品及配件的销售和服务

（6）经营理念：用户体验是服务的唯一标准

2. 了解企业职能部门架构。企业各个部门之间都有自己的岗位职责。了解企业部门架构和工作职责有利于出纳更好地与各部门人员相互协调、共同配合完成工作任务。国光电器有限公司部门组织架构如图1－3所示。

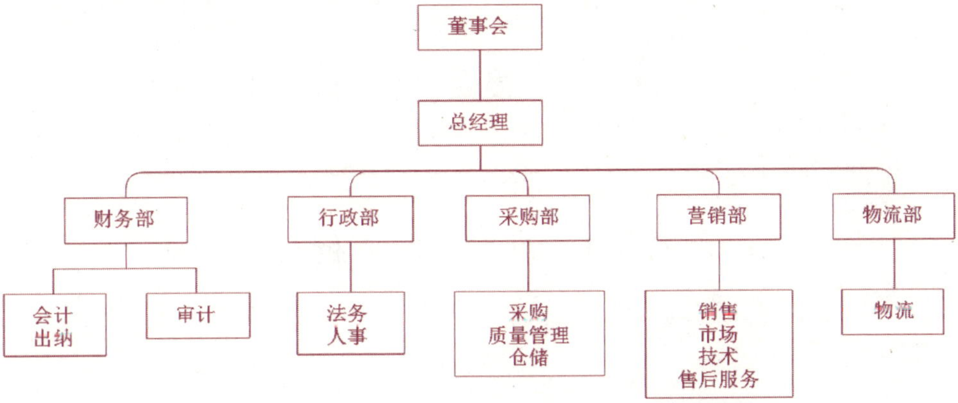

图1－3　羊城市国光电器有限公司部门组织架构图

小提示

我们可以运用企业自画像来加深对任职企业的认识和了解，请同学们根据活动指导的提示将羊城市国光电器有限公司企业画像补充完整（见表1－2）。

表1－2　　羊城市国光电器有限公司企业自画像

企业类型	
企业规模	
营业地点	
成立时间	
经营范围	
经营理念	
职能部门	部门职责
财务部	
行政部	
采购部	
营销部	
物流部	

活动3　接受岗前培训

活动3.1　辨别人民币和点算

【活动描述】

出纳要和“钱”打交道。作为一名合格的出纳，应当在每日工作结束后，对当日现金进行盘点和自查。张峰岗前培训的第一个任务就是跟着师傅老吴学习如何进行库存现金盘点和人民币检验。

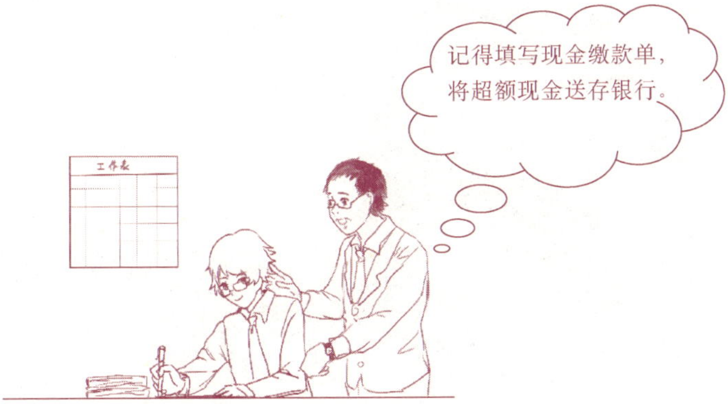

图 1－4　出纳岗位工作实践

【活动指导】

1. 确定盘点时间。出纳应于每天下班前盘点现金。

2. 按券别分类。出纳员收到票据后，先按硬币和纸币分类，再按不同的面值分类。硬币应当码齐，纸币应当平放铺开。

3. 整理票币。清分票币时，损伤券要挑出来。断裂的纸币可用纸粘好，但不得用大头针、回形针或订书针随意夹钉。挑净选好后，将票币墩好码齐，准备清点。

4. 清点数量。出纳人员可以采用手工点钞（见图 1－5），对于数额较大的票币，也可以使用点钞机进行票币清点（见图 1－6）。使用点钞机时，要按照规定的程序进行操作，准确进行喂钞、按键和取钞。清点数量时，按券别由大到小，按一定的要求（如好币、坏币等分开）清点张数进行一次初点。初点后，应采用不同的点钞方法再重新点一次，核对无误后即可捆扎并写好数量。

图 1－5　手持式单指单张点钞

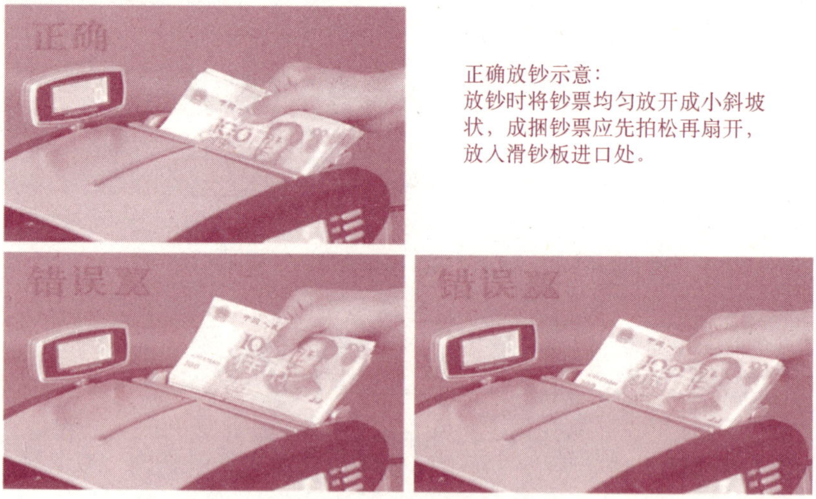

正确放钞示意：
放钞时将钞票均匀放开成小斜坡状，成捆钞票应先拍松再扇开，放入滑钞板进口处。

图 1－6　点钞机点钞

小提示

用点钞机点钞时要认真检查，如发现有假钞、破损或其他异物，要立即剔除再继续清点。清点过程中若发现假币，机器会自动停止并发出警报信号，这时可把假币取出。

5. 真假币辨别。盘点中对于 50 元、100 元的大额钞票，出纳要进行钞票验别。随着科技的发展，假币的制作手段也越来越高超，假币也越来越不好分辨。辨别假币的基本步骤是“一看，二摸，三听，四测”。

（1）感观鉴别。是指不借助仪器，通过人们的各种感觉和视觉来判断票币的真伪性，这也是人们日常生活中使用最为普遍的鉴别方法。

①眼看。主要观察票币上是否具备一线防伪措施。第五套人民币光变镂空开窗安全线位于钞票正面右侧，当观察角度由直视变为斜视时，安全线颜色由红色变为绿色。纸币票面中部印有光彩光变面额数字，改变钞票观察角度，面额数字颜色出现变化，并可见一条亮光带上下滚动。人像水印位于钞票正面左侧空白处，透光观察，可见毛泽东头像。假币则无上述特征。

②手摸。检查纸币凹印技术。真币在人物、国徽、字体、盲点等部分采用凹版印刷技术，所以手指触摸真币表面会有凹凸感。假币用纸往往不是专门的钞纸，厚度较大而且绵软，挺度、坚韧度差，没有凹凸感。

③耳听。抖动钞票听其声音。这是新钞票常用的鉴别方法，抖动钞票听其声响，真钞发出清脆的声音，而假钞票的声响发闷不脆。

④尺量法。以真币为标准，与可疑相应图案对照比较，要注意钞票规格尺寸是否符合标准、假钞票边缘是否整齐等。

（2）一般仪器鉴别。目前鉴别钞票真伪常用的有验钞机（见图 1－7）。但是要注意机器也有检测不出的时候，所以自己最好过一次手，识别假币最好是将自己的经验和验钞机相结合。

图 1－7　验钞机验钞

小提示

出纳员对于伪造、变造的票币必须当场向当事人声明，同时立即送交附近银行鉴别，由银行开具没收凭证，予以没收处理。

6. 计算金额。根据复点无误的数量与相应的票币面值进行计算，得出现钞的实有金额。

7. 盘点完毕，出纳收好现钞并填写现金缴款单，将单据送存银行（见表 1－3）。（2019 年 5 月 12 日，出纳员张峰将超出库存限额的现金 542 元送存银行。其中，面额 100 元纸币 5 张，面额 10 元纸币 4 张，面额 1 元纸币 2 张。）

表 1－3　　现金缴款单

收款人户名	羊城市国光电器有限公司												
收款人账号	44001551506666123		收款人开户行	中国农业银行羊城市滨海支行									
缴款人	羊城市国光电器有限公司		款项来源	零星收入									
币种（√）	人民币：√	伍佰肆拾贰元整	亿	千	百	十	万	千	百	十	元	角	分
	外　币：							¥	5	4	2	0	0
券别	100 元	50 元	20 元	10 元	5 元	2 元	1 元	5 角	1 角	辅币（合计）			
	5			4			2						

复核：　　　　录入：　　　　出纳：张峰

活动 3.2　规范出纳业务票据的填制

【活动描述】

“写”是出纳人员的基本功。出纳日常工作会接触到支票、现金收据、进账单等业务票据的填制，张峰开始跟着老吴学习出纳票据的填制规范。

【活动指导】

1. 明确票据的填制要求。填写票据和结算凭证必须做到标准化、规范化、要素齐全、数字正确、字迹清晰、不错漏、不潦草、防止涂改。

2. 规范票据文字的书写。中文大写金额数字应用正楷或行书填写，如壹、贰、叁、肆、伍、陆、柒、捌、玖、拾、佰、仟、万、亿、元、角、分、零、整（正）等字样。

大写金额的正确写法还应注意以下几项：

（1）中文大写金额数字到“元”或“角”为止的，在“元”或“角”之后应写“整”（或“正”）字；大写金额数字有“分”的，“分”后面不写“整”（或“正”）字。

（2）中文大写金额数字前应标明“人民币”字样，大写金额数字应紧接“人民币”字样填写，不得留有空白。

（3）阿拉伯数字小写金额数字中有“0”时，中文大写应按照汉语语言规律、金额数字构成和防止涂改的要求进行书写。举例如下：

①阿拉伯数字中间有“0”时，中文大写要写“零”字。

②阿拉伯数字中间连续有几个“0”时，中文大写金额中间可以只写一个“零”字。

③阿拉伯金额数字万位或者元位是“0”，或者数字中间连续有几个“0”，万位、元位也是“0”但千位、角位不是“0”时，中文大写金额中可以只写一个“零”字，也可以不写“零”字。

④阿拉伯金额数字角位是“0”而分位不是“0”时，中文大写金额“元”后面应写“零”字。

支票的出票日期必须使用中文大写，为防止变造票据的出票日期，在填写月、日时，月为壹、贰和壹拾的，日为壹至玖和壹拾、贰拾和叁拾的，应在其前加“零”，11 月、12 月的话需要加“壹”，日为拾壹至拾玖的应在其前加“壹”，如 1 月 15 日应写成零壹月壹拾伍日，再如 10 月 20 日应写成零壹拾月零贰拾日。

3. 规范票据阿拉伯数字的书写（见图 1－8）。

（1）倾斜书写。要求数码字上端向右倾斜，以 60°左右的水平倾斜角为宜。

（2）字位适当。

高度适当：要求书写留空，高度占全格的 1/2 或 2/3 为宜。数码字的书写要紧贴格子底线，不应悬在格子的中间。“6”的上端可以比其他数码字高出 1/4，“7”和“9”的下端可以比其他数码字伸出 1/4，但不得超过 1/3。

左右位置适当：每个数字的中部大体位于格距的 1/2 的两条对角线交点。

间距适当：大小一致，排列应保持相等距离，上下左右要对齐。

（3）字迹工整、保持特色。

图 1－8　阿拉伯数字手写字样

（4）阿拉伯小写金额数字前面最高位填写人民币符号“￥”。

4. 按规范正确填写票据。出纳应使用黑色的碳素墨水或签字笔书写票据。一般填写的顺序是先右后左，从上到下。填写完毕要认真核对日期、单位信息、个人信息是否无误，大小写金额、左右联用途是否一致等，确认无误后进行签章确认（见图 1－9）。（2019 年 6 月 10 日，羊城市国光电器有限公司开出转账支票支付羊城市永新有限公司运费 654 元。）

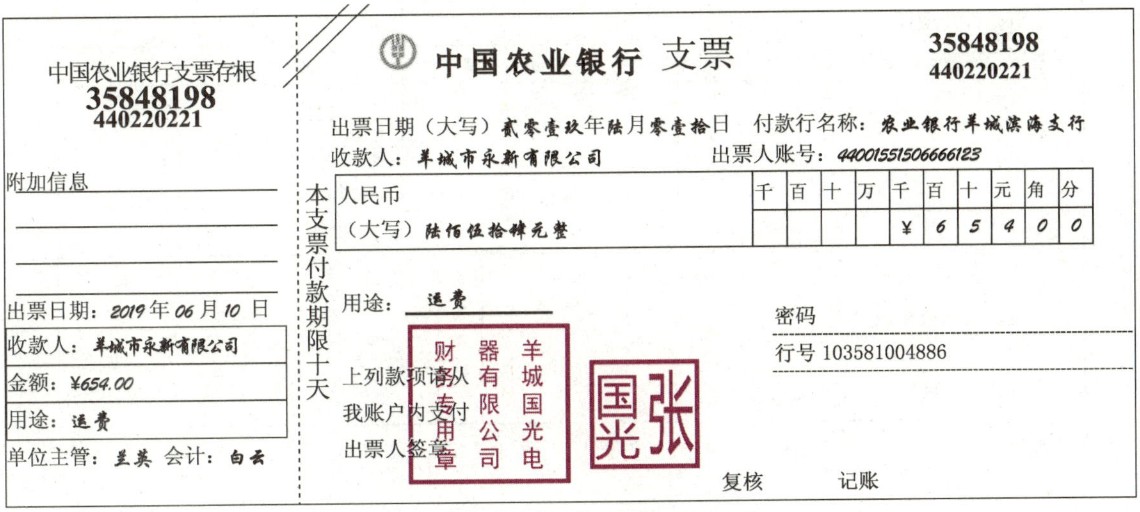
中国农业银行支票存根
35848198
440220221
附加信息
出票日期：2019 年 06 月 10 日
收款人：羊城市永新有限公司
金额：￥654.00
用途：运费
单位主管：兰英 会计：白云

中国农业银行 支票 35848198 440220221
出票日期（大写）贰零壹玖年陆月零壹拾日 付款行名称：农业银行羊城滨海支行
收款人：羊城市永新有限公司 出票人账号：44001551506666123
本支票付款期限十天
人民币（大写）陆佰伍拾肆元整

千	百	十	万	千	百	十	元	角	分
				￥	6	5	4	0	0

用途：运费
密码
行号 103581004886
上列款项请从我账户内支付
出票人签章
羊城国光电器有限公司财务专用章
张国光
复核 记账

图 1－9 转账支票

活动 3.3 审核及辨别发票

【活动描述】

发票审核是企业规范财务管理的重要环节，出纳是企业发票审核的最后一道关卡。为了提升业务能力和责任意识，张峰开始学习如何审核及辨别税务发票。

【活动指导】

1. 了解发票的种类。发票可以分为普通发票和增值税专用发票。

（1）普通发票，可分为增值税普通发票、增值税电子普通发票、国家税务通用机打发票、国家税务通用定额发票、客运发票、区块链电子普通发票等。普通发票的基本联次为三联：第一联为存根联，开票方留存备查用；第二联为发票联，收执方作为付款或收款原始凭证；第三联为记账联，开票方作为记账原始凭证（如图 1－10 至图 1－14）。

广东 增值税电子普通发票

国家税务总局 广东省税务局

No.

开票日期：　年　月　日

购买方	名　　称： 纳税人识别号： 地 址、电 话： 开户行及账号：				密码区	（略）	
货物或应税劳务、服务名称	规格型号	单位	数量	单 价	金　额	税率	税　额
合　　计							
价税合计（大写）	⊗				（小写）		
销售方	名　　称： 纳税人识别号： 地 址、电 话： 开户行及账号：				备注		

收款人：　　复核：　　开票人：　　销售方（章）

图 1－10　广东增值税电子普通发票

广 东 税务局通用机打发票

国家税务总局 广东省税务局

14400160DP12　　发票代码
21765696　　发票号码

开票日期：　　行业类别：　　机打号码

付款方名称： 付款方证件号： 收款方名称： 收款方证件号：				
开票项目说明	单位	数量	单价	金额(元)
合计金额（大写）： 附注： 开票人：				合计金额（小写）： 开票单位盖章：

发票联　付款方付款凭证（手写无效）

图 1－11　广东省税务局通用机打发票（一联无金额限制版·210mm×139.7mm）

广东省税务局通用定额发票

存根联

发票代码 440012256988

发票号码 888888888

贰拾元整

（存根联不做报销）

广东省税务局通用定额发票

发票联

20

发票代码 440012256988

发票号码 888888888

贰拾元整

（加盖发票专用章有效）

查验发票及查询发票防伪措施请登陆广东省税务局网址http://guangdong.chinatax.gov.cn

图 1－12　广东省税务局通用定额发票（20 元版）

（并列二联 20 元·175mm×77mm）

广东省客运限额发票

发票联

凭票乘坐 ________至________ 当此有效

班次________座号________

出发地点：

出发时间：

发票代码 142625985989

发票代码 000000000

粤国税征票函〔2012〕03号 广州市人民印刷厂股份有限公司制

票　价	保解核对
壹　元	1.00
贰　元	2.00
叁　元	3.00
肆　元	4.00
伍　元	5.00
陆　元	6.00
柒　元	7.00
捌　元	8.00
玖　元	9.00
壹 拾 元	10.00
壹拾壹元	11.00
壹拾贰元	12.00
壹拾叁元	13.00
壹拾肆元	14.00
壹拾伍元	15.00
壹拾陆元	16.00
壹拾柒元	17.00
壹拾捌元	18.00
壹拾玖元	19.00
贰 拾 元	20.00

图 1－13　广东省客运限额发票（1～20 元版）

广东电子普通发票

No.

开票日期：　　年　　月　　日

<table>
<tr><td rowspan="4">购买方</td><td colspan="4">名　　称：</td><td rowspan="4">密码区</td><td colspan="3" rowspan="4">（略）</td></tr>
<tr><td colspan="4">纳税人识别号：</td></tr>
<tr><td colspan="4">地 址、电 话：</td></tr>
<tr><td colspan="4">开户行及账号：</td></tr>
<tr><td colspan="2">货物或应税劳务、服务名称</td><td>规格型号</td><td>单位</td><td>数量</td><td>单 价</td><td>金　额</td><td>税率</td><td>税　额</td></tr>
<tr><td colspan="2">合　　计</td><td></td><td></td><td></td><td></td><td></td><td></td><td></td></tr>
<tr><td colspan="2">价税合计（大写）</td><td colspan="7">（小写）</td></tr>
<tr><td rowspan="4">销售方</td><td colspan="4">名　　称：</td><td rowspan="4">备注</td><td colspan="3" rowspan="4"></td></tr>
<tr><td colspan="4">纳税人识别号：</td></tr>
<tr><td colspan="4">地 址、电 话：</td></tr>
<tr><td colspan="4">开户行及账号：</td></tr>
</table>

收款人：　　　　复核：　　　　开票人：　　　　销售方（章）

图 1－14　广东区块链电子普通发票（单联无金额限制版）

小提示

现行的增值税普通发票（2016 版）分为折叠式和卷式两种。一般为两联，第一联为“记账联”，是销售方记账凭证；第二联为“发票联”，是购买方记账凭证；折叠式发票除了两联版还有五联版。五联版的其他联次由纳税人自行确定用途。

（2）增值税专用发票，是国家税务部门根据增值税征收管理需要而设定的，专用于纳税人销售或者提供增值税应税项目的一种发票。增值税专用发票分为中文三联版和中文六联版两种。第一联为“记账联”，是销售方记账凭证；第二联为“抵扣联”，是购买方记账凭证；第三联为“发票联”，是购买方记账凭证；六联版的其他联次由纳税人自行确定用途（见图 1－15）。

广东增值税专用发票 No.

记账联

开票日期： 年 月 日

购买方	名 称： 纳税人识别号： 地 址、电 话： 开户行及账号：			密码区	（略）		
货物或应税劳务、服务名称	规格型号	单位	数量	单 价	金 额	税率	税 额
合 计							
价税合计（大写）	（小写）						
销售方	名 称： 纳税人识别号： 地 址、电 话： 开户行及账号：			备注			

第一联：记账联 销售方记账凭证

收款人： 复核： 开票人： 销售方（章）

图 1－15 广东增值税专用发票（记账联）

2. 掌握发票的审核要点。

（1）辨别发票的真伪。

①借助紫光灯来鉴别发票的真假。正规发票的抬头上方印有“全国统一发票监制章”，在紫光灯下呈橘红色荧光反映，通过光线照射，里面会出现水印、不规则短光线、特制花纹等图案。

②对于增值税发票的真伪还可以拨打 12366 电话或登录国家税务总局全国增值税发票查验平台、省级税务机关的增值税发票查验平台，根据提示录入发票代码、发票号码、开票日期和不含税开票金额，即可确认发票的比对结果。

（2）审核发票内容。

①要识别发票各要素是否符合规定。单位名称、日期、经济业务内容、数量、规格、单价、金额等项目要填制完整，字迹清晰。

②查看印章是否齐全清晰，开票单位的盖章必须为全国统一尺寸和版本的发票专用章。从 2011 年 2 月起，根据修订后的《发票管理办法》要求发票必须盖发票专用章，不能盖财务章。

③勾稽关系的准确，大写、小写金额相符，各联次复写纸套写一致。对于打印的电子发票各项内容均不得涂改。

（3）审核报账的合规性。包括审批人的签批信息；采购合同及购进实物的销货清单与验收入库信息；费用发生日期、地点与业务发生日期、地点是否一致；费用是否超标准支出；付款与开票的路径对应信息、报账申请审批手续是否完备等。

3. 按要求正确审核发票（见图 1－16），完成业务结算。（2019 年 6 月 15 日，出纳员张峰收到管理部门张洁交来的向广州市佳佳文具有限公司购买办公用品增值税普通发票一张，审核无误后给予报销。）

发票检查平台查验真伪

广东增值税普通发票

4400082658　　　　发票联　　　　No. 0440017002111

开票日期：2019 年 06 月 15 日

购买方	名　称：羊城市国光电器有限公司 纳税人识别号：914401014408765422 地 址、电 话：羊城市滨海区新华路20号 34556788 开户行及账号：农业银行羊城滨海支行 4400155150666123				密码区		
货物或应税劳务、服务名称	规格型号	单位	数量	单 价	金　额	税率	税　额
台式计算器	D—230ML	台	5	50.00	250.00	13%	32.50
合　　计					¥225.00		¥32.50
价税合计（大写）	⊗贰佰伍拾柒元伍角整				（小写）¥257.50		
销售方	名　称：广州市佳佳文具有限公司 纳税人识别号：982009988776655447 地 址、电 话：中山一路120号 84352865 开户行及账号：建设银行中山一路支行44001551 79898				备注	广州市佳佳文具有限公司 982009988776655447 发票专用章	

第二联：发票联　购买方记账凭证

收款人：李楠　　复核：徐前　　开票人：王源　　销售方（章）

货物、日期等信息是否完整
大小写金额是否一致

单位信息是否无误

签章是否齐全

图 1－16　增值税普通发票（发票联）

小提示

假发票不能作为报销和付款的凭据，否则税务机关查到会要求做纳税调整，如果是非善意取得，还会受到行政处罚，情节严重者要负刑事责任。

任务2 了解出纳业务信息化

【学习目标】

- □ 知道出纳信息化的内涵和发展现状
- □ 了解出纳信息化对传统出纳工作的影响
- □ 了解用友出纳通的主要功能模块
- □ 掌握出纳信息化的操作流程
- □ 形成爱岗敬业、提高技能的工作态度

【知识储备库】

一、出纳业务信息化的内涵

出纳业务信息化，从形式上来说就是把互联网和计算机等当代电子信息技术延伸、运用到出纳业务所有流程的过程，目的是为了提高出纳业务的工作效率。通过网络信息交流手段，可以实现足不出户地进行一切有关出纳工作的交易。

二、出纳业务信息化的功能

出纳业务与现代信息化技术的密切结合可以实现三大功能。

1. 现金收支业务信息化。现金收支是出纳业务最常见的业务内容。引入信息化技术手段后，只要出纳人员完成对原始单据的审核，结束现金支付或收取等前期工作，就可以使用专门的出纳管理系统，把发生的具体业务记录贮存在计算机中，实现现金日记账登记的信息化处理。现金收支业务的信息化处理支撑系统包括出纳系统和总账系统。

2. 银行票据结算信息化。银行票据种类繁多，各类票据的填制是银行票据结算业务的主要内容。利用出纳系统进行票据的添加、领用、报销和核销，可以有效地提高工作效率。

3. 往来结算信息化。通过银行转账的途径处理企业的往来结算是一种常见的交易方式。信息化时代，通过设置往来单位的结算信息，形成网银系统、出纳系统和总账系统连接为一体的出纳管理系统，能更高效地完成各种收付业务。

三、出纳业务信息化的影响

1. 拓展出纳职能的发展空间。出纳业务具有三大职能，一是款项收付职能，二是反映职能，三是监督功能。出纳业务信息化可以实现对资金往来活动的有效监督，并实时反馈财务工作进展、具体细节以及信息的录入和传递。这就意味着出纳工作的职能不仅不会削弱，

反而会随着信息化的普及和深入更加强化。

2. 提高日记账的登记效率。货币资金收付业务是最常见的出纳业务，在人工记账的条件下，此类业务不仅耗时较多，而且容易出错。引入专业化的信息系统后，只要出纳人员能够准确输入记账凭证，计算机系统则会凭借有关程序自动生成日记账，不需要出纳人员再次登账。出纳人员还可以根据需要查询有关信息，并且随时打印库存现金和银行存款日记账。

3. 简化票据的填写工作。票据填写占据了出纳人员主要的工作时间，工作量较大且容易出错。相对于传统的手写票据方式，将出纳工作信息化，与票据相关的文字录入、金额书写在计算机上完成，然后将上述各类票据通过计算机直接填写并输出。通过软件自身的检查与校对功能既能避免错漏，也能确保出纳工作的精准性。

活动 1　选择出纳管理软件

【活动描述】

信息化时代对财务工作提出了新的要求，也给财务工作带来了新的挑战。财务部希望选择一款合适的出纳管理软件进行企业经济业务信息化管理，提升财务管理效率。

【活动指导】

1. 开展出纳软件市场调研。经过考察，财务部了解到市场上出纳软件众多，用友、金蝶、金码、007 和顺和是企业使用最为广泛的出纳管理软件（见图 1－17）。

图 1－17　市场主要出纳软件

2. 进行出纳软件的对比分析。对于中小企业，选择一款专业、高效的出纳管理软件，能让出纳工作变得更轻松、工作成果更出色、票据管理更规范。通过调研，财务部了解到市场上主流各出纳软件的具体特点和优势如表 1－4 所示。

表 1－4　　市场主要出纳软件介绍

软件名称	特点	优势
用友财务	好用、专业、智能、适合各种行业单位出纳工作的需要	中国最大的财务软件供应商，系统可以运作资金的管理，提高资金运作的效益。适用于制造业、金融业、批发与零售等不同行业的中小型企业，根据不同客户有不同版本
金蝶	易学易用，界面美观	金蝶 K/3 系统可以整合各单位的资料，可以随时结算，符合财税法规，达成内稽内控的目标
007	专业而且智能，符合会计法相关要求	对账户管理采用分级制，可以逐级分层按需建立日记账户，拥有强大的查询统计功能，拥有全账户范围明细与统计模块，使所有资金流向都一目了然
金码	有独到之处	操作简易、高度智能、超强稳定，以及拥有强大的报表功能、完善的内部控制和便捷的移动办公等
顺和	向导式操作，可快速熟悉	诸多强大的查询、统计功能；方便的账套复制创建功能，节省基础信息的准备时间

3. 经过比较，老吴和张峰一致认为用友财务更符合所在企业对财务管理规范性、及时性和信息化的需求，决定向公司报批采购用友财务管理软件，此建议获得公司同意，有利于开展出纳业务信息化工作（见图 1－18）。

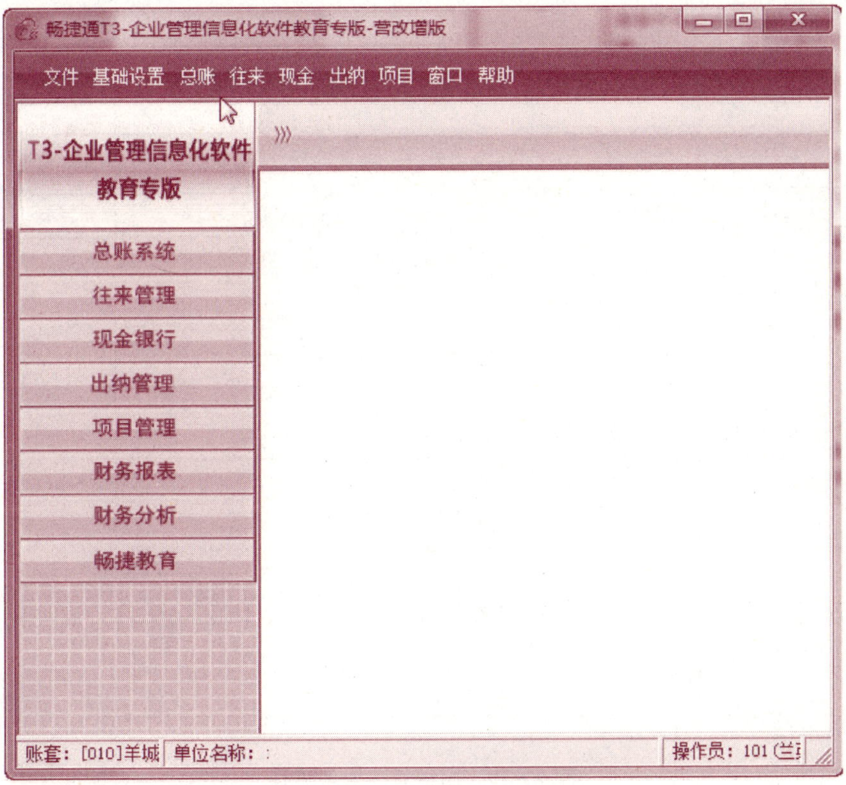

图 1－18　用友 T3 信息化软件操作页面

小提示

在使用软件前，需要出纳人员懂得最基本的电脑操作方法，如开关机，鼠标键盘的使用以及上网的简单操作，尤其是 WORD、EXCEL 和 PPT 的熟练使用。

活动2　认识用友出纳通管理软件

【活动描述】

财务软件采购到位，羊城市国光电器有限公司将要全面实施出纳业务信息化。出纳员张峰参加了用友出纳通系统的业务培训。

【活动指导】

1. 明确出纳管理的业务流程（见图 1－19）。

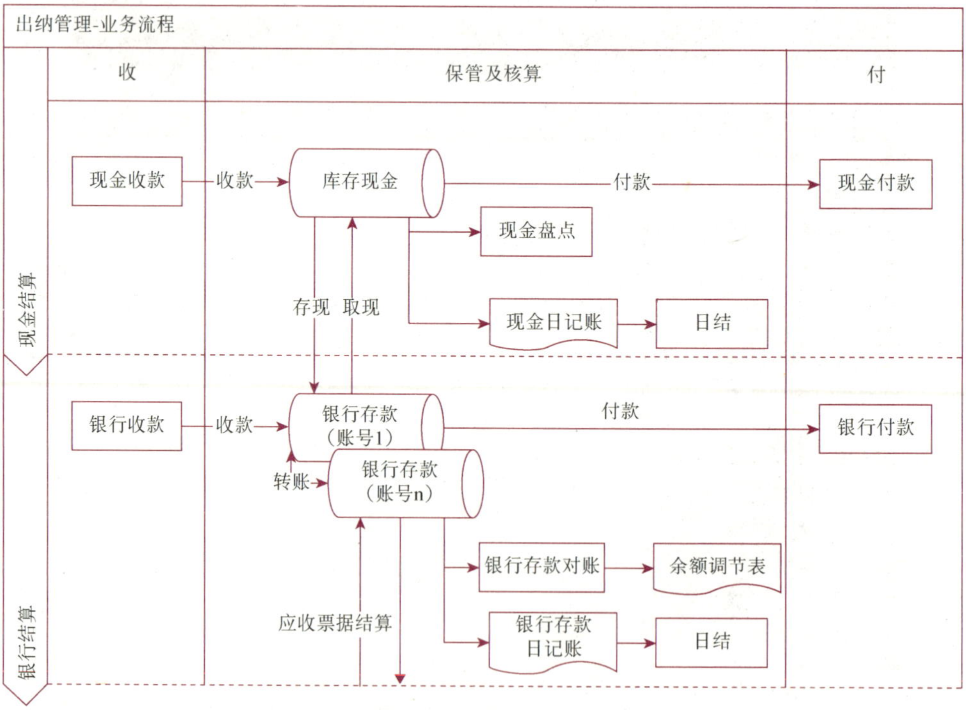

图 1－19　出纳管理业务流程

2. 了解用友出纳通的主要功能模块（见图 1－20）。

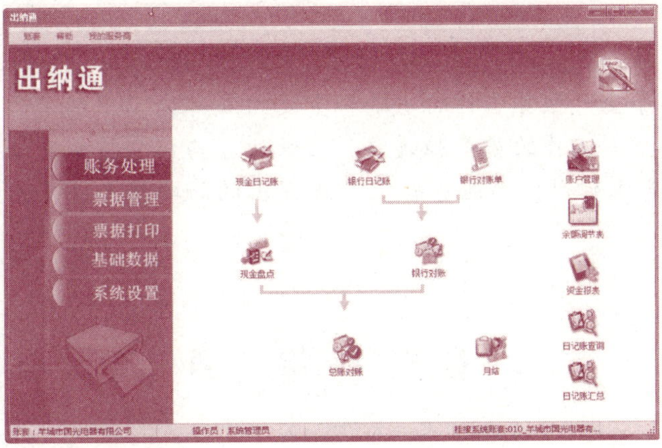

图 1－20　用友出纳通操作页面

（1）系统管理模块。包括出纳业务账套的建立、删除、备份、结转年度账等工作，该模块是管理出纳业务的后台。

（2）系统设置模块。包括操作员的设置、当前操作员密码修改、账套备份、账套参数调整等。其中账套备份很重要，建议至少每月一次。

（3）账户处理模块。现金、银行存款日记账的添加、修改、删除、启用、停用、过账、和总账对账、结账等操作。

（4）票据管理模块。对支票等票据进行管理，可以添加、领用、报销、核销各类票据。

（5）票据打印模块。主要功能是支票打印，还包括新建票据、导入票据以及管理常用票据等多种功能。

（6）基础数据模块。包括银行结算方式、往来单位、常用摘要、票据用途、币种等基础档案数据。出纳可以提前进行这些数据的录入，也可以在填制日记账的过程中进行增加。

3. 理解用友出纳通业务处理的勾稽关系（见图 1－21）。

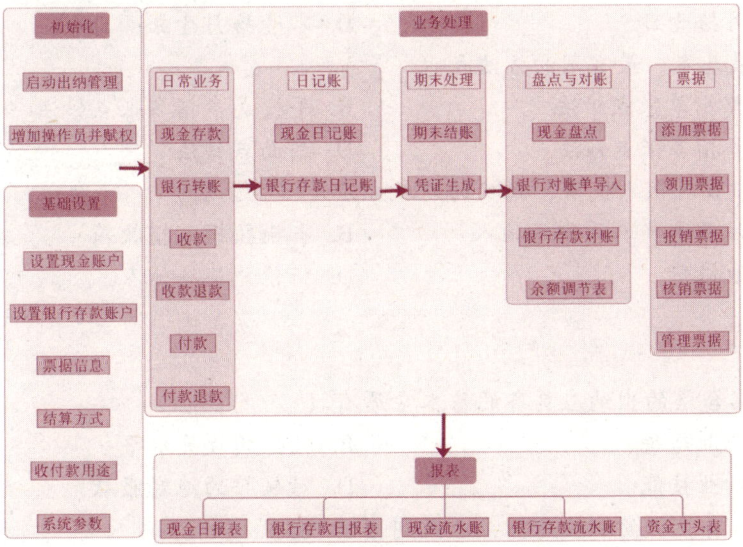

图 1－21　用友出纳通业务处理勾稽关系

小提示

出纳工作是整个会计核算工作的基础和重要组成部分，出纳工作的质量和效率，直接关系到整个会计核算工作的质量和效率。出纳业务与信息技术密切结合，既是“互联网 +”条件下财务工作对出纳业务转型升级提出的新要求，也是出纳业务自身发展的趋势。

考核与实训

一、单选题

1. 企业应设置“现金日记账”，由（　　）按照经济业务发生的先后顺序逐日逐笔进行登记。

A. 会计人员　　B. 出纳人员

C. 会计主管　　D. 经办人员

2. 关于出纳和会计的分工不同，正确的表述是（　　）。

A. 明细账会计负责企业经济业务的总括核算，为企业经济管理和经营决策提供总括全面的核算资料

B. 总账会计分管企业的明细账，为企业经济管理和经营决策提供明细分类核算资料

C. 出纳负责企业的货币资金，有价证券的收付、保管、核算工作

D. 出纳人员可以兼任稽核和会计档案保管工作

3. 在填写票据日期 10 月 11 日时，下列各项填写正确的是（　　）。

A. 壹拾月壹拾壹日　　B. 壹拾月拾壹日

C. 零壹拾月拾壹日　　D. 零壹拾月壹拾壹日

4. 点钞中最基本、最常用的方法是（　　）。

A. 手持式单指单张点钞法　　B. 手按式多指多张点钞法

C. 手持式多指多张点钞法　　D. 扇面点钞法

5. 在工作中误收假人民币，正确的处理方法是（　　）。

A. 趁人不注意夹在真币中给他人　　B. 当捐款捐入捐款箱

C. 上缴当地银行　　D. 折价兑换给他人

二、多选题

1. 作为一名合格的出纳应具备的基本素质有（　　）。

A. 良好的职业道德　　B. 较强的政策水平

C. 熟练的专业技能　　D. 对领导的绝对服从

2. 出纳要具备良好的职业道德，应做到（　　）。

A. 爱岗敬业　　B. 廉洁自律

C. 强化服务

D. 保守秘密

E. 客观公正

3. 辨别真伪币的方法包括（　　）。

A. 抖动钞票听声音

B. 只凭摸人像

C. 看水印和防伪线

D. 查看纸币两面图案的清晰度

4. 票币整点必须做到（　　）。

A. 点准

B. 点齐

C. 捆紧

D. 盖章清晰

5. 在原始凭证上书写阿拉伯数字，正确的做法是（　　）。

A. 币种符号和金额数字之前要留有空白

B. 金额数字前要写币种符号

C. 币种符号与金额数字之间不能留有空白

D. 数字前有币种符号的，数字后不再写货币单位

三、业务题

1. 购买阿拉伯数字练习纸，在数字书写练习纸中练习数字0～9。

2. 对照表1－5文字用楷体练习中文大写数字的书写。

表1－5

零										
壹										
贰										
叁										
肆										
伍										
陆										
柒										
捌										
玖										

3. 请指出表1－6中金额的错误并更正。

表1－6

小写金额	大写金额		
	错误写法	错误原因	正确写法
例：￥600.00	人民币陆佰元	少写了“整”	人民币陆佰元整
￥18 002.00	人民币壹万捌仟另贰元整		
￥15.08	人民币拾伍元捌分		
￥7 030.40	人民币柒仟零叁拾元肆角零分		
￥5 370.40	人民币伍仟叁佰柒拾零元肆角整		
￥10.04	人民币拾元零肆分		

4. 将下列中文数字写成阿拉伯数字。

（1）人民币捌角柒分 ____________

（2）人民币壹拾陆万零叁拾贰元整 ____________

（3）人民币肆佰叁拾元零捌分 ____________

（4）人民币壹拾万元整 ____________

（5）人民币伍仟万零贰拾元整 ____________

5. 教师组织学生到企业实训基地参观和调研，由企业代表向学生介绍企业基本情况及部门设置，财务工作人员分工和职责。学生组成学习小组，以小组为单位将了解到的出纳人员的具体工作职责和要求以思维导图的形式表现出来，提交小组学习成果并在课堂上进行分享和交流。

6. 以小组为单位，了解出纳业务信息化的发展现状，提交小组学习成果并在课堂上进行交流。

7. 进入用友出纳通了解各模块及内容，填写用友出纳通模块学习记录表（见表1－7）。

表1－7

模块	功能
1.	
2.	
3.	
4.	
5.	
6.	

模块二
设置出纳初始业务

公司已经完成注册，出纳来到了银行，为公司开办银行账户……

图2－1　办理银行开户活动情景图

企业完成工商注册登记后，要进行正常的经营必然要开立银行账户，用于办理存款和转账结算等。银行存款账户分为基本存款账户、一般存款账户、临时存款账户、专业存款账户四大类。每种存款账户功能不尽相同。

任务1　办理银行开户

【学习目标】

- □ 了解银行账户的种类
- □ 了解各种银行账户的功能和使用规定
- □ 熟悉办理各种银行开户的流程
- □ 能够完成银行开户业务
- □ 通过模拟完成银行账户开户工作，提升沟通协调能力

【知识储备库】

一、银行账户的概念

银行账户是各单位为办理结算和申请贷款在银行开立的户头，也是单位委托银行办理信贷和转账结算及现金收付业务的工具，它具有监督和反映国民经济各部门、各单位活动的作用。

二、银行账户的分类

根据《银行账户管理办法》，银行账户分为基本存款账户、一般存款账户、临时存款账户和专用存款账户，上述各类账户均有不同的使用范围。

1. 基本存款账户。基本存款账户是指存款人办理转账结算和现金收付的主办账户，经营活动的日常资金收付以及工资、奖金和现金的支取均可通过该账户办理。存款人只能在银行开立一个基本存款账户。开立基本存款账户是开立其他账户的前提。按照人民币银行结算账户管理办法规定，一家单位只能选择在一家银行申请开立一个基本存款账户。

2. 一般存款账户。一般存款账户是存款人因借款或其他结算需要，在基本存款账户开户银行以外的银行营业机构开立的银行结算账户。存款人开立一般存款账户没有数量限制，但一般存款账户不能在存款人基本存款账户的开户银行开立。一般存款账户用于办理存款人借款转存、借款归还和其他结算的资金收付。该账户可以办理现金缴存，但不得办理现金支取。

3. 临时存款账户。临时存款账户是存款人因临时需要并在规定期限内使用而开立的银行结算账户。因异地临时经营活动需要时，可以申请开立异地临时存款账户，用于资金的收付。

4. 专用存款账户。专用存款账户是指存款人按照法律、行政法规和规章，对其特定用

途资金进行专项管理和使用而开立的银行结算账户。专用存款账户用于办理各项专用资金的收付，适用于基本建设资金，更新改造资金，财政预算外资金，粮、棉、油收购资金，证券交易结算资金，期货交易保证金，信托基金，金融机构存放同业资金，政策性房地产开发资金，单位银行卡备用金，住房基金，社会保障基金，收入汇缴资金，业务支出资金，党、团、工会设在单位的组织机构经费，其他需要专项管理和使用的资金。

活动1　办理银行开户业务

【活动描述】

2019年5月6日，羊城市国光电器有限公司已完成工商登记，出纳员张峰与法定代表人张国光持相关资料到农业银行羊城市滨海支行办理开办基本户业务，如表2-1所示。

表2-1　　羊城市国光电器有限公司开户信息表

编号	01310073460		
统一社会信用代码	914401014408765422		
名称	羊城市国光电器有限公司		
类型	有限责任公司（自然人投资或控股）		
住所	羊城市滨海区新华路20号	电话	34556788
法定代表人	张国光	身份证	441122197604010645
注册资本	捌拾万元整		
成立日期	2019年5月5日		
营业期限	2019年5月5日 至 长期		
经营范围	家用电器、电子产品、办公设备、通信产品及配件的销售和服务		
开户银行	中国农业银行羊城滨海支行	账号	44001551506666123
财务人员	出纳：张峰　（103） 会计：白云（102） 财务主管：兰英（101）	身份证	441122198504013227

【活动指导】

图 2－2　办理银行开户流程

1. 出纳员张峰准备开户资料。

（1）营业执照正本，如图 2－3 所示。

（2）营业执照副本，如图 2－4 所示。

（3）开业通知书。

（4）开户证明，如图 2－5 所示。

（5）法人代表身份证、本人身份证。

（6）公章、财务专用章、法人印鉴。

（7）其他资料。

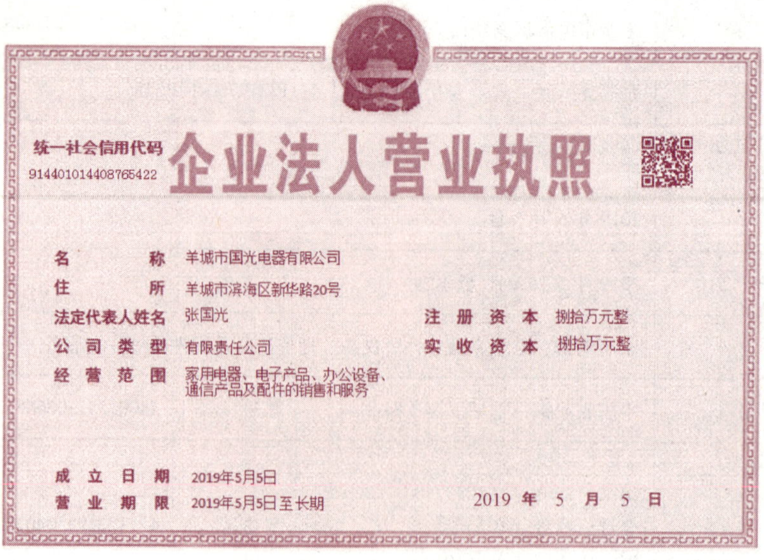

统一社会信用代码
914401014408765422

企业法人营业执照

名　　称　羊城市国光电器有限公司
住　　所　羊城市滨海区新华路20号
法定代表人姓名　张国光　　　注册资本　捌拾万元整
公司类型　有限责任公司　　　实收资本　捌拾万元整
经营范围　家用电器、电子产品、办公设备、通信产品及配件的销售和服务

成立日期　2019年5月5日
营业期限　2019年5月5日至长期　　　2019 年 5 月 5 日

图 2－3　企业法人营业执照

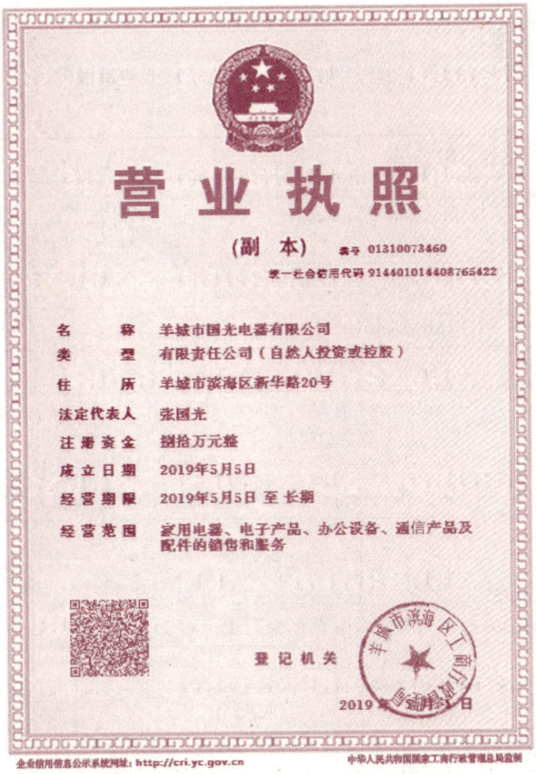

营业执照

(副 本) 编号 01310073460

统一社会信用代码 914401014408765422

名称	羊城市国光电器有限公司
类型	有限责任公司（自然人投资或控股）
住所	羊城市滨海区新华路20号
法定代表人	张国光
注册资金	捌拾万元整
成立日期	2019年5月5日
经营期限	2019年5月5日 至 长期
经营范围	家用电器、电子产品、办公设备、通信产品及配件的销售和服务

登记机关

2019年[illegible]日

企业信用信息公示系统网址：http://cri.yc.gov.cn

中华人民共和国国家工商行政管理总局监制

图 2－4 营业执照副本

开户证明
中国农业银行羊城滨海支行： 兹有我单位羊城市国光电器有限公司，因业务发展需要，需在贵行开立（基本）账户，请协助办理。 特此证明。 单位公章：羊城市国光电器有限公司 法定代表人（签字/盖章） 2019 年 5 月 6 日

图 2－5 开户证明

2. 出纳员张峰填写开立基本存款账户申请表基本信息，如表 2－2 所示。

表 2－2

开户申请表

中国农业银行　开立单位银行结算账户申请书

No. 0906608

存款人名称	羊城市国光电器有限公司	电　话	34556788
地　　址	羊城市滨海区新华路 20 号	邮　编	510200
存款人类别	有限责任公司	统一社会信用代码	914401014408765422
法定代表人（ ） 单位负责人（ ）	姓　名：张国光	证件种类	身份证
	证件号码	441122197604010645	
行业分类	A（ ） B（ ） C（ ） D（ ） E（ ） F（ ） G（ ） H（ ） I（ ） J（ ） K（ ） L（ ） M（ ） N（ ） O（ ） P（ ） Q（ ） R（ ） S（ ） T（ ）		
注册资金	捌拾万元整	地区代码	
经营范围	家用电器、电子产品、办公设备、通信产品及配件的销售和服务		
证明文件种类		证明文件编号	
关联企业	关联企业信息填列在“关联企业登记表”上		
账户性质	基本（√）　一般（　）　专用（　）　临时（　）		
资金性质	经营资金	有效期至	年　月　日
以下为存款人上级法人或主管单位信息：			
上级法人或主管单位名称		统一社会信用代码	
基本存款账户开户许可证核准号			
法定代表人（　） 单位负责人（　）	姓　名		
	证件种类		
	证件号码		
以下栏目由开户银行审核后填写：			
开户银行名称		开户银行代码	
账户名称		账号	
基本存款账户开户许可证核准号		开户日期	
本存款人申请开立单位银行结算账户，并承诺所提供的开户资料真实、有效。 羊城市国光电器有限公司 存款人（公章） 2019 年　5 月　6 日	开户银行审核意见： 经办人（签章） 银行（签章） 年　月　日	人民银行审核意见： （非核准类账户除外） 经办人（签章） 人民银行（签章） 年　月　日	

3. 法定代表人签订开立本存款账户协议书。

4. 出纳员预留银行印鉴。如表 2－3、表 2－4 所示。

表 2－3　　银行预留印鉴（正面）

中国农业银行
AGRICULTURAL BANK OF CHINA　　预留印鉴卡（正面）　编号：512115626
广州分行

姓名	羊城市国光电器有限公司						
地址	羊城市滨海区新华路 20 号						
账号		账户类型	基本户	通兑标识	□通兑　□不通兑		
联系人	张国光	联系电话	34556788	联系人	张峰	联系电话	34556788
日期		印鉴启用日期		销户日期			
备注							
√新开户 √管理							
√支付 √对账	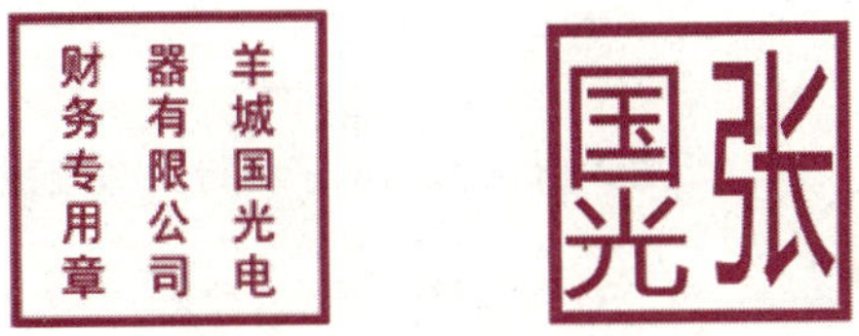						

表 2－4　　银行预留印鉴（背面）

中国农业银行
AGRICULTURAL BANK OF CHINA　　预留印鉴卡（背面）
广州分行

新开户 变更	支付 对账 管理	

续表

本公章系证明我单位预留银行印鉴真实有效：	加盖单位公章： 羊城市国光电器有限公司	法定代表人签名：张国光 或授权人签名： 备注：如果属于个人支票，申请人必须要在单位公章栏亲笔签名，并记录身份证件号码。

入库复核：　　建库录入：　　运营主管：　　经办：　　　　受理日期：2019 年 5 月 6 日

5. 出纳张峰到开户行取回账户信息表，完成开户手续。

【活动拓展】

1. 开通电子银行业务流程，如图 2－6、图 2－7 所示。

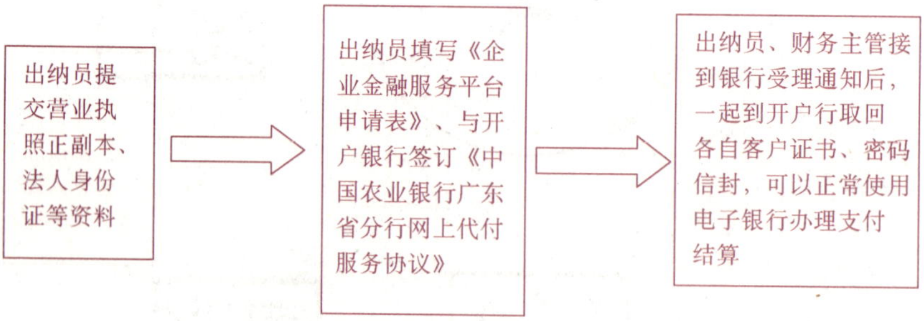

图 2－6　开通电子银行业务流程图

图 2－7　电子银行界面

2. 开通微信支付结算功能流程，如图 2－8、图 2－9 所示。

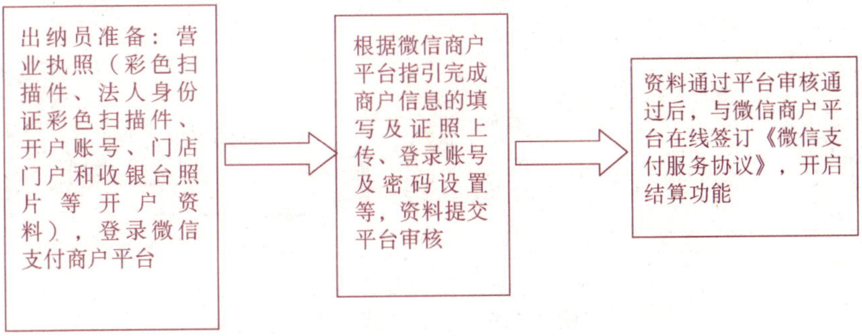

图 2－8　开通微信支付结算业务流程图

图 2－9　微信支付商户平台界面

活动 2　办理支票申购

【活动描述】

2019 年 5 月 14 日，出纳员张峰办理申购支票业务。

【活动指导】

图 2－10　申购支票流程图

1. 2019 年 5 月 14 日，出纳员张峰，持财智卡到开户行预约机器填写申购支票申请，预约申购支票，同时打印收款凭条，如表 2－5 所示。

表 2－5

收费凭条

中国农业银行　收费凭条

2019 年 5 月 14 日

付款人名称	羊城市国光电器有限公司		付款人账号	4400155150666 6123									
服务项目（凭证种类）	数量	工本费	手续费	小计									
				百	十	万	千	百	十	元	角	分	
支票	2						¥	1	0	0	0	0	上述款项请从我账户中支付。预留印鉴：羊城国光电器有限公司财务专用章 张国光
合计							¥	1	0	0	0	0	
金额币种	人民币（大写）壹佰元整												
以下在购买凭证时填写													
领购人姓名	张峰		领购人证件类型	身份证									
			领购人证件号码	441122198504013227									

2. 2019 年 5 月 17 日，张峰收到开户行告知到营业网点购买支票。张峰持已盖印鉴的“收款凭条”到开户行对公窗口取支票本，完成购票业务。

任务 2 启用出纳系统

【学习目标】

☐ 了解财务软件和出纳信息化软件的安装流程
☐ 掌握建立账套基本信息、设置操作员，并赋予相应权限的操作
☐ 能建立、输出和引入出纳账套
☐ 能设置机构人员、客户和供应商信息
☐ 能完成出纳账套中的基础信息备份、设置现金账户和银行账户
☐ 在完成出纳管理系统初始化任务中养成细心、谨慎的工作态度

【知识储备库】

一、系统管理

系统管理是财务软件的数据创建及维护的后台，主要包括建立账套、启用账套、备份账套、还原账套、增加操作员、修改操作员及操作员的权限分配等操作。

二、账套

账套是指一个独立、完整的数据集合。这个数据集合包括一整套的系统控制参数、用户权限、基本档案、会计信息、账表查询等，为一个独立的数据库。

三、操作员

操作员是指有权限登录系统，对系统进行操作的人员，又称为“用户”。每次注册登录系统，都要进行操作员身份的合法性检查。只有具有操作权限的操作员登录相应系统之后，才能进行相关操作。

四、赋权

赋权，又称财务分工或对操作员进行权限管理，即对允许使用系统的操作员规定操作权限。通过赋权，使得不同部门、不同岗位的人员只能做自己的工作，从而保证系统数据的安全性。

五、权限

系统管理员拥有操作各模块的最高权限，由他来设置操作员并给予赋权。需要赋权的内

容如下：

1. 账务处理。定义该操作员的业务处理范围，包括账户管理、资金报表、现金日记账、银行日记账和余额调节表。还可以对账户进行流程权限控制，如日记账编辑、日记账删除、过账、取消过账、对账单编辑、银行对账、月结等。

2. 票据。定义该操作员的票据模板权限，包括导入、新建、删除票据模板，管理票据类型和常用票据。对具体的票据模板还可以进行流程权限控制，如开票、打印、查询、作废、修改等。

3. 票据管理。票据管理主要是管理票据账户，以及具体的票据账户添加、领用、报销、核销、删除等流程的控制。

4. 基础数据。定义操作员是否有权管理自定义基础数据，以及对已有基础数据的编辑、导入下载和导出处理。

5. 系统管理。定义该操作员是否具备账套备份、账套参数、用户管理、会计日历、挂接参数的权限。

六、部门档案

1. 系统里的“部门”，是指在某使用单位管辖下的具有进行财务核算或业务管理要求的单元体，不一定与企业实际的职能部门完全吻合。由于在会计核算中，往往需要按部门进行分类核算和汇总，有隶属关系的上下级部门之间具有数据汇总关系，因此部门档案主要用于设置企业各个职能部门的信息，主要包括部门编码、名称、负责人、部门属性等信息。

2. 部门编号必须符合在创建账套时已定义好的编码级次原则。部门编号及名称必须唯一。

七、职员档案

系统里的“职员”，是指企业的各个职能部门中，参与企业的业务活动且需要对其进行核算和业务管理的人员，如采购员、库管员、销售员等。职员档案主要用于记录本企业使用系统的职员列表，包括职员编号、名称、所属部门及职员属性等。

八、客户档案

在系统建立客户档案的目的是有效地进行客户管理，随时了解客户需求，以便更好地为客户服务。客户档案里必须详细记录每一客户的信息，主要包括如下内容：

1. 客户编号。客户编号必须唯一，既可以用数字或字符表示，也可以与 * （） + -. \ < >/# $ 等符号组合表示，最多可输入 20 位数字或字符。

2. 客户名称。即销售客户的全称，用于打印销售发票。

3. 所属分类码。即该客户所归属的客户分类。

4. 客户总公司。即该客户所隶属的最高一级的公司。

5. 税号。即客户的信用代码。

6. 开户银行。即客户的开户银行名称。如果客户有多个开户银行，应输入与该客户之间发生业务往来时最常用的开户银行。

7. 银行账号。即客户的开户银行账号。

8. 折扣率。即客户在一般情况下可以享受的购货折扣率。

9. 信用等级。即依据客户在应收款项方面的表现设定的信用等级。

此外，还有应收余额以及本单位的业务员、联系人、电话、地址、邮编、传真、E-mail、网址等信息。这些信息越详细越好，以便查询或调用。在系统使用前，必须建立好客户档案，在使用时随着经济业务的扩展，可以随时向客户档案中追加新的客户。已使用的客户档案不能删除。

九、会计科目的设置、增加与修改、指定、设置凭证类型

1. 设置会计科目。在设置会计科目时，输入的基本内容包括会计科目编码、科目名称、科目类型、账页格式、辅助账标记等项目。

（1）会计科目编码。一级科目编码按财政部的统一编码方案编制；明细科目编码按照参数设置中对科目编码级次和级长的规定进行设置。输入科目编号时，首先要满足科目编码方案的各级位数要求，通常方法是同级科目按顺序排列，以序号作为本级科目编码，加上上级科目编码，组成本级科目全编码，即：

本级科目全编码 = 上一级科目全编码 + 本级科目编码

其次要满足唯一性要求。最后要满足新增的会计科目所属上级科目必须已经存在。

（2）会计科目名称。是指会计科目的汉字名称。它是证、账、表上显示和打印的标志，也是企业与外部交流信息所使用的标志。

（3）科目类型。按照《小企业会计准则》规定，科目类型分为五大类，即资产类、负债类、所有者权益类、成本类和损益类。

（4）账页格式。即根据会计核算的需要规定每个科目的账页格式，有金额式、外币金额式、数量金额式、数量外币式等几种。

（5）辅助账设置。为了满足对某些会计业务的核算和管理，企业除了完成一般的总账、明细账核算设置外，还可以设置辅助账，以便为管理者提供更准确、更全面的会计信息。辅助账主要包括外币核算、数量核算、个人往来、客户往来、供应商往来、部门核算、项目核算等，另外还有银行账和日记账。

2. 增加会计科目。如果在建立账套时选择预置标准会计科目体系，则在设置会计科目时只需对不同的会计科目进行修改，对缺少的会计科目进行增加；如果选择不预置会计科目体系，则根据实际需要设置全部会计科目。

为了加快设置会计科目的速度和准确性，可以对下级科目或者同级属性相近的科目进行复制，然后只需稍作改动即可完成会计科目的增加。

3. 修改会计科目。如果需要对原有会计科目的某些项目进行修改，如科目名称、账页格式、辅助核算、汇总打印、封存标识等，可以通过“修改”功能来完成。

在建立会计科目时，对有辅助核算要求的科目，需要设置相应的辅助核算标识，以便在输入凭证时，系统根据辅助账标志，输入相应的附加内容。例如，将“（1001）库存现金”科目设为日记账核算；“（1002）银行存款”设为日记账和银行账核算。

辅助账标志一般要求设在最底层的科目上，但为了查询或出账方便，其上级也可以设置辅助账类。辅助账一经定义并已使用，则不要随意修改，以免造成账簿数据的混乱。

4. 指定会计科目。指定会计科目是指确定出纳员专管的会计科目，如现金、银行总账

科目。其目的是在出纳功能中可以查询“现金日记账”和“银行存款日记账”。当进行银行对账，以及在制单中进行支票控制和资金赤字控制时，可以实现现金、银行管理的保密性。

5. 设置凭证类别。第一次使用总账系统，首先应正确选择凭证类别的分类方式，可以按以下几种常用分类方式进行定义：

（1）记账凭证。

（2）收款凭证、付款凭证、转账凭证。

（3）现金凭证、银行凭证、转账凭证。

（4）现金收款凭证、现金付款凭证、银行收款凭证、银行付款凭证、转账凭证。

（5）自定义。任何一种分类都不会影响记账结果。

十、出纳账户管理、出纳账套参数

1. 出纳账户管理。出纳员对资金的收入、支出和结存进行管理时，往往需要设置多个账户才能满足需要，添加出纳账户主要包括如下内容：

（1）账户名称。即企业在银行开立银行结算账户名称。

（2）账户类型。账户类型可分为现金账户和银行账户。

（3）币种。即企业会计核算的记账本位币。

（4）指定总账科目。当需要与总账系统进行对账时，在此需要指定总账系统中的科目，即指定该账户中的日记账信息要与总账系统中哪个科目信息进行对账。

（5）建账日期。即建立账户的日期。系统默认为当前日期，可以进行相应日期的选择。

（6）日记账期初数余额。即建账时日记账的期初余额。

（7）对账单期初数余额。即建账时对账单的期初余额。

（8）对账单余额方向在借方。在使用银行对账功能前，需要设置其银行对账单余额方向，系统默认的方向在借方。

（9）开户信息。即企业在银行建立账户时的基本信息。

出纳账户添加完成后处于“停用”状态，只有在日记账期初数与对账单期初数相等时才可以启用。如果这两个余额不相等，则先要进行期初未达账的设置，之后才可以启用该账户。账户启用是添加日记账、支票簿等操作的前提。

2. 出纳账套参数。账套参数是用来设置当前账套某些操作规则的，包括银行对账单的余额方向、日记账凭证号的排序规则等。账套参数主要有如下内容：

（1）日记账出纳编号类型。即日记账中出纳编号的排序规则，既可以选择按照字符型排序，也可以选择按数字类型排序。系统默认为字符型。

（2）日记账凭证号类型。即日记账中凭证号的排序规则。

银行对账单余额方向。在使用银行对账功能前，需要设置其银行对账单余额方向，系统默认的方向在借方。如果需要将日记账的借方与录入对账单的贷方进行对账，那么在此选择余额在借方；如果需要将日记账的贷方与录入对账单的借方进行对账，那么在此选择余额在贷方。

（3）结账前必须全部过账。即该账套内各个账户在月末结账前必须全部过账。

（4）所有账户必须同时结账。如果有多个银行账户，结账时必须同时操作，某一账户不能单独结账。

（5）结账前总账必须对平。即结账之前，出纳账必须与总账对平，才能结账。

（6）票据必须报销。即领用的票据必须进行报销，因此实际业务发生时必须及时完善报销手续。

（7）日记账自动制单。选中后，登记日记账后可以直接将该账目向总账系统传递自制凭证。

（8）日记账中出纳编号是否自动增加。选中后，添加一行日记账信息，下一条日记账信息的出纳编号会自动累计增加。

活动1　创建出纳账套

活动1.1　安装系统

【活动描述】

羊城市国光电器有限公司完成公司注册、银行结算账户的开户。财务部决定从2019年6月起使用畅捷通T3软件处理出纳业务。

现在公司财务部门需要做的第一步是在软件公司服务工程师的协助下安装T3软件（见图2－11）。

【活动指导】

图2－11　安装系统流程

1. 检查安装环境。

（1）在计算机桌面找到“计算机”右键点击，在弹出的界面中单击“属性”，如图2－12所示。

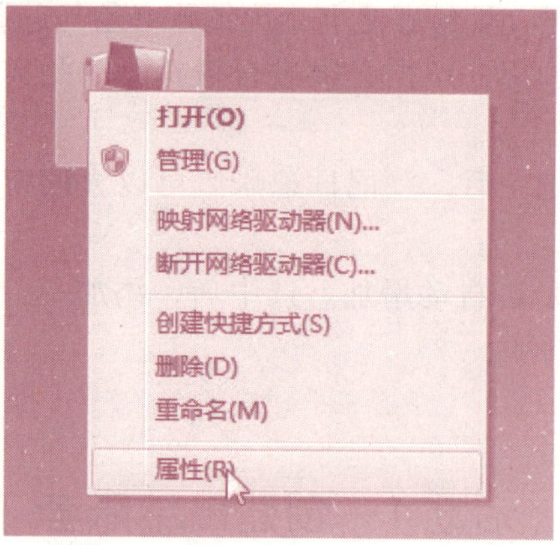

图 2－12　“我的电脑”—“属性”界面

（2）在“系统属性”界面，查看“计算机名”选项卡，检查计算机名，如图 2－13 所示。“计算机描述”输入框中不要出现“－”“＊”“#”等特殊字符，应以英文、数字或英文加数字进行命名，如图 2－13 所示。

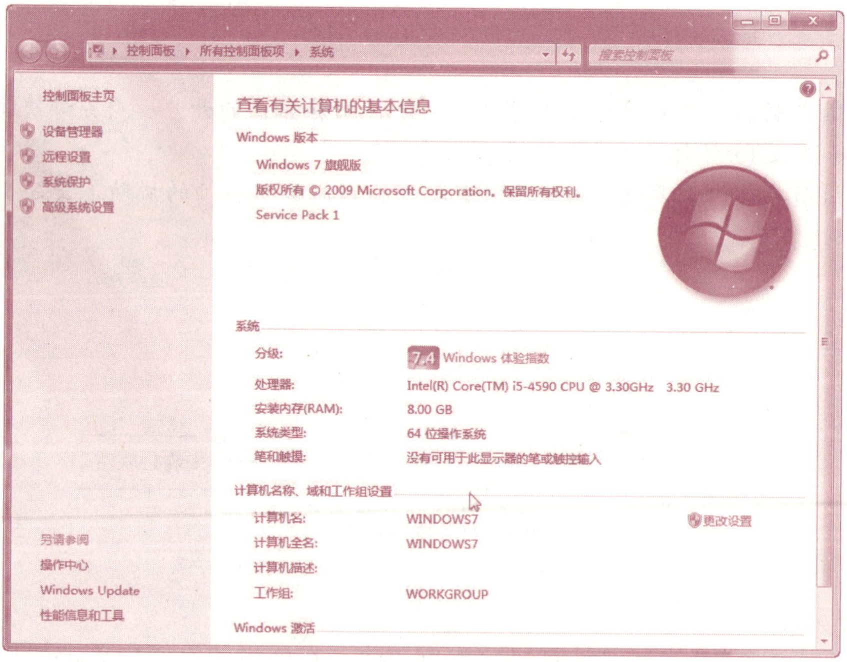

图 2－13　“系统属性”界面

（3）如果需要更改计算机名称，可以单击“更改”按钮完成更改计算机名称。重启系统，再点击软件安装。

（4）将 T3 软件安装程序光盘放入计算机光驱，系统自动弹出“畅捷通 T3－企业管理信息化软件教育专版”安装界面，如图 2－14 所示。

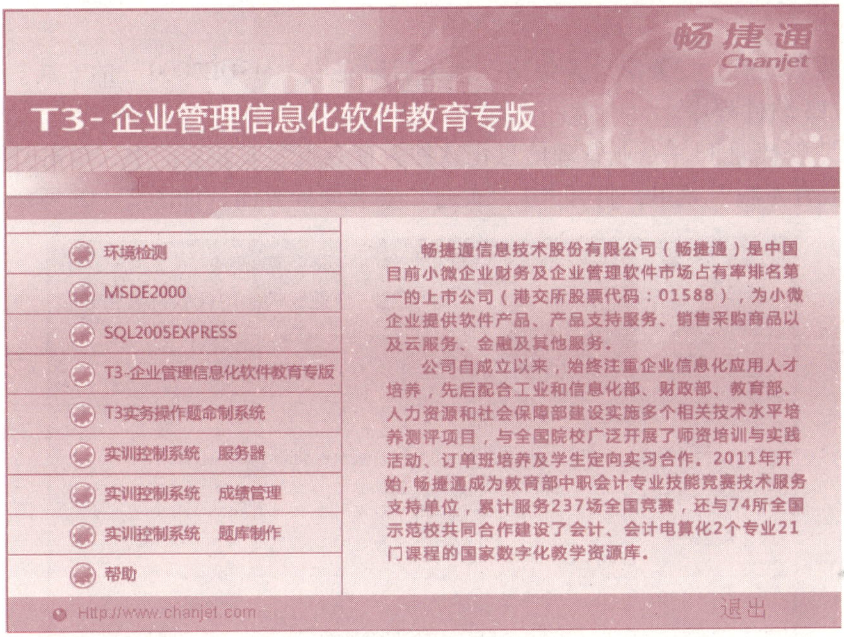

图 2-14　T3 软件安装界面

（5）单击“环境检测”菜单，打开“环境检测”界面，如图 2-15 所示。

图 2-15　“环境检测”界面

（6）在“环境检测”界面中，单击“环境检测”按钮进行系统环境检测。如检测有问题，根据“建议结果”栏信息进行相关操作，检查完毕后单击“退出检测”按钮完成检测。

2. 安装数据库程序。

（1）在“畅捷通 T3-企业管理信息化软件教育专版”安装界面中，单击“MSDE2000”菜单，进入“Microsoft SQL Server Desktop Engine”安装界面。如有兼容性提示，勾选“运行程序”。

（2）安装启动后，安装滚动条弹出，消失后即完成“MSDE2000”的安装。

3. 安装T3软件程序。

（1）在“畅捷通T3－企业管理信息化软件教育专版”安装界面中，单击“T3企业管理信息化软件教育专版”菜单，打开“1、欢迎”安装向导界面，如图2－16所示。

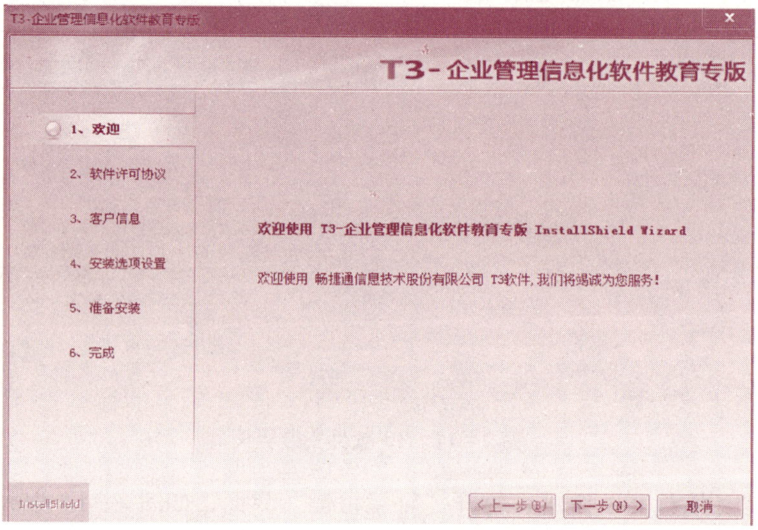

图2－16 “1、欢迎”界面

（2）在“1、欢迎”界面中，单击“下一步（N）”按钮，进入“2、软件许可协议”界面。

（3）在“2、软件许可协议”界面中，单击“我接受许可证协议中的条款（A）”单选按钮，单击“下一步（N）”按钮，进入“3、客户信息”界面，如图2－17所示。

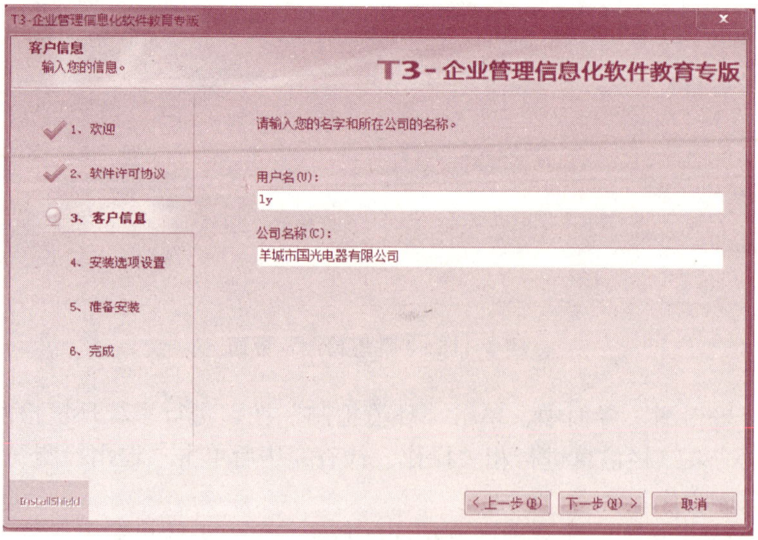

图2－17 “3、客户信息”界面

（4）在“3、客户信息”界面中，输入用户的名字和所在公司的名称后，单击“下一步（N）”按钮，进入“4、安装选项设置”界面。

（5）在“4、安装选项设置”—“选择目的地位置”界面中，输入软件安装目的地文件夹，这里假设不需要改安装路径，单击“下一步（N）”按钮，打开“4、安装选项设置”—“选择功能”界面，如图2－18、图2－19所示。

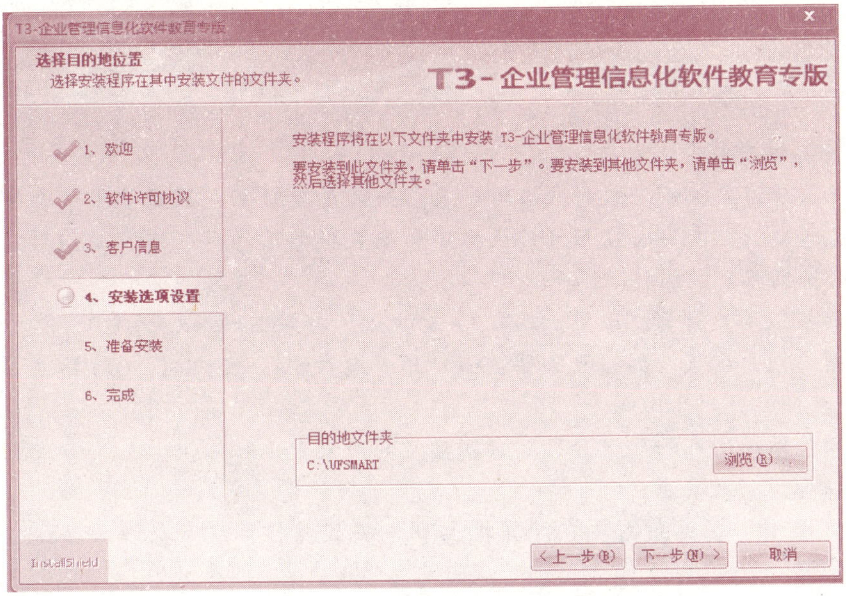

图2－18 “4、安装选项设置”—“选择目的地位置”界面

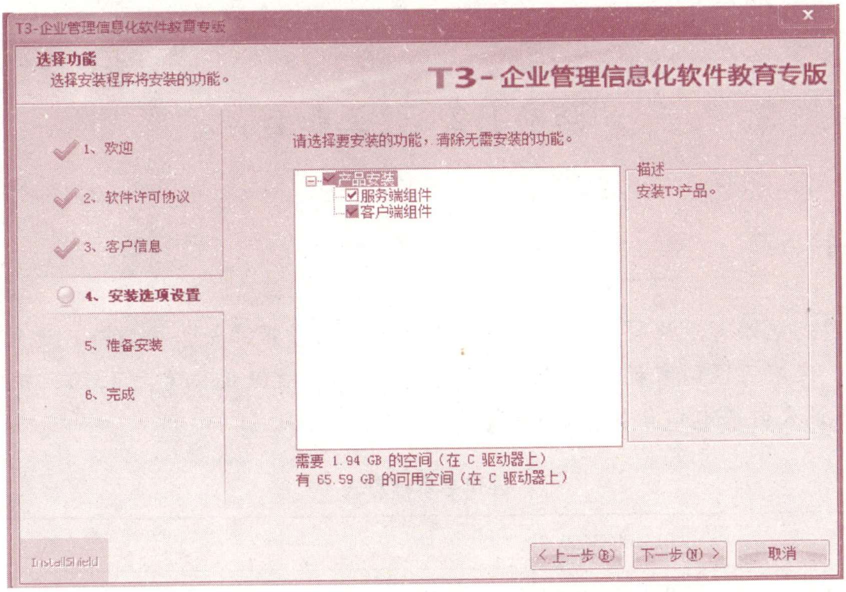

图2－19 “4、安装选项设置”—“选择功能”界面

（6）在“4、安装选项设置”—“选择功能”界面中，单击“产品安装”复选框，单击“下一步（N）”按钮，进入“5、准备安装”界面。

（7）在“5、准备安装”界面中，单击“下一步（N）”按钮，系统开始自动安装软件，并显示安装状态。

（8）在“6、完成”界面中，单击“是，立即重新启动计算机。”按钮，单击“完成”按钮。计算机重启后，系统自动完成数据库初始化操作。计算机桌面上出现“系统管理”和“T3－企业管理信息化软件教育专版”快捷图标。

小提示

1. 硬件环境安装要求：

软件安装分为单机版安装和网络版安装。如果是单机版，只需要安装在一台计算机上；如果是网络版，需要安装 MSDE 数据库和安装服务器组件、客户端组件，另外安装客户机只需安装客户端组件。

（1）单机版用户计算机配置。CPU I3 或以上，内存 4G 或以上；

（2）网络用户配置。网络服务器：CPU I5，内存 8G；客户端：CPUI3 或以上，内存 4G 或以上；

（3）操作系统所在的磁盘分区剩余磁盘空间应大于 100G。

2. 软件环境安装要求：

畅捷通 T3 软件的运行需要在计算机上事先安装操作系统和数据库系统，这是基础软件环境。

本书所用的软件为“畅捷通 T3－企业管理信息化软件教育专版－营改增版”。为学习方便，采取单机版安装方式，操作系统为 Win7，数据库系统为 MSDE2000、SQL2005、SQL2008。

活动 1.2　建立账套

【活动描述】

羊城市国光电器有限公司是一家经营家用电器、电子产品、办公设备、通信产品及配件的商业企业，经滨海区国家税务局认定为一般纳税人，增值税税率为 13%，执行《小企业会计准则》。该公司基本信息如表 2－6 所示。

表 2－6　公司基本信息表

编号	01310073460
统一社会信用代码	914401014408765422
名称	羊城市国光电器有限公司

续表

类型	有限责任公司（自然人投资或控股）		
住所	羊城市滨海区新华路 20 号	电话	34556788
邮政编码	510600		
法定代表人	张国光		
注册资本	捌拾万元整		
建立账套日期	2019 年 6 月 1 日		
营业期限	2019 年 5 月 5 日至长期		
经营范围	家用电器、电子产品、办公设备、通信产品及配件的销售和服务		
统一社会信用代码	914401014408765422		
开户银行	中国农业银行羊城滨海支行	账号	44001551506666123
财务人员	出纳：张峰 （103） 会计：白云（102） 财务主管：兰英（101）	身份证	441122198504013227

羊城市国光电器有限公司在 2019 年 6 月 1 日正式启用会计电算化软件，会计主管兰英组织财务部人员建立企业账套、启用财务系统、建立出纳账务、进行出纳账套管理等任务（见图 2－20）。

【活动指导】

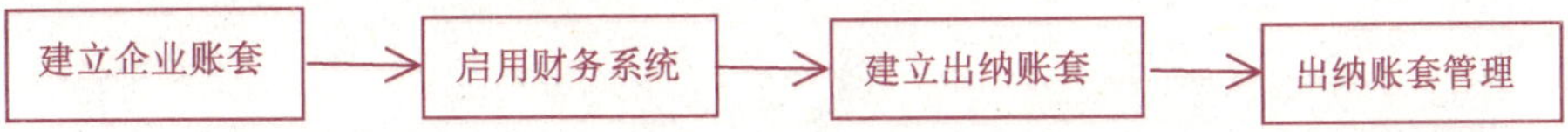

图 2－20 建立账套的流程

1. 建立企业账套。

（1）点击“开始”—“程序”—“T3－企业管理信息化软件教育专版”—“T3”—“系统管理”（或者直接双击计算机桌面的“系统管理”图标）菜单，进入“系统管理”界面，如图 2－21 所示。

（2）在“系统管理”界面中，点击“系统”—“注册”菜单，打开“注册［控制台］”菜单，进入“注册［控制台］”界面，如图 2－22 所示。

（3）在“注册［控制台］”界面中，在“用户名”录入“admin”，密码为空，单击“确定”按钮，登录系统管理，如图 2－23 所示。

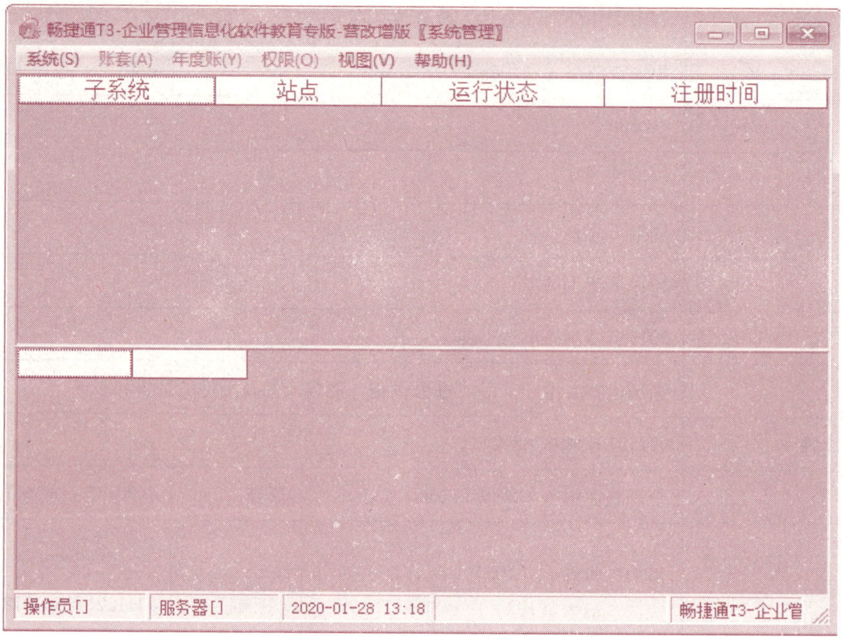

图 2－21 “系统管理”界面

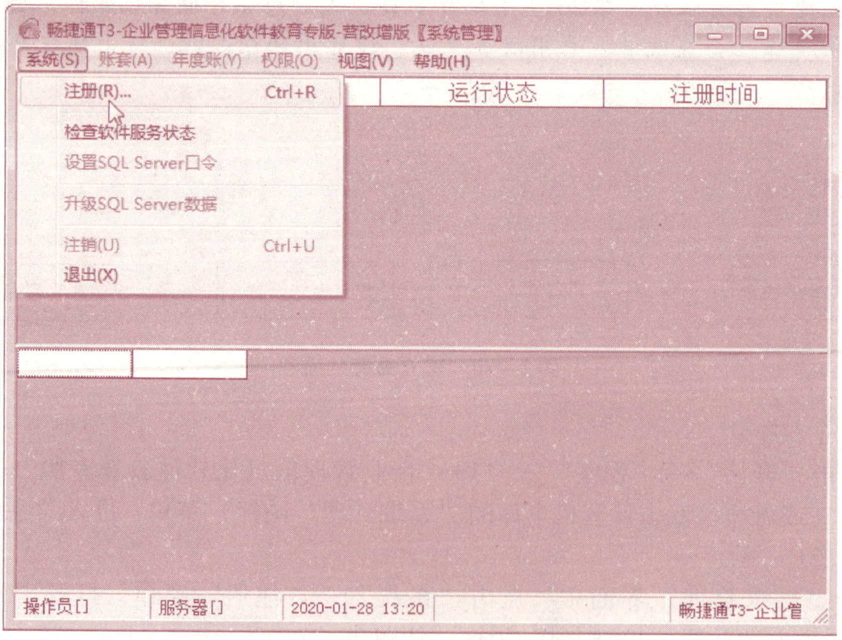

图 2－22 “注册［控制台］”菜单窗口

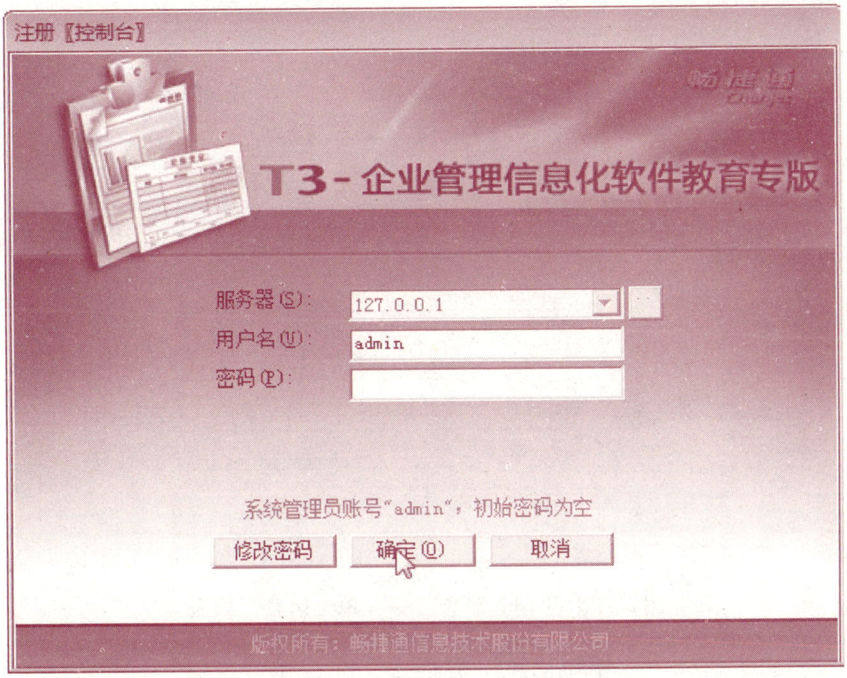

图2-23 “注册［控制台］”界面

（4）在“系统管理”窗口中，点击“账套”—“建立”菜单，打开“创建账套”界面，如图2-24所示。

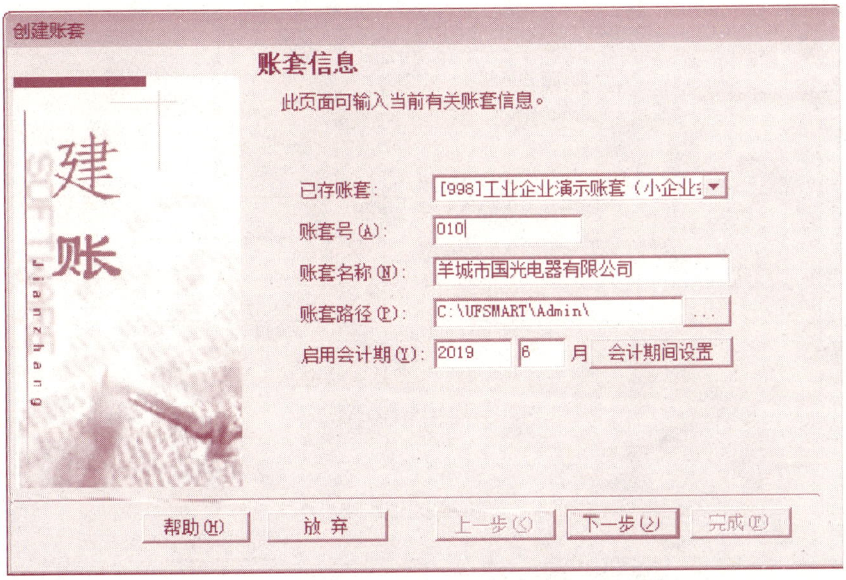

图2-24 “创建账套”—“账套信息”界面

（5）在“创建账套”界面中，在“账套号”框中录入“010”；在“账套名称”框中录入“羊城市国光电器有限公司”；在“启用会计期”框中选择“2019”年“6”月。单击“下一步”按钮，打开“创建账套”—“单位信息”界面，如图2-25所示。

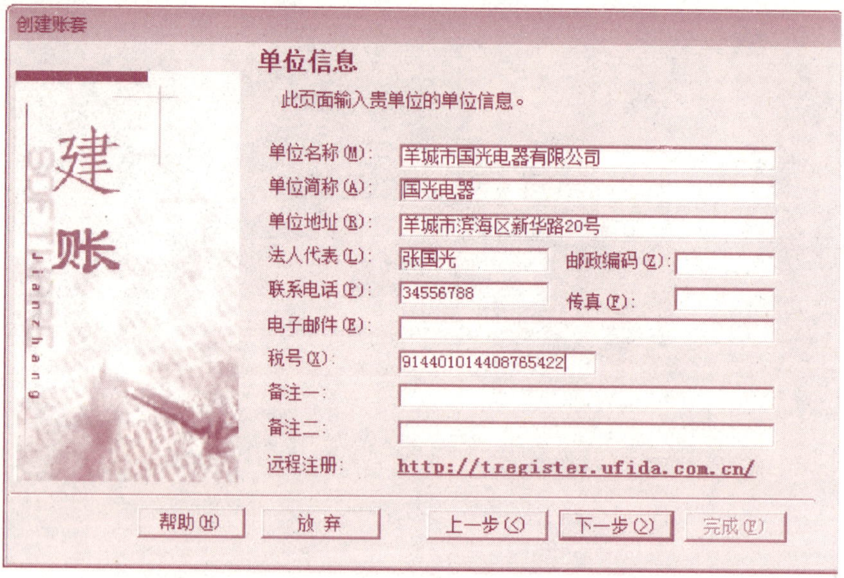

图 2－25 “创建账套”—“单位信息”界面

（6）在“创建账套”—“单位信息”界面中，在“单位名称”框中录入“羊城市国光电器有限公司”；在“单位简称”框中录入“国光电器”；在“单位地址”框中录入“羊城市滨海区新华路 20 号”；在“法人代表”框中录入“张国光”；在“联系电话”框中录入“34556788”；在“税号”框中录入“914401014408765422”。单击“下一步”按钮，打开“创建账套”—“核算类型”界面，如图 2－26 所示。

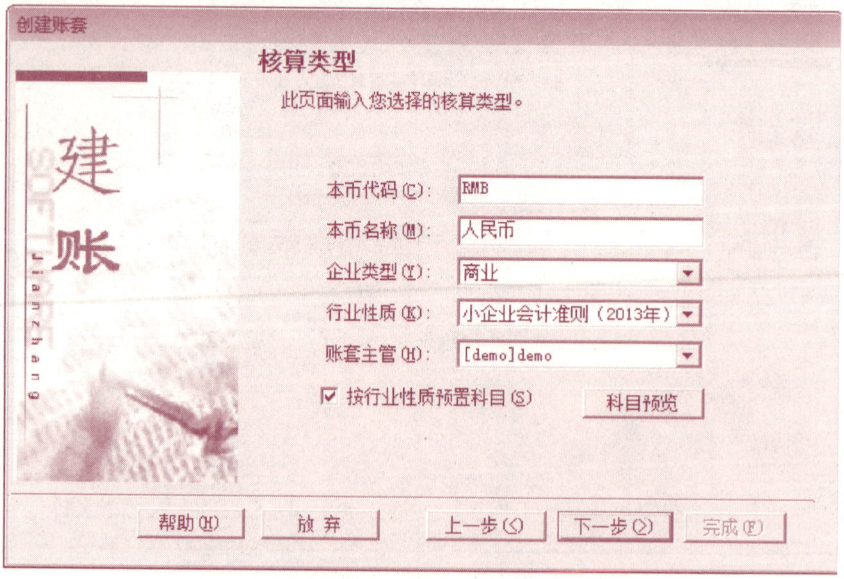

图 2－26 “创建账套”—“核算类型”界面

（7）在“创建账套”—“核算类型”界面，在“企业类型”框中选择“商业”；在“行业性质”框中选择“小企业会计准则（2013 年）”；单击选择“按行业性质预置科目”

复选框。单击“下一步”按钮，打开“创建账套”—“基础信息”界面，如图 2－27 所示。

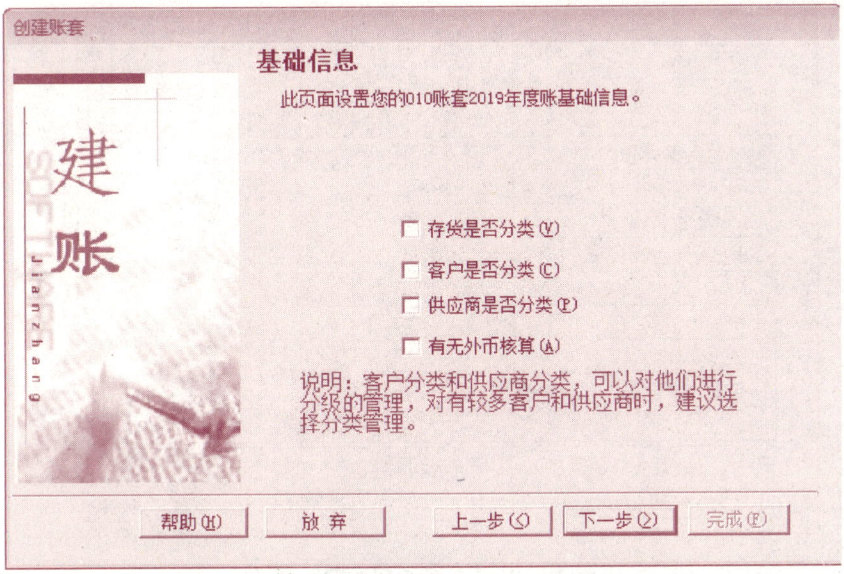

图 2－27 “创建账套”—“基础信息”界面

（8）在“创建账套”—“基础信息”界面中，有关分类和外币前的复选框中均不打“√”。点击“下一步”按钮，打开“创建账套”—“业务流程”界面，如图 2－28 所示。

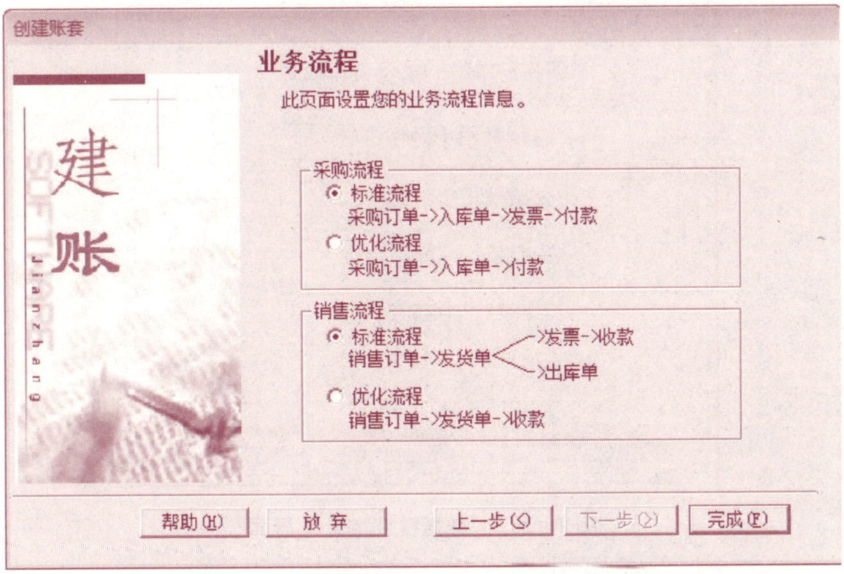

图 2－28 “创建账套”—“业务流程”界面

（9）在“创建账套”—“业务流程”界面，在“采购流程”和“销售流程”区域中均选择“标准流程”。单击“完成”按钮，系统弹出“可以创建账套了么?”界面，单击“是（Y）”按钮开始建账。建账完毕后，打开“分类编码方案”界面，如图 2－29 所示。

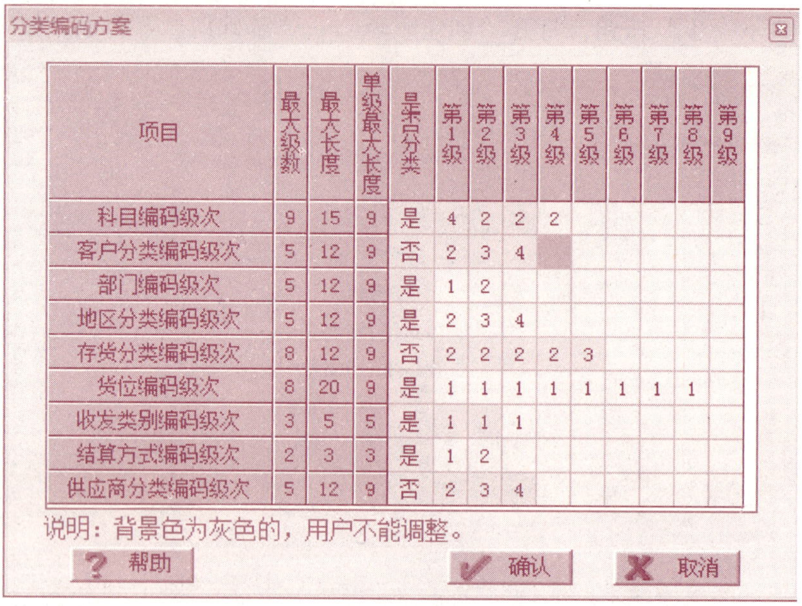

项目	最大级数	最大长度	单级最大长度	是否分类	第1级	第2级	第3级	第4级	第5级	第6级	第7级	第8级	第9级
科目编码级次	9	15	9	是	4	2	2	2					
客户分类编码级次	5	12	9	否	2	3	4						
部门编码级次	5	12	9	是	1	2							
地区分类编码级次	5	12	9	是	2	3	4						
存货分类编码级次	8	12	9	否	2	2	2	2	3				
货位编码级次	8	20	9	是	1	1	1	1	1	1	1	1	
收发类别编码级次	3	5	5	是	1	1	1						
结算方式编码级次	2	3	3	是	1	2							
供应商分类编码级次	5	12	9	否	2	3	4						

图 2-29 “分类编码方案”界面

（10）在“分类编码方案”界面中，在“科目编码级次”的“第 4 级”对应的框中均录入“2”。单击“确定”按钮，打开“数据精度定义”界面，如图 2-30 所示。

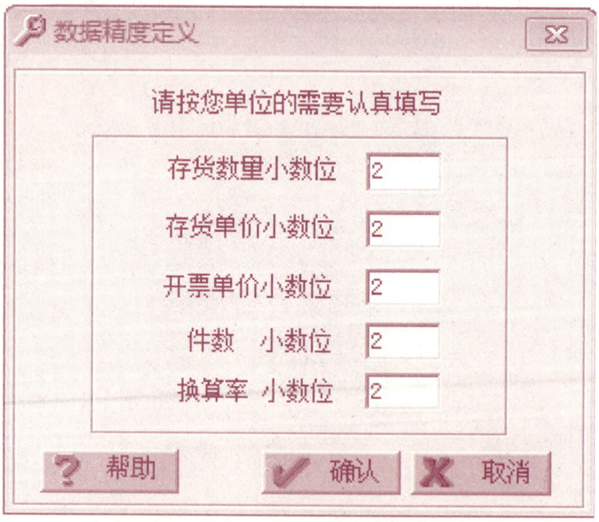

图 2-30 “数据精度定义”界面

小提示

“分类编码方案”中的相关级次也可以在以后“T3-企业管理信息化软件”—“基础设置”—“基本信息”—“编码方案”中修改，但已使用过的编码（有灰色阴影）不能修改。

2. 启用财务系统。

（1）在“数据精确度定义”界面中，单击“确定”按钮，系统弹出“创建账套｛羊城市国光电器有限公司：［010］｝成功。”单击“确定”按钮，系统弹出“是否立即启用账套”，单击“是（Y）”按钮，进入“系统启用”界面，如图2－31所示。

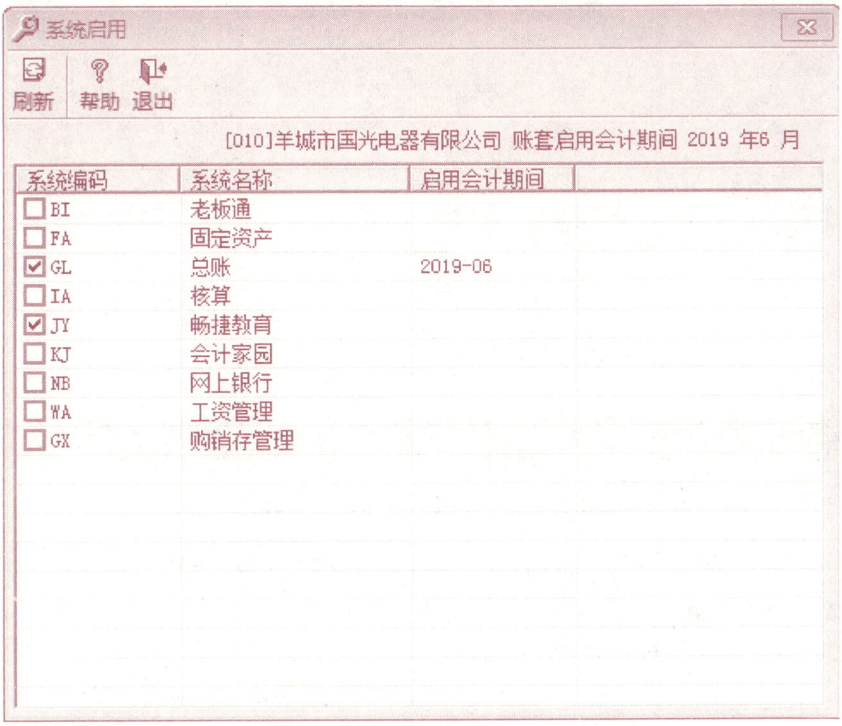

图2－31 “系统启用”窗口

（2）在“系统启用”界面中，单击选择“总账”前的“GL”复选框，系统弹出“日期设置”界面。

（3）在“日期设置”界面中选择日期为“2019年6月1日”。

（4）启用日期设置完毕后，单击“退出”按钮，完成总账系统启用设置。

小提示

系统启用也可以在“系统管理”—“账套”—“启用”中进行。

启用总账系统，系统默认同时启用报表关系系统和出纳管理系统。

3. 建立出纳账套。

（1）点击“开始”—“程序”—“T3－企业管理信息化软件教育专版”—“T3”—“T3－企业管理信息化软件教育专版”（或者直接双击计算机桌面上的“T3－企业管理信息化软件教育专版”图标）菜单，打开“注册［控制台］”界面，如图2－32所示。

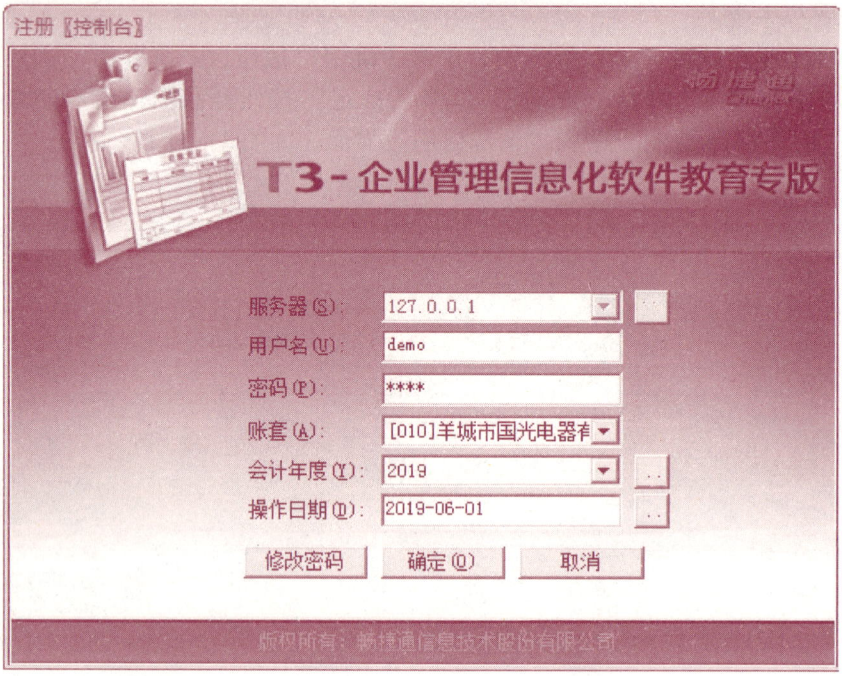

图 2-32 “注册［控制台］”界面

（2）在“注册［控制台］”界面中，以 demo 身份登录系统，密码为“demo”；账套“［010］羊城市国光电器有限公司”；操作日期为“2019 年 6 月 1 日”。单击“确定”按钮，进入“畅捷通 T3-企业管理信息化软件教育专版-营改增版”门户界面，如图 2-33 所示。

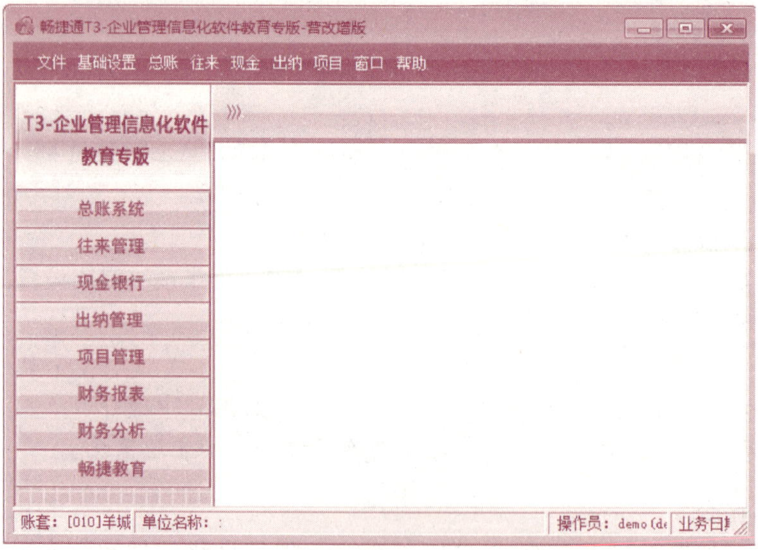

图 2-33 “畅捷通 T3-企业管理信息化软件教育专版-营改增版”门户界面

（3）在“畅捷通 T3-企业管理信息化软件教育专版-营改增版”门户界面中，单击“出纳管理”模块图标（或者单击任务栏上的“出纳”），系统自动弹出“系统未发现与总账［账套：羊城市国光电器有限公司（2019）］对应的出纳账套，是否要新建一个出纳账套?”提示界面，如图2－34所示。

图2－34　新建出纳账套“提示”界面

（4）在新建出纳账套“提示”界面中，单击“是（Y）”按钮，系统又打开“系统未发现与总账对应的出纳账套，系统将自动建立以下的出纳账套:”提示界面，如图2－35所示。

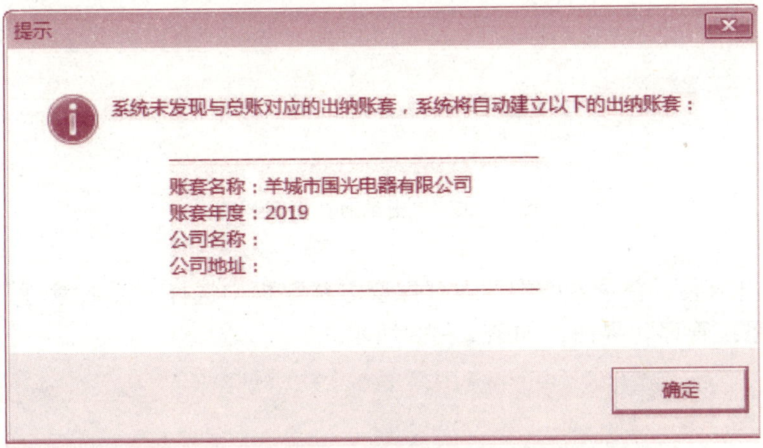

图2－35　系统自动建立出纳账套“提示”界面

（5）点击“确认”按钮，进入“账套创建时间”界面。录入出纳账套时间“2019年06月01日”，单击“确定”按钮。

（6）在“提示”界面中，单击“确定”按钮完成出纳建账工作，如图2－36所示。

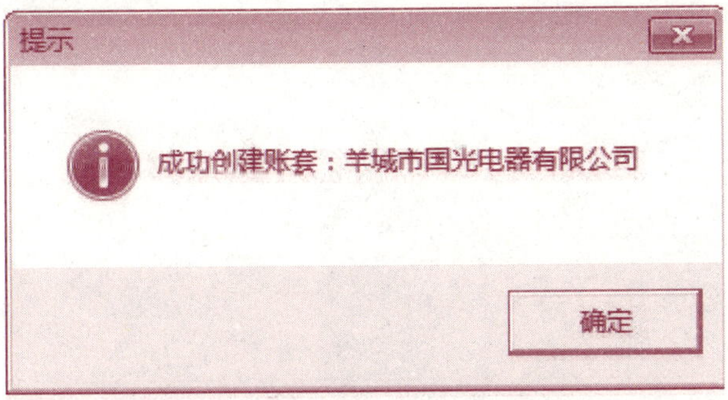

图2－36　“账套创建时间”界面

4. 出纳账套管理。

（1）在“畅捷通 T3－企业管理信息化软件教育专版－营改增版”门户中，单击“出纳管理”模块图标，打开“出纳通”登录界面，如图 2－37 所示。

图 2－37 “出纳通”登录界面

（2）在“出纳通”登录界面中，在“账套名称”框中选择“系统管理”，单击“确定”按钮，进入“系统管理”界面，如图 2－38 所示。

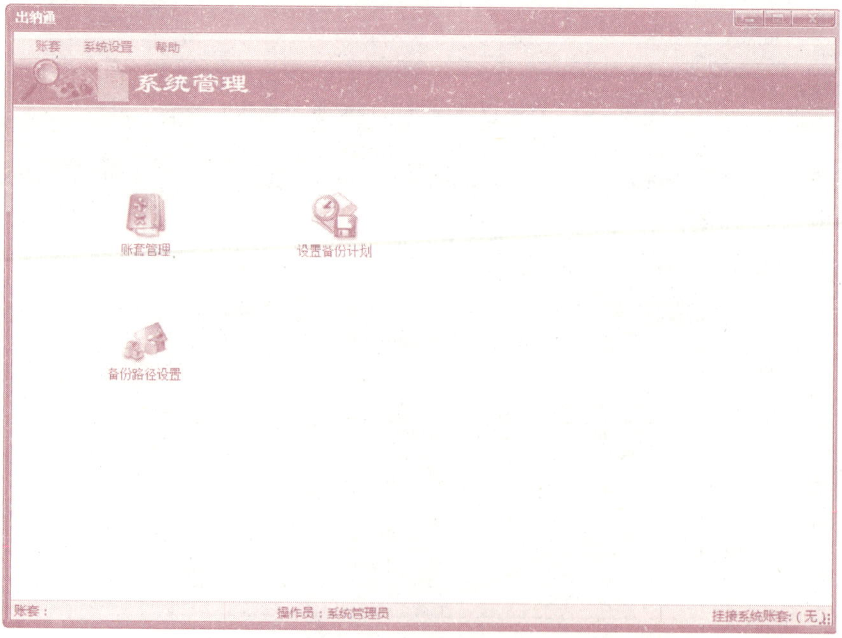

图 2－38 “系统管理”界面

（3）在“系统管理”界面中，点击“账套管理”图标，进入“账套管理”界面，如图2-39所示，选中需要备份的账套，单击“导出”按钮，打开“另存为”界面，如图2-40所示。

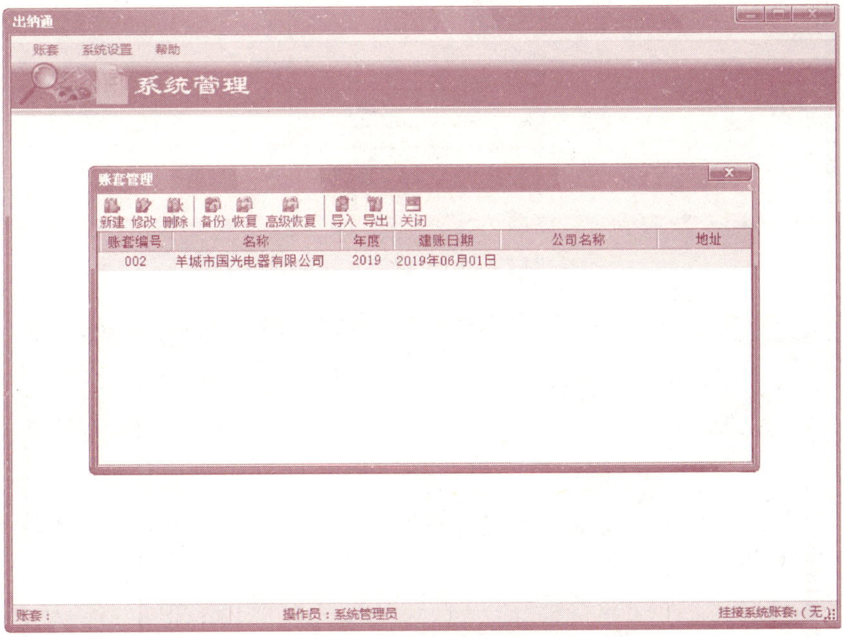

图2-39 “账套备份”界面

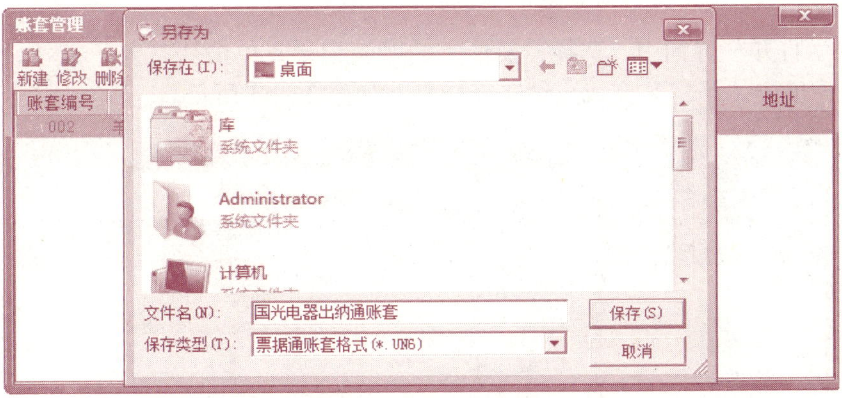

图2-40 “另存为”界面

（4）单击“保存”按钮，系统弹出“提示”界面，单击“确定”，完成出纳账套导出，如图2-41所示。

（5）在“账套管理”界面中，单击“导入”按钮，进入“打开”界面，如图2-42所示。

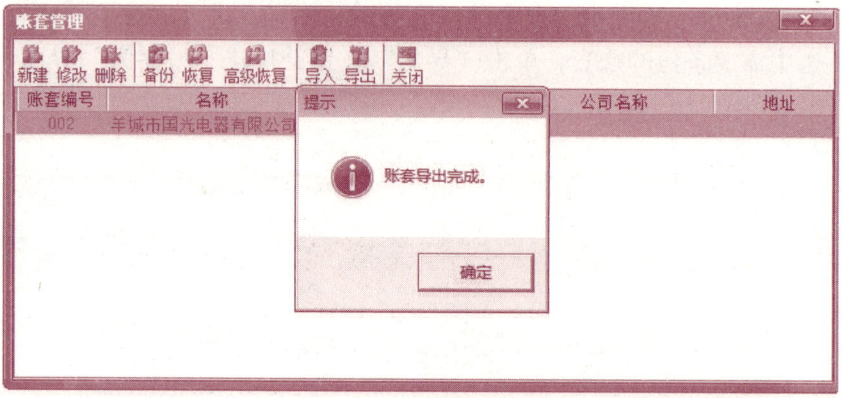

图 2-41 “提示”界面

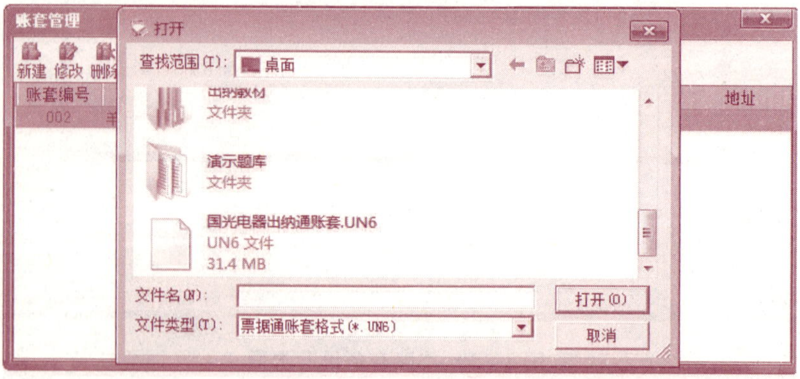

图 2-42 “打开”界面

（6）在“打开”界面中，选择需要恢复的账套记录，单击“打开”按钮，打开“账套信息”界面，单击“确定”完成出纳账套恢复，如图 2-43 所示。

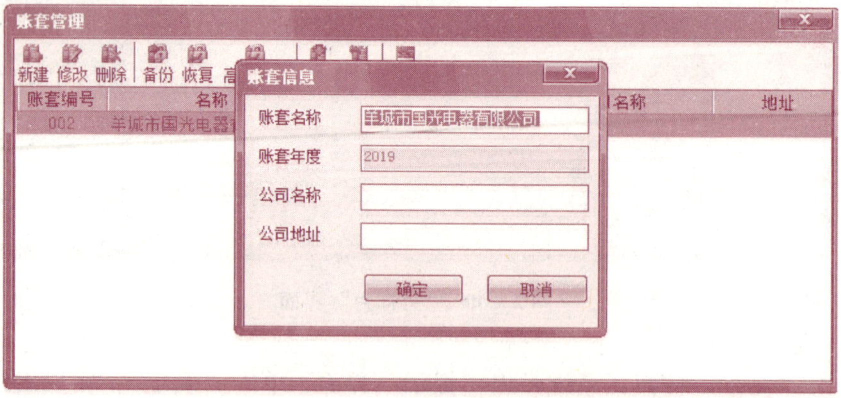

图 2-43 “账套恢复”界面

［导入与导出］实训结束，账套管理列表界面，选择实训账套，点击“导出”文件命名为“出纳通账套-模块二任务 2 活动 1.2-建账”。备份［010］账套，备份文件名为“T3 账套-模块二任务 2 活动 1.2-建账”。

活动 1.3　设置操作员及赋权

【活动描述】

羊城市国光电器有限公司财务主管在软件中完成增加操作员、操作员赋权、增加出纳通操作员、给出纳通操作员赋权。操作员及其权限资料，如表 2－7 所示。

表 2－7　操作员及其权限

编号	姓名	职位	权限
101	兰英	财务主管	账套主管
102	白云	会计	公用目录、出纳通、总账（除出纳签字、审核凭证以外的所有权限）
103	张峰	出纳	公用目录、出纳通、总账中的出纳签字

【活动指导】

图 2－44　设置操作员及赋权流程图

1. 增加操作员。

（1）在“系统管理”窗口中，点击“系统”—“注册”菜单，打开“注册［控制台］”界面，以系统管理员（admin）身份登录系统，密码为空。

（2）在“系统管理”窗口中，点击“权限”—“操作员”菜单，打开“操作员管理”界面，单击“增加”按钮，打开“操作员管理”界面，如图 2－45 所示。

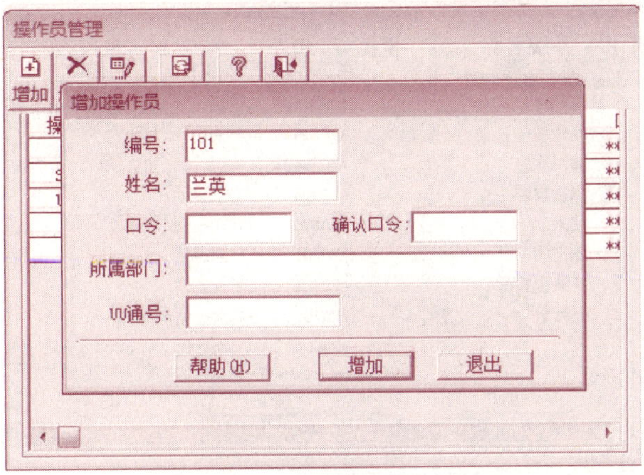

图 2－45　“增加操作员”界面

（3）在“增加操作员”界面中，在“编号”框中录入“101”；在“姓名”框中录入“兰英”。

（4）单击“增加”按钮，增加下一个操作员信息，依次录入“102”“白云”“103”“张峰”。

（5）完成后，单击“退出”按钮，保存退出。

2. 操作员赋权。

（1）在“系统管理”窗口中，点击“权限”—“权限”菜单，进入“操作员权限”界面，如图2－46所示。

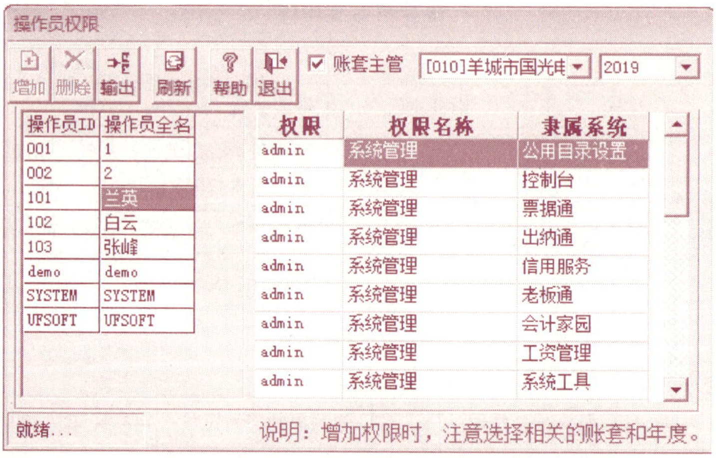

图2－46 “操作员权限”窗口

（2）在“操作员权限”界面中，在右上角中选择“［010］羊城市国光电器有限公司2019”；在左边操作员信息框中选择“101”“兰英”；单击选择“账套主管”复选框。

（3）在“操作员权限”界面中，在左边操作员信息框中选择“102”“白云”，单击“增加”，打开“增加权限—［102］”界面，如图2－47所示。

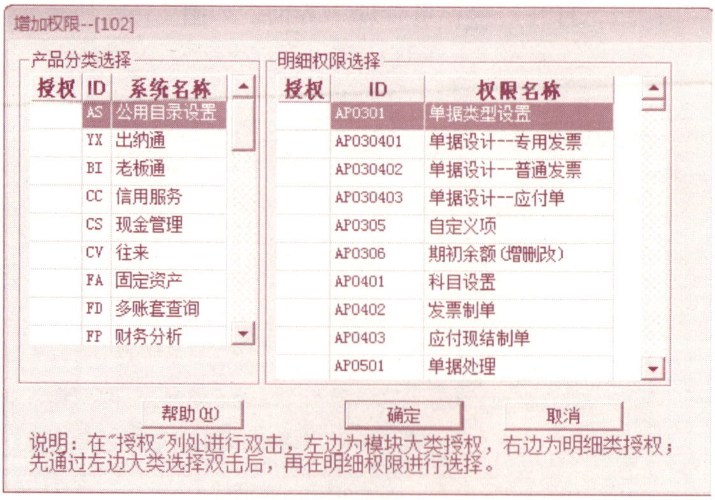

图2－47 “增加权限—［102］”界面

（4）在“增加权限—［102］”界面中，在“产品分类选择”区域中双击“公用目录设置”“出纳通”和“总账”（除了出纳签字和审核凭证以外的所有权限）前面框格，使之变为蓝色即为选中的权限。单击“确定”按钮，保存退出。

（5）在“操作员权限”界面中，在左边操作员信息框中选择“103”“张峰”，单击“增加”，打开“增加权限—［103］”，如图2－48所示。

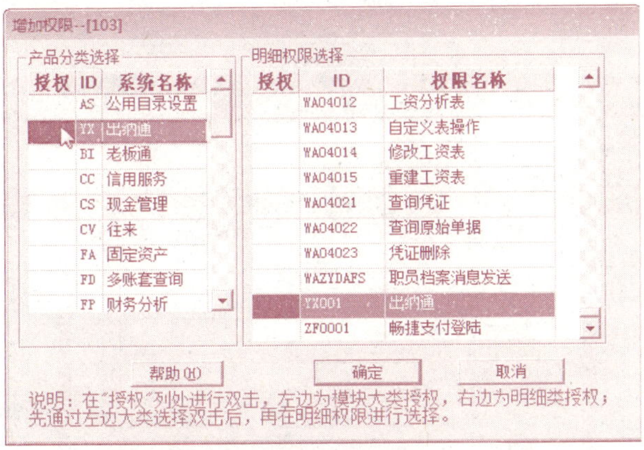

图2－48 “增加权限—［103］”界面

（6）在“增加权限—［103］”界面中，在“产品分类选择”区域中双击“公用目录设置”“出纳通”和“总账的出纳签字”前面框格，使之变成蓝色即为选中的权限。单击“确定”按钮，保存退出。

3. 增加出纳通操作员。

（1）在“畅捷通T3－企业管理信息化软件教育专版－营改增版”窗口中，单击左边“出纳管理”模块图标，打开“出纳通”登录界面。

（2）在“出纳通”登录界面中，在“账套名称”框中选择“羊城市国光电器有限公司”；在“登录用户”框中选择“管理员”；用户密码为空。单击“确定”按钮，启动出纳通软件，如图2－49所示。

图2－49 “出纳通”登录界面

小提示

系统自动弹出，“提示”界面“是否把基础数据同步到出纳管理中来？如果要同步可能要花费一些时间”，单击“下次登录不再提示”前面的复选框，并单击“否”按钮。

（3）在“出纳通”门户中，点击“系统设置”—“用户管理”菜单，进入“用户管理”界面，如图 2－50 所示。

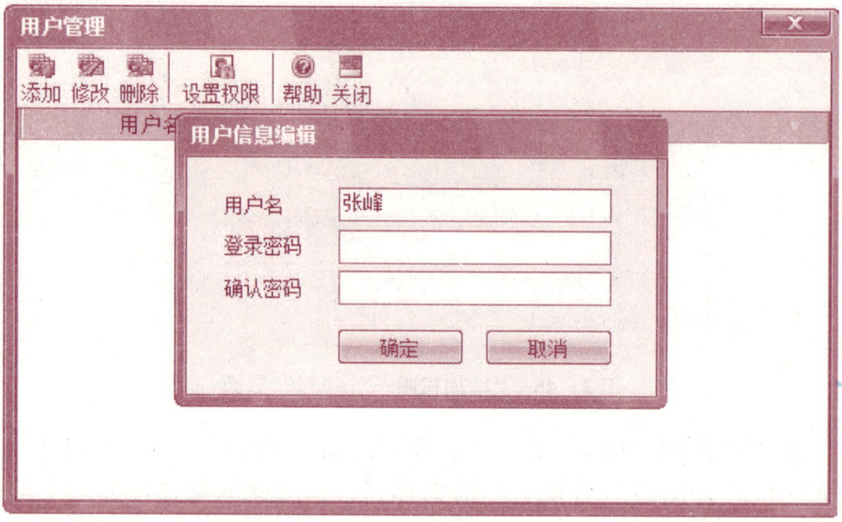

图 2－50 “用户管理”界面

（4）在“用户管理”界面中，单击“添加”按钮，打开“用户信息编辑”界面，在“用户名”框中录入“张峰”，密码为空。单击“确定”按钮，保存退出。同样增加操作员“白云”，如图 2－51 所示。

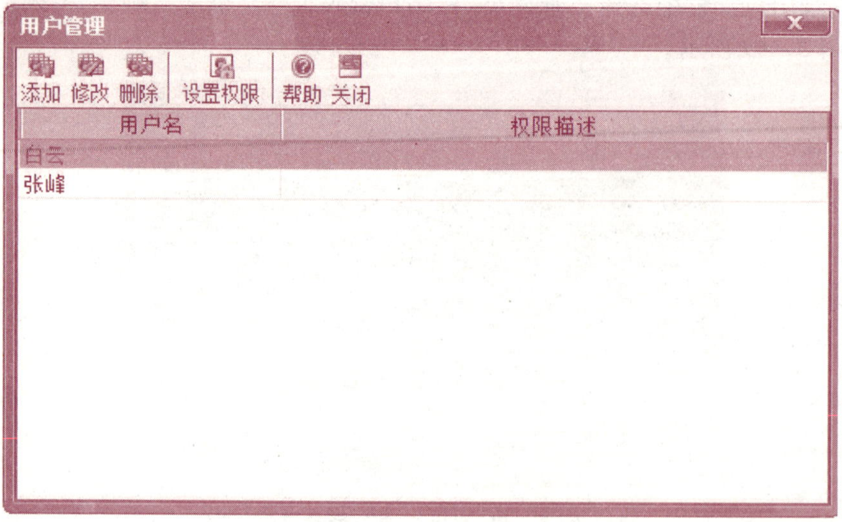

图 2－51 “用户管理”窗口

4. 给出纳通中的操作员赋权。

(1) 在“用户管理”界面中，选择“张峰”用户，单击“设置权限”按钮，打开“权限设置”界面，如图2-52所示。

(2) 在“权限设置”界面中，查看并选中“权限设置”中的各页签的全部权限（除过账、取消过账、制单、删除凭证的权限外），单击“确定”按钮完成权限的设置。

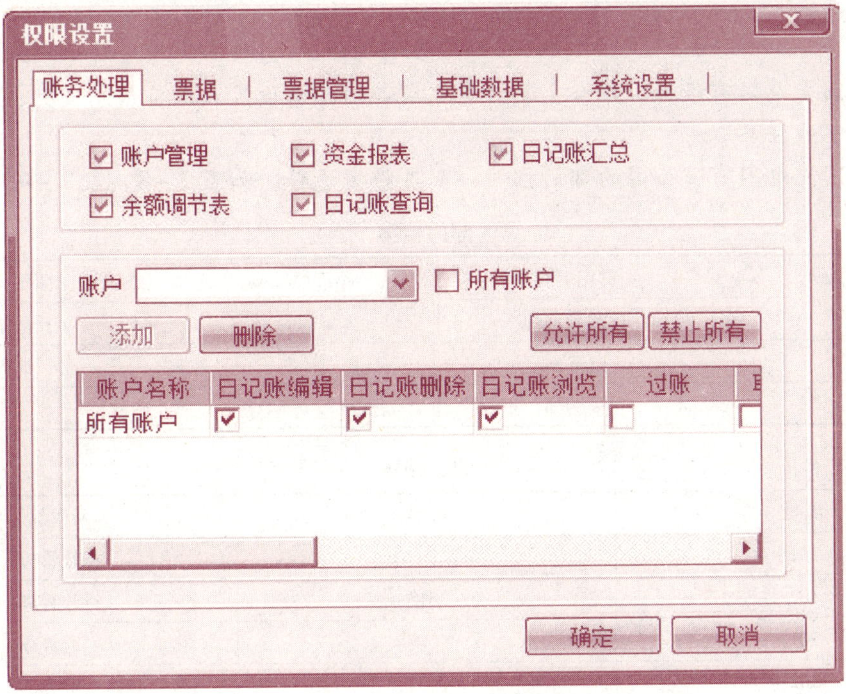

图2-52 权限设置

(3) 在“用户管理”界面中，选择“白云”用户，单击“设置权限”按钮，打开“权限设置”界面，查看并选中“权限设置”中的所有账户、所有权限，单击“确定”完成权限的设置。

[导入与导出] 实训开始，恢复［010］账套——“T3账套-模块二任务2活动1.2-建账”。登录出纳通系统管理界面。点击“账套管理”进入账套列表界面，点击“导入”选择“出纳通账套-模块二任务2活动1.2-建账”进行账套恢复；实训结束，账套管理列表界面，选择实训账套，点击“导出”文件命名为“出纳通账套-模块二任务2活动1.3-设置操作员及赋权”。备份［010］账套，备份文件名为“T3账套-模块二任务2活动1.3-设置操作员及赋权”。

活动2 建立基础信息

基础信息是指企业在进行各项业务处理时需要用到的基础档案和业务参数，包括部门档案、职员档案、客户档案、供应商档案、科目档案及设置、期初余额和出纳账套参数。

活动 2.1　设置部门档案和职员档案

【活动描述】

羊城市国光电器有限公司账套主管兰英完成部门信息设置、人员信息设置、出纳账套机构人员信息下载任务。

羊城市国光电器有限公司的部门档案、职员档案资料，如表 2－8、表 2－9 所示。

表 2－8　　部门档案

部门编码	部门名称	部门编码	部门名称
1	行政管理部	4	仓储部
2	财务部	5	销售部
3	采购部		

表 2－9　　职员档案

编号	姓名	所属部门
101	张国光	行政管理部
102	李艳	行政管理部
201	兰英	财务部
202	白云	财务部
203	张峰	财务部
301	郭帆	采购部
302	徐楠	采购部
401	杨云	仓储部
402	张裕	仓储部
501	杨晓	销售部
502	林娜	销售部

【活动指导】

图 2－53　设置部门档案和职员档案流程图

1. 设置部门信息。

(1) 以账套主管兰英（101）身份于 2019 年 6 月 1 日登录畅捷通 T3 软件。在“畅捷通 T3－企业管理信息化软件教育专版－营改增版”门户中，点击“基础设置”—“机构设置”—“部门档案”菜单，如图2-54所示，进入“部门档案”界面，如图2-55所示。

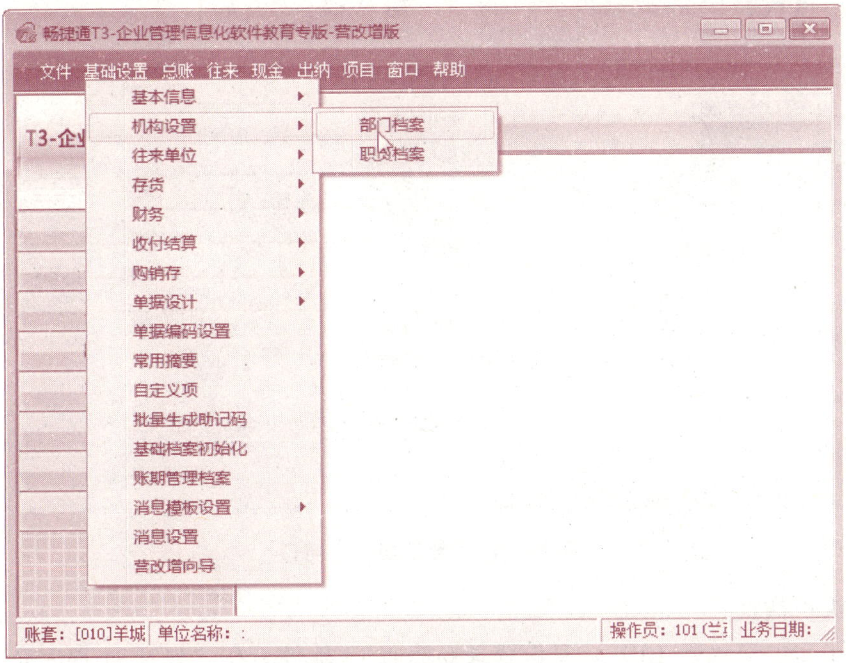

图2-54 “部门档案”菜单窗口

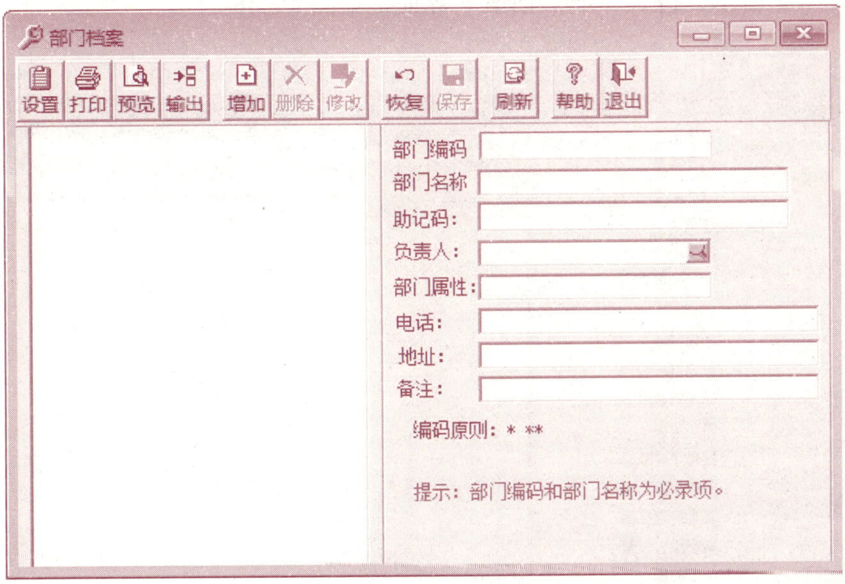

图2-55 “部门档案”界面

(2) 在“部门档案”界面中，单击“增加”按钮，在“部门编码”框中录入“1”，在“部门名称”框中录入“行政管理部”。

(3) 单击“保存”按钮，保存部门信息。

(4) 重复(2)和(3)操作步骤，继续录入其余部门信息，如图2-56所示。

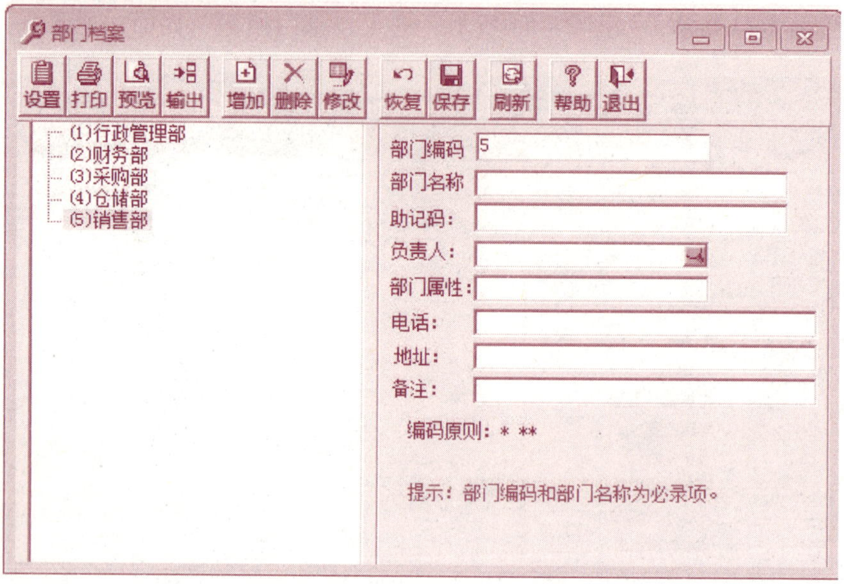

图 2-56 “部门档案”窗口

2. 设置人员信息。

(1) 以账套主管兰英（101）身份登录畅捷通 T3 软件。在“畅捷通 T3-企业管理信息化软件教育专版-营改增版”门户中，点击“基础设置”—“机构设置”—“职员档案”菜单，如图 2-57 所示，进入“职员档案”界面，如图 2-58 所示。

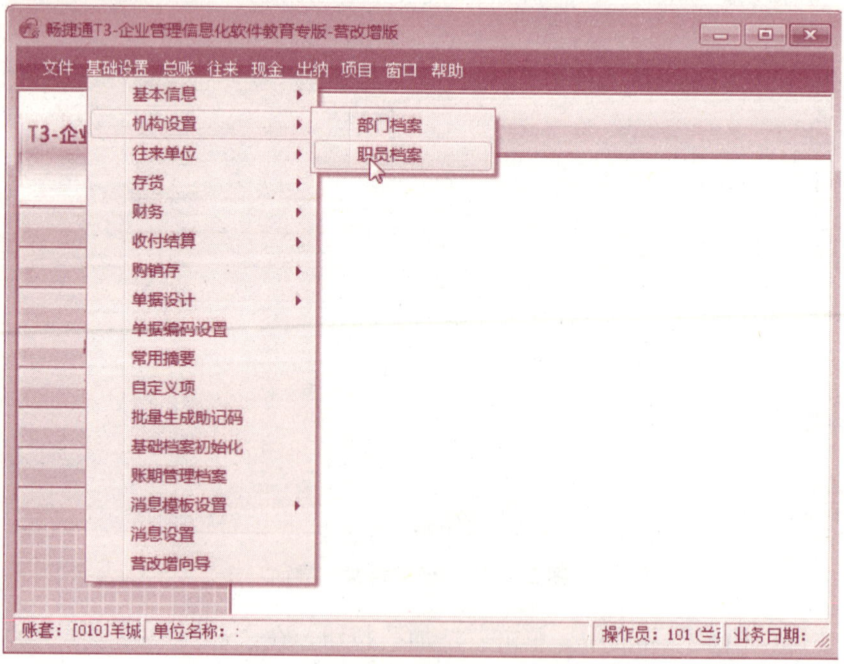

图 2-57 “职员档案”菜单窗口

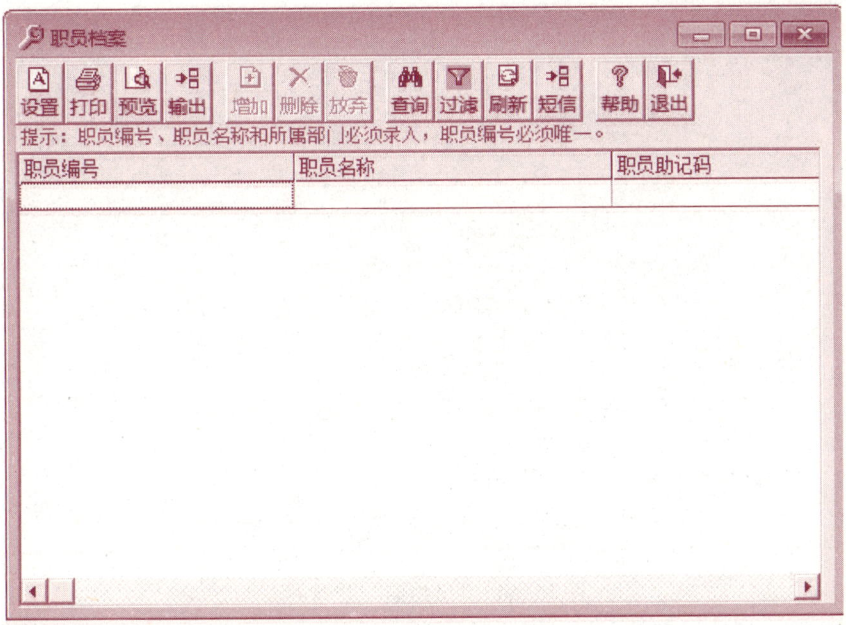

图 2－58 “职员档案”界面

（2）在“职员档案”界面中，单击“增加”按钮，在“职员编号”列框中录入“101”；“职员名称”列框中录入“张国光”；“所属部门”列框中，单击框中的放大镜图标，弹出“部门参照”界面，在“部门参照”框中选择“行政管理部”。

（3）单击“Enter”键，保存第一行职员信息，自动进入第二行。

（4）重复（2）和（3）操作步骤，继续录入其余职员信息，如图 2－59 所示。

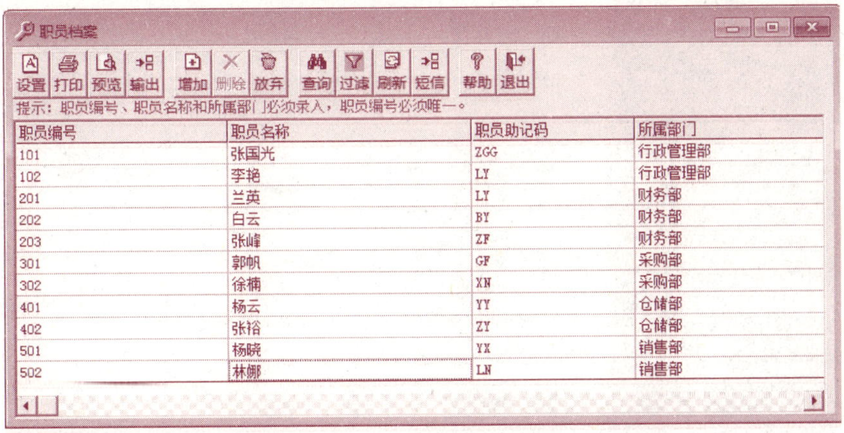

图 2－59 “职员档案”界面

3. 出纳账套下载机构人员信息。

（1）以“张峰”身份进入“出纳通”登录界面，如图 2－60 所示。

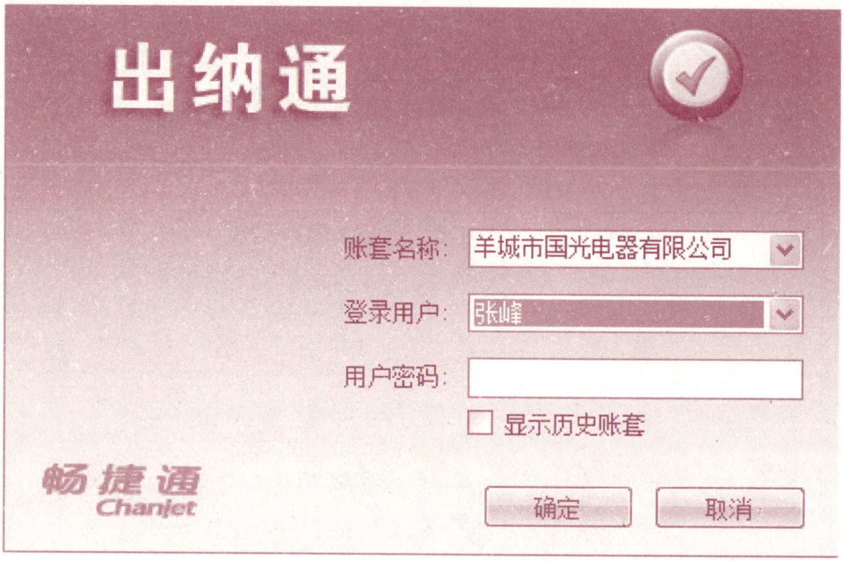

图 2－60 “出纳通”登录界面

（2）在“出纳通”门户中，点击“基础数据”—“组织结构”菜单，如图 2－61 所示，进入“组织结构管理”界面，如图 2－62 所示。

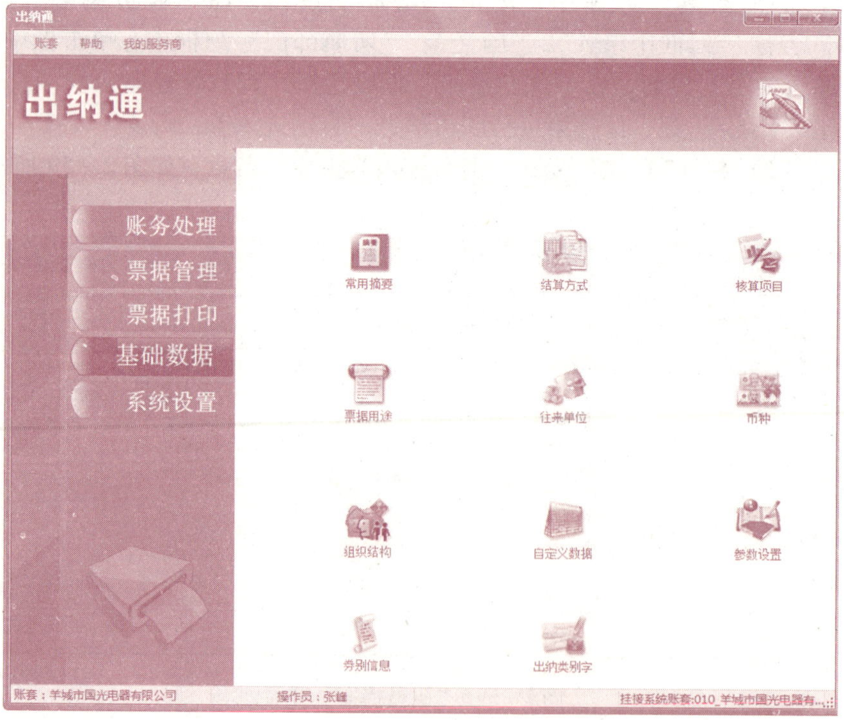

图 2－61 “出纳通”菜单窗口

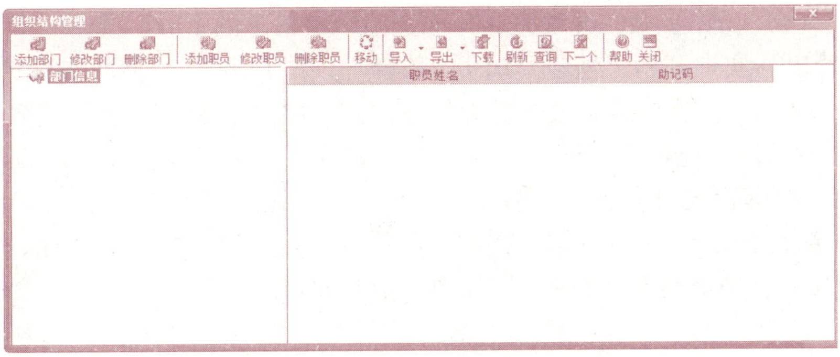

图 2－62 “组织结构管理”界面

(3) 在“组织结构管理”界面中，单击“下载”按钮，打开“组织结构下载”界面，如图 2－63 所示。

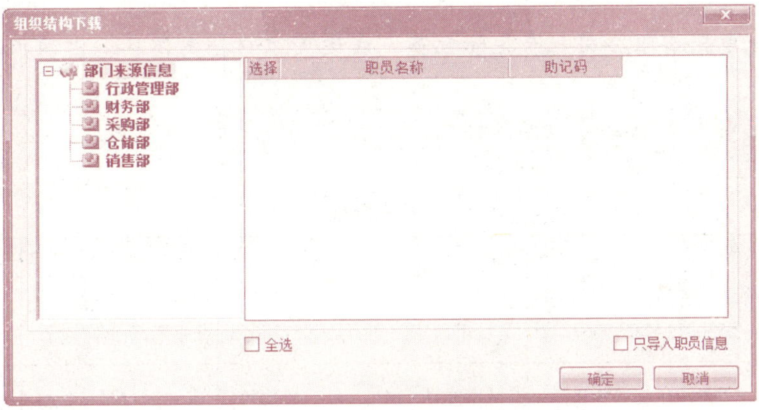

图 2－63 “组织结构下载”界面

(4) 在“组织结构下载”界面中，单击“行政部”按钮，界面右边区域显示该部门的职业信息，在相关职员信息的前面“选择”列打“√”，单击“确定”按钮，完成行政部职业信息下载，如图 2－64 所示。

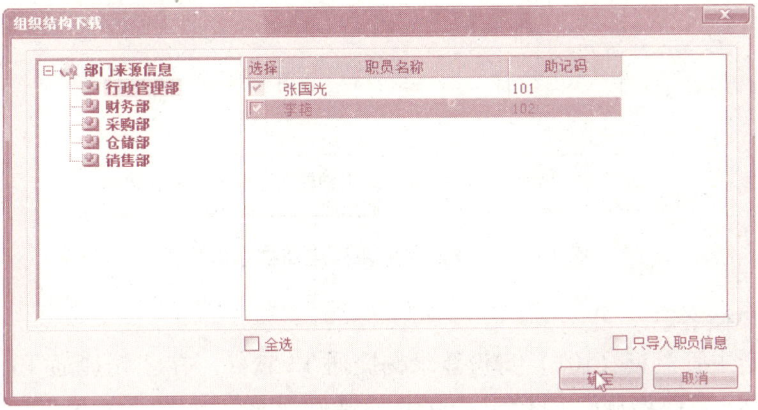

图 2－64 “组织结构下载”界面

（5）重复（4）操作步骤，继续完成其他部门职员信息的下载。

［导入与导出］ 实训开始，恢复［010］账套——“T3 账套 - 模块二任务 2 活动 1.3 - 设置操作员及赋权”。登录出纳通系统管理界面。点击“账套管理”进入账套列表界面，点击“导入”选择“出纳通账套 - 模块二任务 2 活动 1.3 - 设置操作员及赋权”进行账套恢复；实训结束，账套管理列表界面，选择实训账套，点击“导出”文件命名为“出纳通账套 - 模块二任务 2 活动 2.1 - 设置部门档案和职员档案”。备份［010］账套，备份文件名为“T3 账套 - 模块二任务 2 活动 2.1 - 设置部门档案和职员档案”。

活动 2.2　设置客户和供应商档案

【活动描述】

羊城市国光电器有限公司账套主管兰英完成设置客户档案信息、出纳账套下载客户信息任务。

羊城市国光电器有限公司的客户档案，如表 2 - 10 所示。

表 2 - 10　　客户档案

编号	客户简称	信用代码	地 址、电 话	开户银行	银行账号
001	艾美商场	550011448899667222	羊城市西华路 38 号，86776662	农业银行西华支行	22087082208708332
002	万里公司	900554432145698744	羊城市海珠东路 15 号，86775612	农业银行海珠支行	44001551405555567
003	燕汇商场	340012345678631222	羊城市前进路 42 号，66778891	中国银行北区支行	22554102255410456
004	个人				
005	零散客户				

【活动指导】

图 2 - 65　设置客户和供应商档案流程图

1. 设置客户档案。

（1）以账套主管兰英（101）身份登录畅捷通 T3 软件。在“畅捷通 T3 - 企业管理信息化软件教育专版 - 营改增版”门户中，点击“基础设置”—“往来单位”—“客户档案”菜单，如图 2 - 66 所示，进入“客户档案”界面，如图 2 - 67 所示。

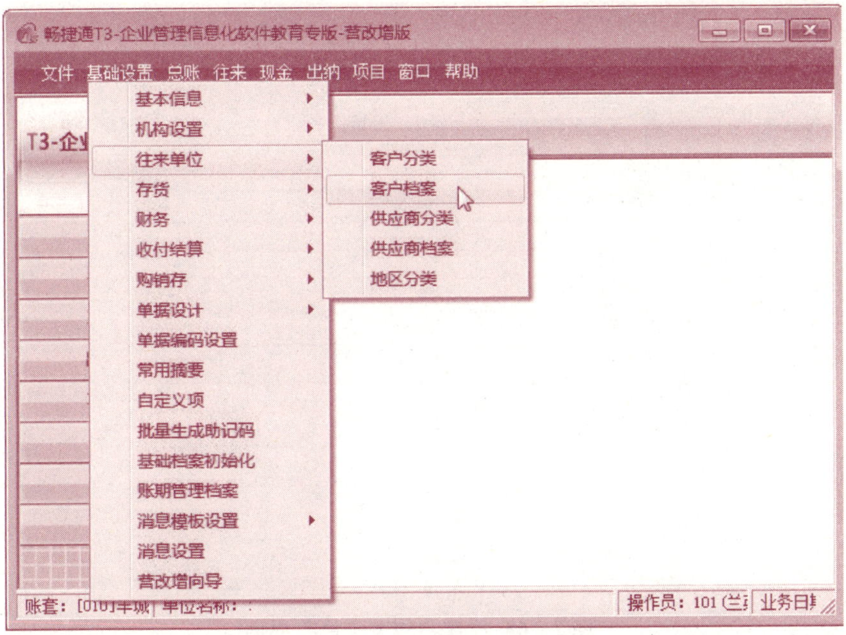

图 2－66 “客户档案”菜单窗口

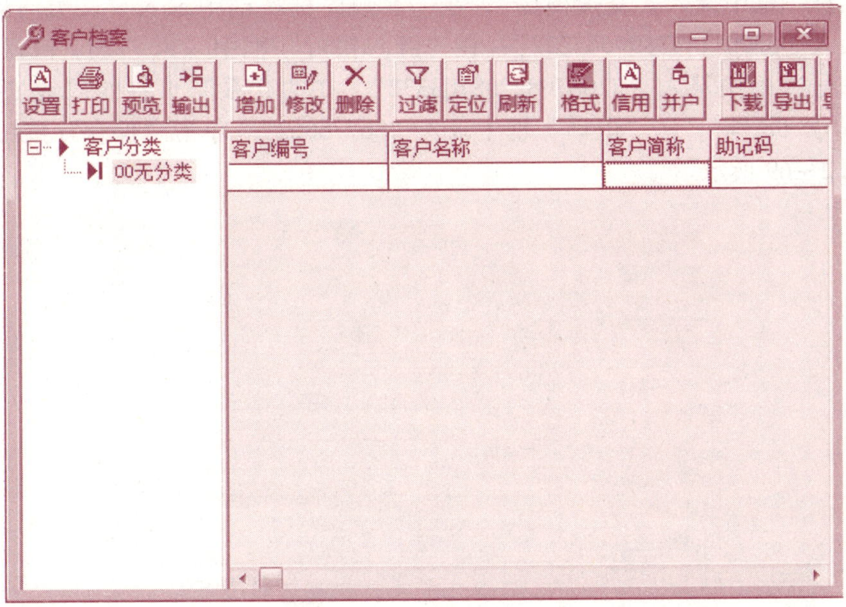

图 2－67 “客户档案”界面

（2）在“客户档案”界面中，单击“增加”按钮，打开“客户档案卡片”界面，如图 2－68 所示。

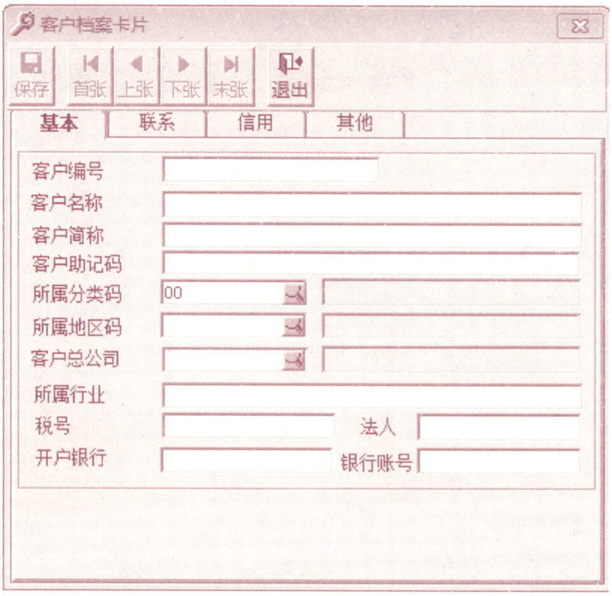

图 2-68　“客户档案卡片”界面

（3）在“客户档案卡片”界面中，在“基本”页签的“客户编号”框中录入“001”；在“客户名称”框中录入“艾美商场”；在“客户简称”框中录入“艾美商场”。在“税号”框中录入“550011448899667222”；在“开户银行”框中录入“农业银行西华支行”；在“银行账号”框中录入“22087082208708332”。在“联系”页签的“地址”框中录入“羊城市西华路 38 号”；在“电话”框中录入“86776662”。单击“保存”按钮，保存客户信息，如图 2-69 所示。

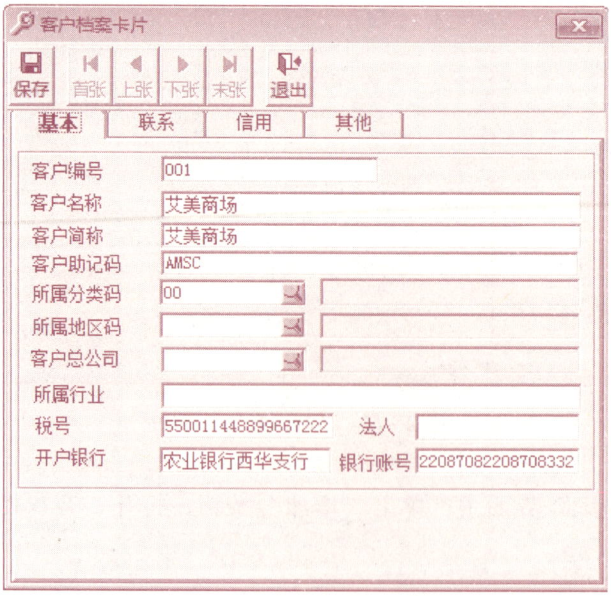

图 2-69　“客户档案卡片”界面

（4）重复（3）操作步骤，继续录入其他客户档案，如图 2－70 所示。

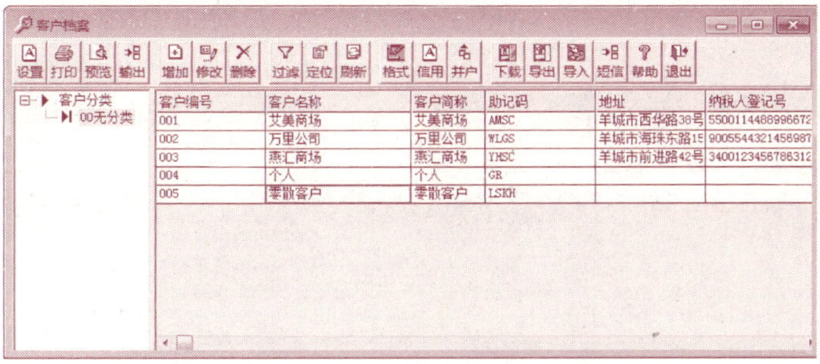

图 2－70 “客户档案”界面

2. 出纳账套下载客户信息。

（1）以出纳员张峰身份登录出纳通。在“出纳通”门户中，点击“基础数据”—“往来单位”菜单，进入“往来单位”界面，如图 2－71、图 2－72 所示。

图 2－71 “往来单位”菜单窗口

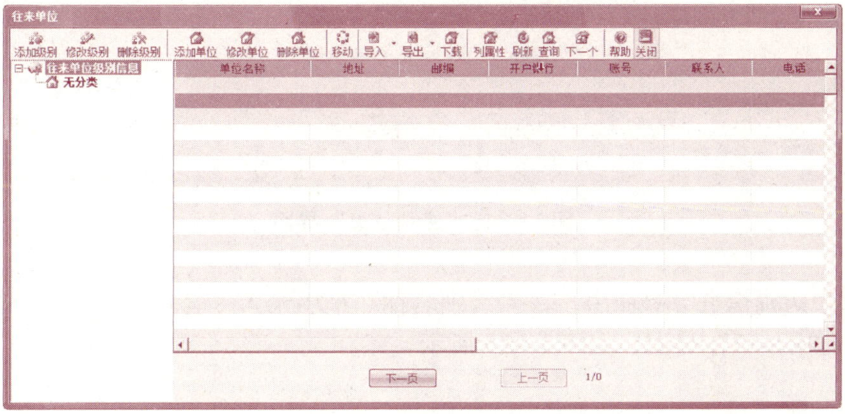

图 2－72 “往来单位”界面

（2）在“往来单位”界面中，单击“下载”按钮，打开“往来单位下载”菜单界面，如图2-73所示。

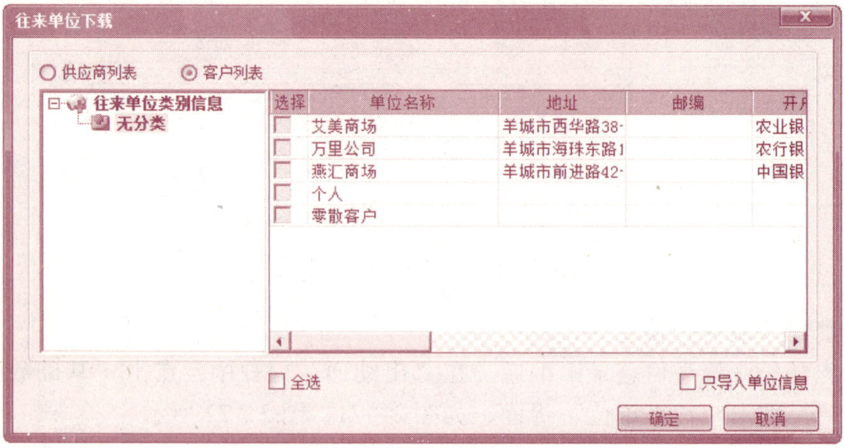

图2-73 “往来单位下载”菜单界面

（3）在“往来单位下载”界面中，单击“客户列表”单选框，出现“往来单位类别信息”树形结构，选择“无分类”，单击“全选”前面复选框，单击“确定”按钮，完成客户档案的下载，返回“往来单位”界面。

（4）在“往来单位”界面中，打开“往来单位类别信息”树形结构，选择“无分类”，单击“修改级别”按钮，打开“级别信息”界面，如图2-74所示。

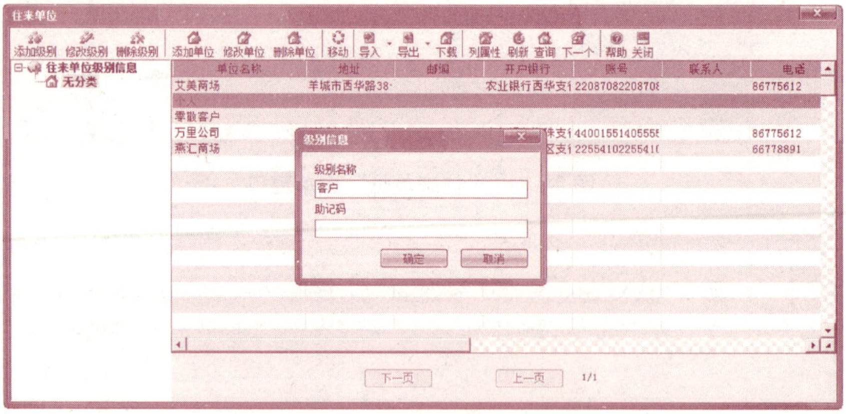

图2-74 “级别信息”界面

（5）在“级别信息”界面中，在“级别名称”框中录入“客户”，单击“确定”按钮，保存返回“往来单位”界面，如图2-75所示。

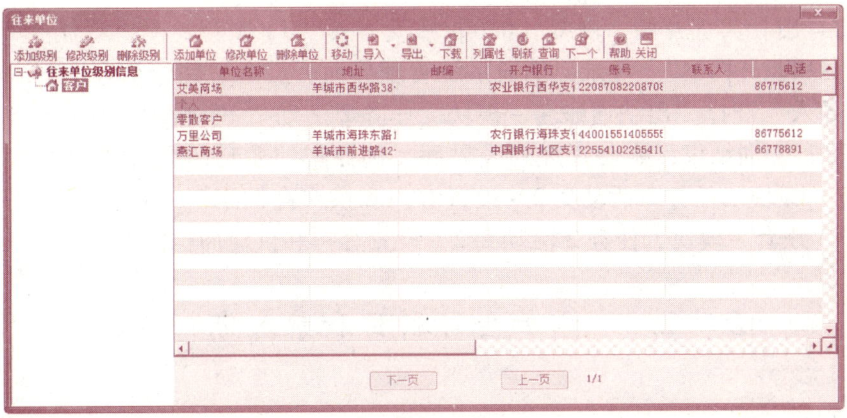

图 2-75 “往来单位”界面

小提示

供应商信息的下载与客户信息的下载相同。

【活动拓展】

[账套号] 010
[企业名称] 羊城市国光电器有限公司
完成供应商档案设置，如表 2-11 所示。

表 2-11 供应商档案

编号	简称	信用代码	开户银行	银行账号
001	力格公司	913205082867201638	建行天润路支行	44050158440501583
002	尔海公司	913205082867201636	工行越秀支行	44115522339988445
003	西门公司	440211219878999111	工行南京路支行	42883337742883337

小提示

* 供应商编号、名称和简称必须输入，不能与已有的供应商档案重复。
* 应付余额是企业应付给供应商的欠款额。
* 折扣率是供应商给企业的固定折扣率。
* 信用额度和信用期间是供应商与企业商定应付款的一般额度。超过这个额度，供应商就会发出催款单（函）。
* 付款条件用于采购单据中付款条件的缺省取值。
* 最后交易日期、最后交易金额、最后付款日期、最后付款金额由计算机自动记录。

［**导入与导出**］实训开始，恢复［010］账套——“T3 账套－模块二任务 2 活动 2.1－设置部门档案和职员档案”。登录出纳通系统管理界面。点击“账套管理”进入账套列表界面，点击“导入”选择“出纳通账套－模块二任务 2 活动 2.1－设置部门档案和职员档案”进行账套恢复；实训结束，账套管理列表界面，选择实训账套，点击“导出”文件命名为“出纳通账套－模块二任务 2 活动 2.2－设置客户和供应商档案”。备份［010］账套，备份文件名为“T3 账套－模块二任务 2 活动 2.2－设置客户和供应商档案”。

活动 2.3　增加会计科目和录入期初余额

【活动描述】

2019 年 6 月 1 日，羊城市国光电器有限公司账套主管兰英组织部门人员完成会计科目余额录入（见表 2－12）。

表 2－12　　2019 年 6 月 1 日羊城市国光电器有限公司期初余额表

科目编码	科目名称	借贷方向	金额	辅助项
1001	库存现金	借	5 000.00	日记账
1002	银行存款	借	200 000.00	日记账、银行账
100201	农业银行	借	200 000.00	日记账、银行账
1122	应收账款	借	20 000.00	客户往来
1123	预付账款	借	30 000.00	供应商往来
1405	库存商品	借	202 000.00	数量金额式（台）
140501	力格空调	借	70 000.00	20 台@3500
140502	尔海电冰箱	借	60 000.00	30 台@2000
140503	西门洗衣机	借	72 000.00	40 台@1800
1601	固定资产	借	100 000.00	
1602	累计折旧	贷	2 000.00	
2001	短期借款	贷	50 000.00	
2202	应付账款	贷	40 000.00	供应商往来
3001	实收资本	贷	465 000.00	

（1）应收账款明细账（见表 2－13）。

表 2－13

日期	名称	摘要	金额
2019－5－28	艾美商场	销售商品	20 000

（2）预付账款明细账（见表 2－14）。

表 2－14

日期	名称	摘要	金额
2019－5－27	力格公司	采购订金	30 000

（3）应付账款明细账（见表 2－15）。

表 2－15

日期	名称	摘要	金额
2019－5－29	西门公司	采购商品	40 000

【活动指导】

1. 增加会计科目。

（1）以账套主管兰英（101）身份登录畅捷通 T3 软件。在“畅捷通 T3－企业管理信息化软件教育专版－营改增版”门户中，点击“基础设置”—“财务”—“会计科目”菜单，如图 2－76 所示，进入“会计科目”界面，如图 2－77 所示，在“会计科目”界面中，单击“增加”按钮，打开“会计科目_ 新增”界面，如图 2－78 所示。

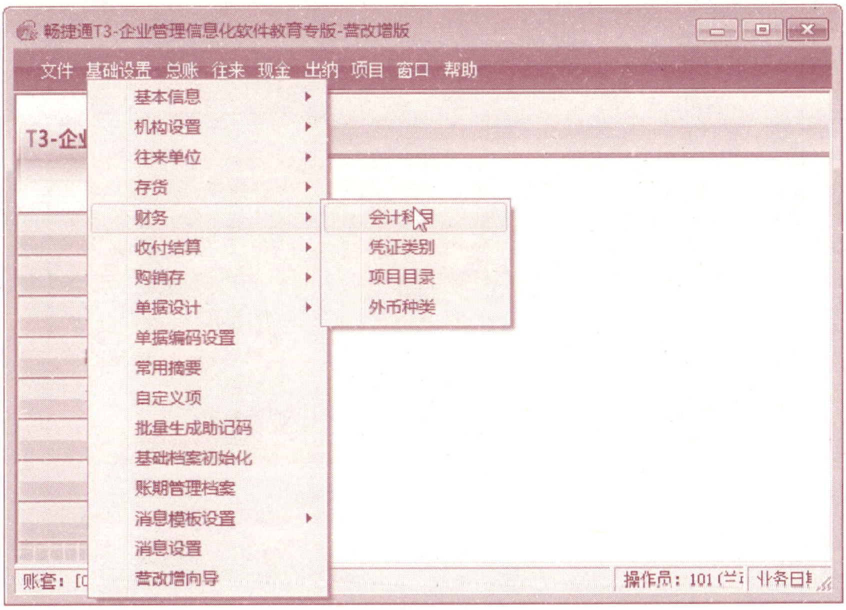

图 2－76 “会计科目”菜单窗口

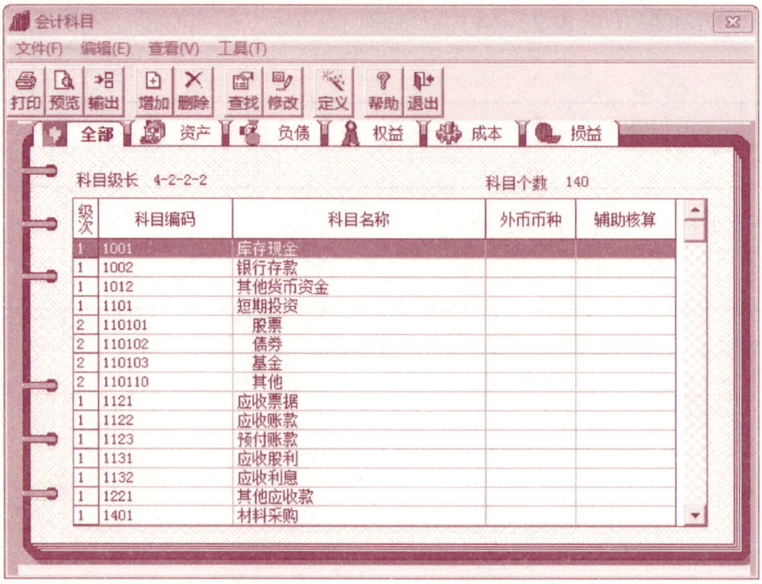

图 2 – 77 “会计科目”界面

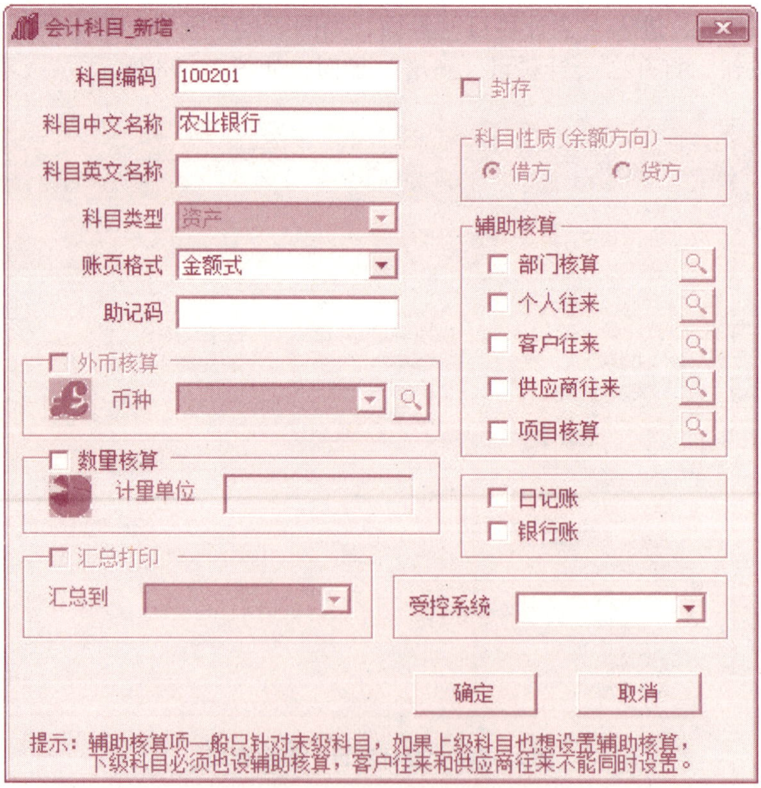

图 2 – 78 “会计科目_新增”界面

（2）在“会计科目_新增”界面，在“科目编码”框中录入“100201”；在“科目中文名称”框中录入“农业银行”。单击“确定”按钮，保存新增科目信息。同理增加“库存商品——力格空调”“库存商品——尔海电冰箱”“库存商品——西门洗衣机”“销售费用——其他”“管理费用——办公费”“管理费用——差旅费”“管理费用——其他”明细科目。

2. 设置会计科目。

(1) 以账套主管兰英(101)身份登录畅捷通 T3 软件。在“畅捷通 T3 - 企业管理信息化软件教育专版 - 营改增版”门户中，点击“基础设置”—“财务”—“会计科目”菜单，进入“会计科目”界面，如图 2 - 79 所示。

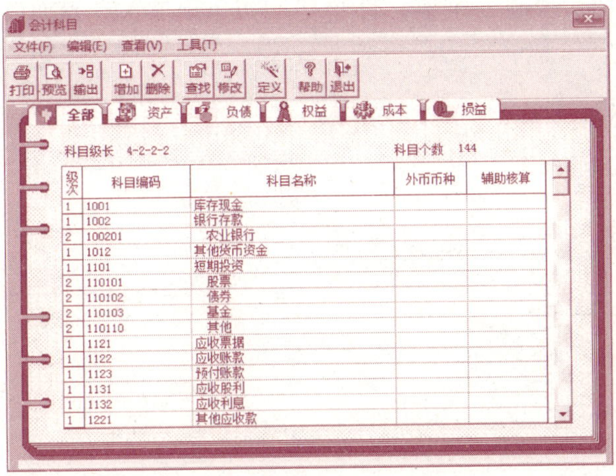

图 2 - 79 “会计科目”界面

(2) 在“会计科目”界面中，双击“1001 库存现金”按钮，打开“会计科目_修改”界面，如图 2 - 80 所示。

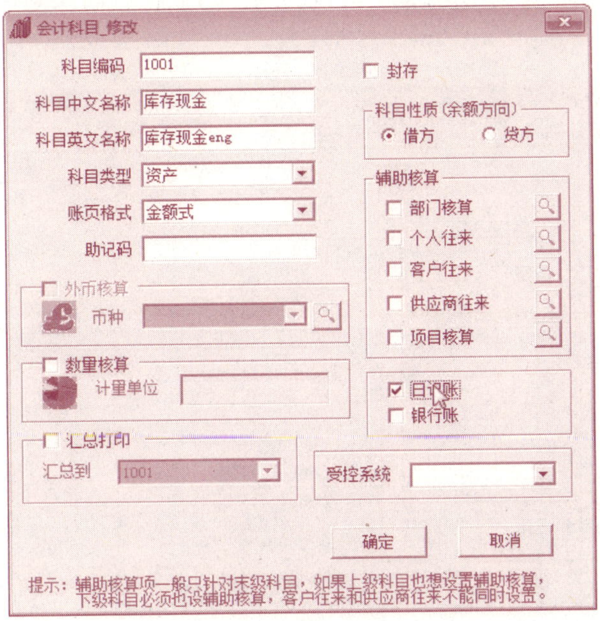

图 2 - 80 “会计科目_修改”界面

（3）在“会计科目_修改”界面下，单击“修改”在“日记账”前面打“√”，完成之后在下方单击“确定”按钮，保存修改科目信息。

（4）其他会计科目修改方法同理，请自行修改“银行存款”及其明细账、“应收账款”“预付账款”“库存商品”及其明细账、“应付账款”的会计科目。

3. 录入基本科目余额。

（1）在“畅捷通 T3－企业管理信息化软件教育专版－营改增版”门户中，点击“总账”—“设置”—“期初余额”菜单，打开“期初余额录入”界面，如图 2－81 所示。

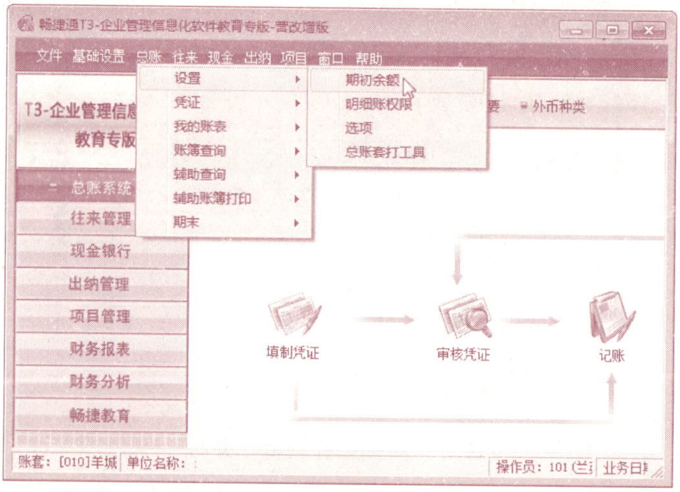

图 2－81 “期初余额录入”界面

（2）将光标定在“1001 库存现金”科目的期初余额栏，输入期初余额“5000.00”，如图 2－82 所示。

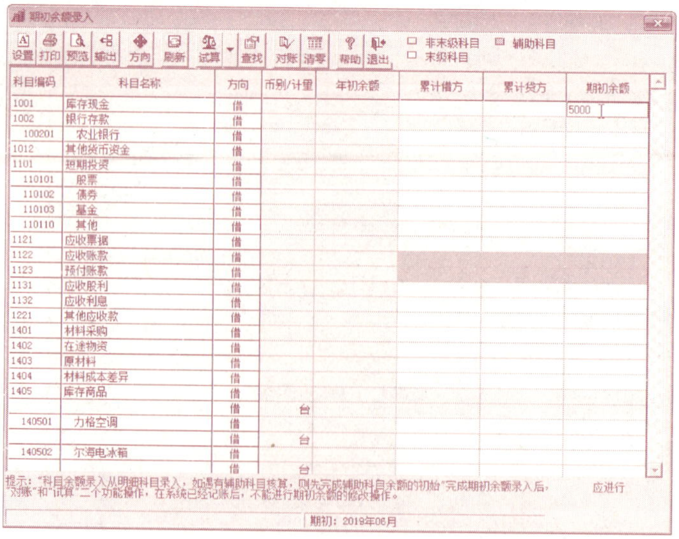

图 2－82 “期初余额录入”界面

（3）录入其他会计科目的期初余额。

小提示

＊如果某科目为数量和外币核算，应录入期初数量和外币余额，而且必须先录入本币余额，再录入数量和外币余额。

＊非末级会计科目余额不用录入，系统将根据其下级明细科目自动汇总计算填入。

＊出现红色余额用“－”号输入。

＊修改余额时，直接输入正确数据即可。

＊凭证记账后，期初余额变为浏览只读状态，不能再修改。

4. 录入往来科目余额。

（1）在“期初余额录入”界面中，将光标移到“1122 应收账款”科目所在行，系统提示“客户往来”。

（2）双击“期初余额”栏，打开“客户往来期初”界面，如图2－83所示。

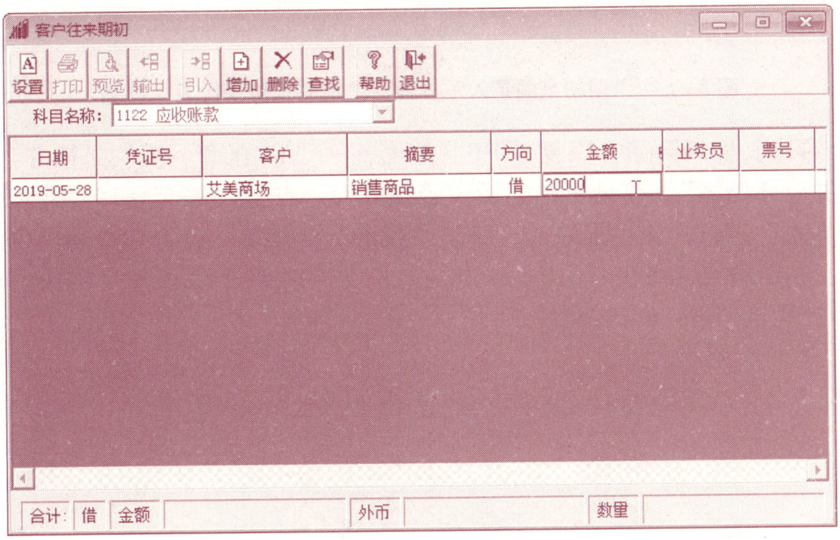

图2－83 “客户往来期初”界面

（3）单击“增加”按钮，录入日期“2019－5－28”，客户“艾美商场”，摘要“销售商品”，系统默认“借”，录入金额“20000.00”，录入完毕单击“退出”按钮。

（4）继续输入其他往来科日的余额，输入完成后，单击“试算”按钮（见图2－84），试算平衡，单击“确认”，再单击“退出”按钮。

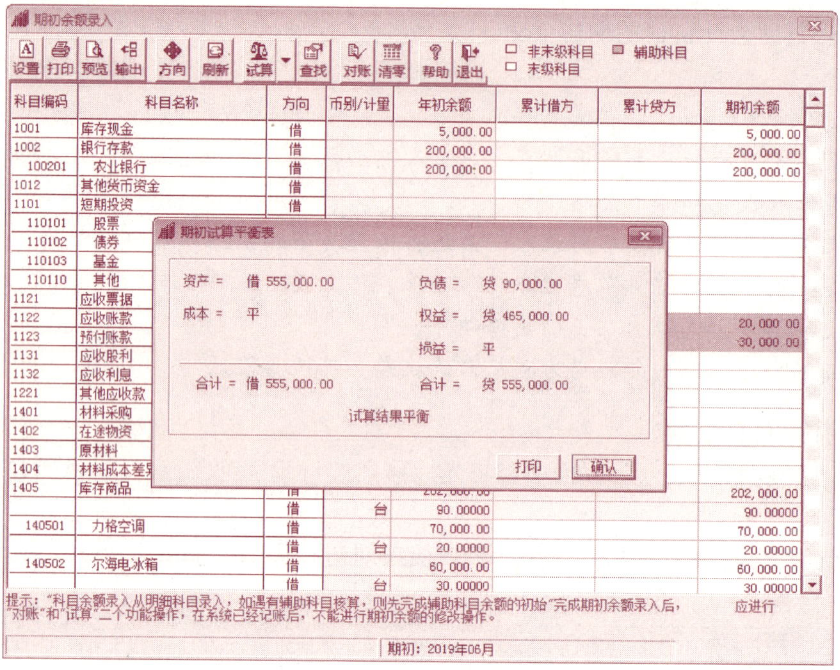

图 2-84 “期初余额录入”界面-“期初试算平衡表”界面

［导入与导出］实训开始，恢复［010］账套——“T3 账套-模块二任务 2 活动 2.2-设置客户和供应商档案”。登录出纳通系统管理界面。点击“账套管理”进入账套列表界面，点击“导入”选择“出纳通账套-模块二任务 2 活动 2.2 设置客户和供应商档案”进行账套恢复；实训结束，备份［010］账套，备份文件名为“T3 账套-模块二任务 2 活动 2.3-增加会计科目和录入期初余额”。

活动 2.4 设置出纳账户信息

【活动描述】

羊城市国光电器有限公司的 2019 年 6 月 1 日资料如下：

（1）库存现金及银行存款科目余额表（见表 2-16）。

表 2-16

科目编码	科目名称	明细科目	方向	金额	辅助项
1001	库存现金		借	5 000.00	日记账
1002	银行存款	农业银行	借	200 000.00	日记账

（2）羊城市国光电器有限公司采用记账凭证类别，开户银行为中国农业银行羊城滨海支行，银行账号为 44001551056666123，截至 6 月 1 日公司银行无未达账项。

（3）结算方式（见表 2-17）。

表 2－17

编号	名称
1	现金
2	汇兑
3	支票
4	银行汇票
5	网银
6	移动支付
7	信用卡

在 T3 系统指定会计科目、设置凭证类别、设置结算方式，在出纳管理系统中编辑账户信息、设置出纳账套参数、进行票据管理初始化任务。

【活动指导】

1. 指定会计科目。

（1）以账套主管兰英（101）身份登录畅捷通 T3 软件。在“畅捷通 T3－企业管理信息化软件教育专版－营改增版”门户中，点击“基础设置”—“财务”—“会计科目”菜单，进入“会计科目”界面，如图 2－85 所示。

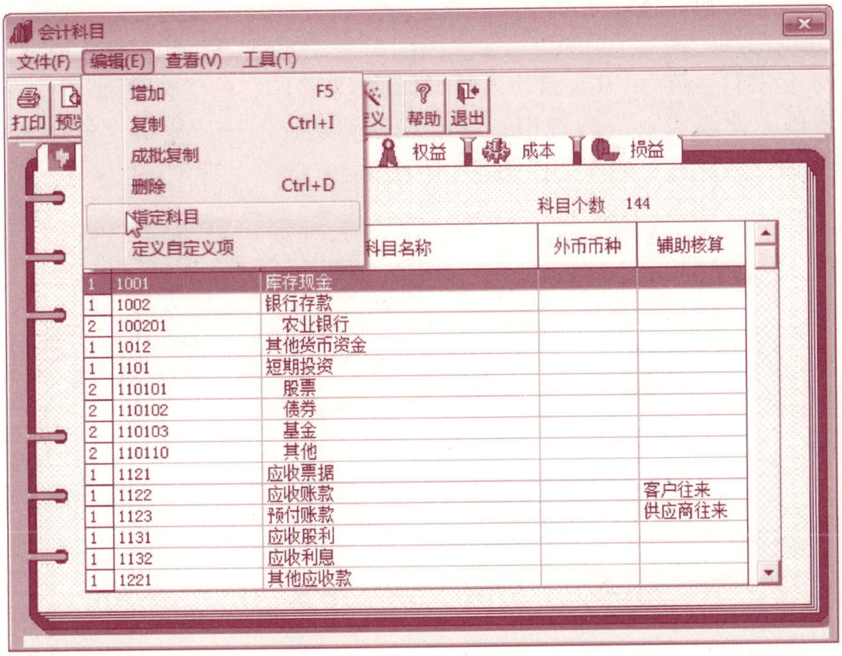

图 2－85 “会计科目”菜单窗口

（2）在“会计科目”界面中，点击菜单“编辑”—“指定科目”界面，如图 2－86 所示。

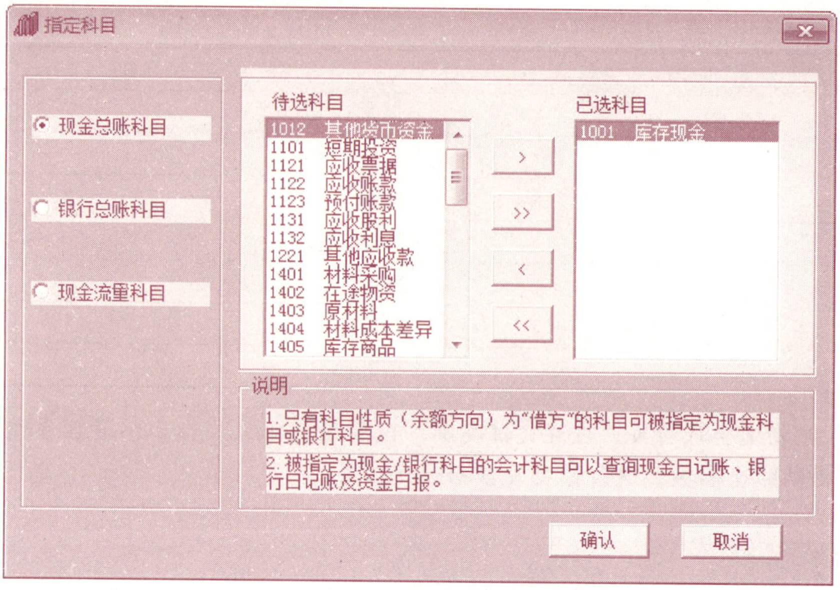

图 2－86 “指定科目”界面

（3）在“指定科目”界面中，单击“现金总账科目”按钮，选中“待选科目”框中的“1001 库存现金”，单击“ > ”，将其选到“已选科目”框中。单击“银行总账科目”单选按钮，选中“待选科目”框中的“1002 银行存款”，单击“ > ”，将其选到“已选科目”框中，单击“确认”按钮，保存设置。

2. 设置凭证类别。

（1）以账套主管兰英（101）身份登录畅捷通 T3 软件。在“畅捷通 T3－企业管理信息化软件教育专版－营改增版”门户中，点击“基础设置”—“财务”—“凭证类别”菜单，打开“凭证类别预置”界面，如图 2－87 所示。

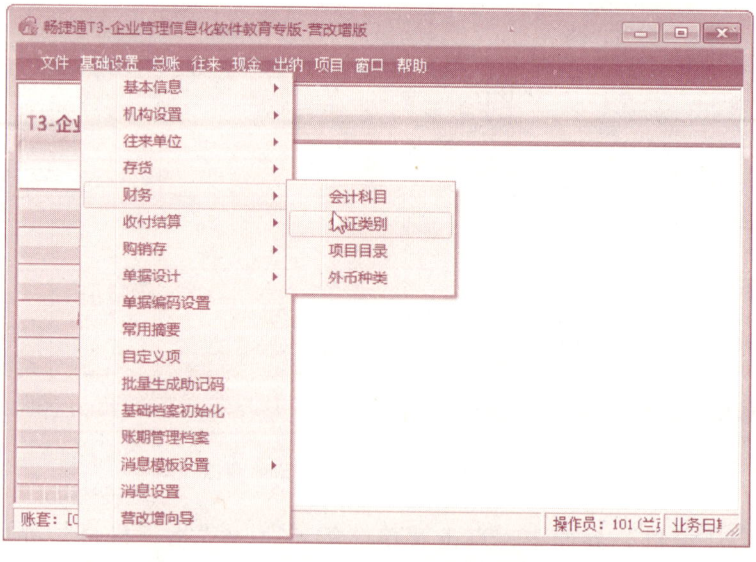

图 2－87 “凭证类别”菜单窗口

（2）在“凭证类别预置”界面中，单击“记账凭证”单选按钮，单击“确定”按钮打开“凭证类别”界面。单击“退出”按钮，完成凭证类别的设置，如图2－88、图2－89所示。

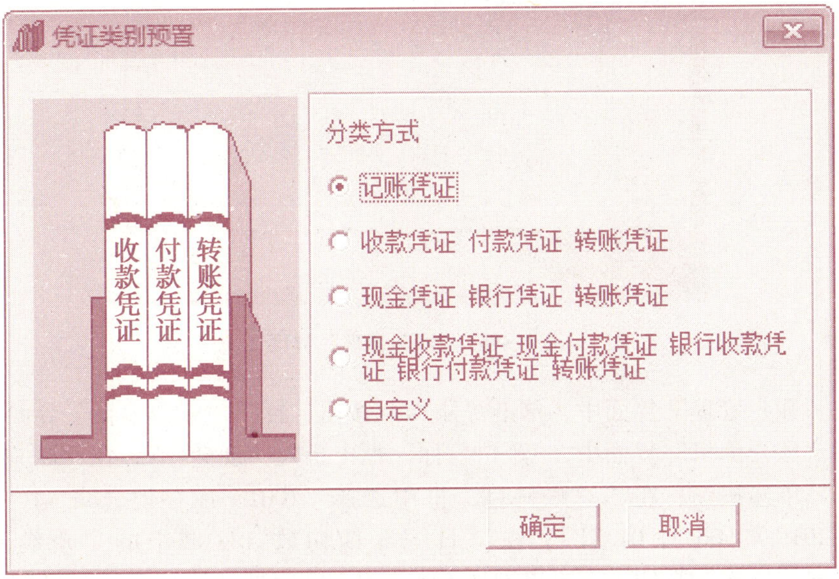

图2－88 “凭证类别预置”界面

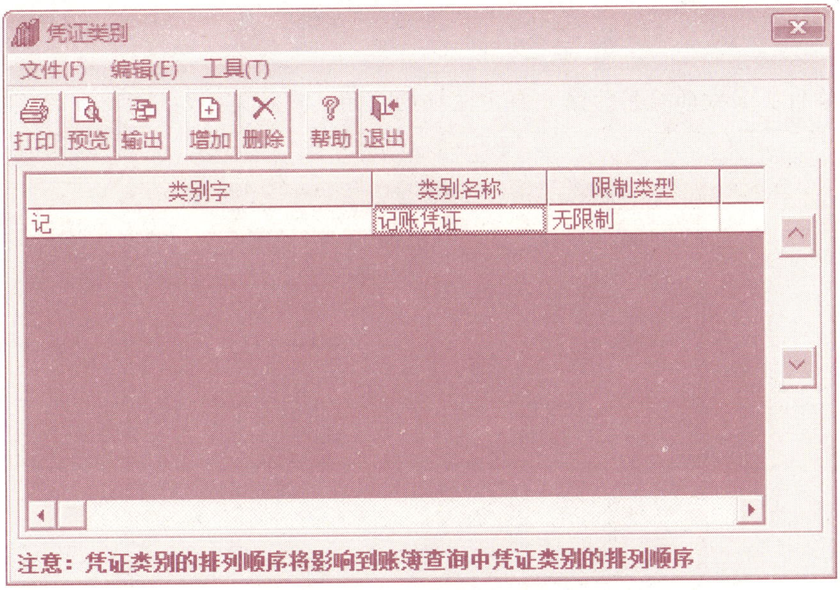

图2－89 “凭证类别”界面

3. 编辑账户信息。

（1）以出纳张峰身份登录出纳通门户。在“出纳通”门户中，点击“账务处理”—“账户管理”菜单，进入“账户管理”界面，如图2－90所示。

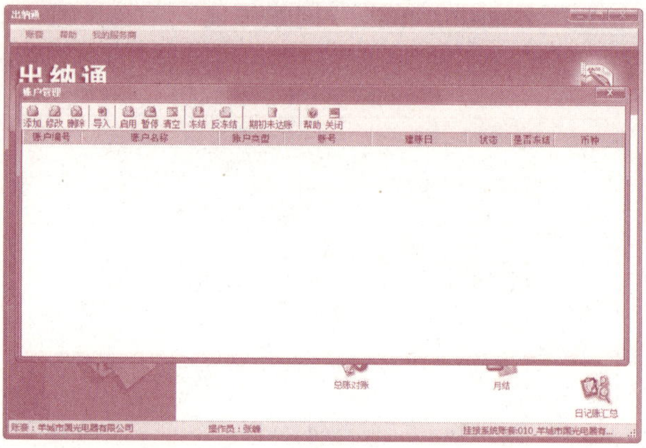

图 2－90 “账户管理”界面

（2）在“账户管理”界面中，单击“添加”按钮，打开“账户编辑”界面。

（3）在“账户编辑”界面中，“账户名称”框中录入“现金户”；在“账户类型”框中单击“现金”单选按钮；在“总账科目”框中选择“1001—库存现金”；在“建账日期”框中选择“2019 年 06 月 01 日”；在“日记账期初数”区域中的“余额”框中录入“5000”。单击“确定”按钮，完成出纳现金户的设置，返回“账户管理”界面，如图2－91所示。

小提示

账户编辑页面中的启用为账户自定义项的启用，默认无须勾选。

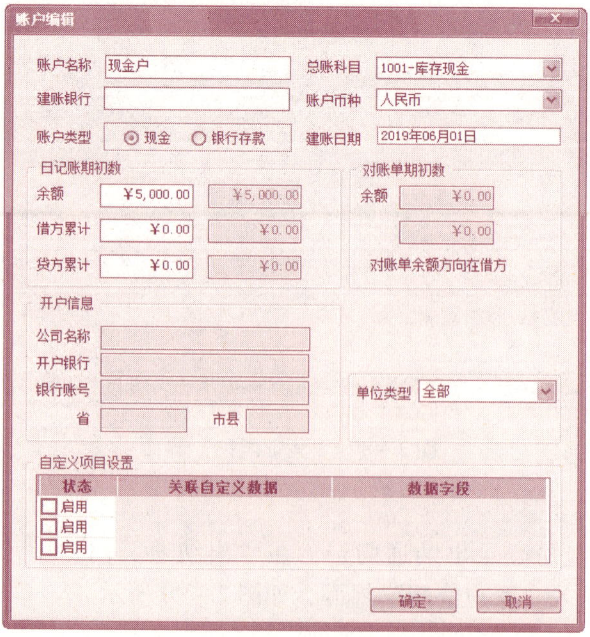

图 2－91 “账户编辑”界面

(3) 单击"票据管理"—"管理任务"—"过滤票据账户"，在"票据管理账户列表"框勾选"中国农业银行 (粤)"，单击"确定"按钮完成票据账户过滤，如图 2-101 所示。

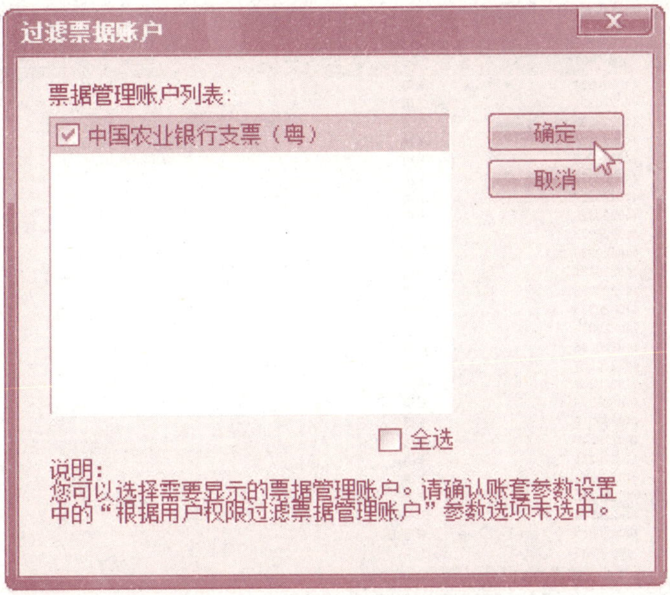

图 2-101 "过滤票据账户"界面

(4) 在"票据管理"—"常用任务"栏中，单击"管理票据"，选择票据账户，打开"出纳通—[管理票据]"界面，点击"添加"按钮，打开"票据购买登记"界面，在"编号前缀"录入：44022，"起始号码"录入：0221，"张数"录入：30，如图 2-102 所示，单击"确定"，退出界面，如图 2-103 所示。

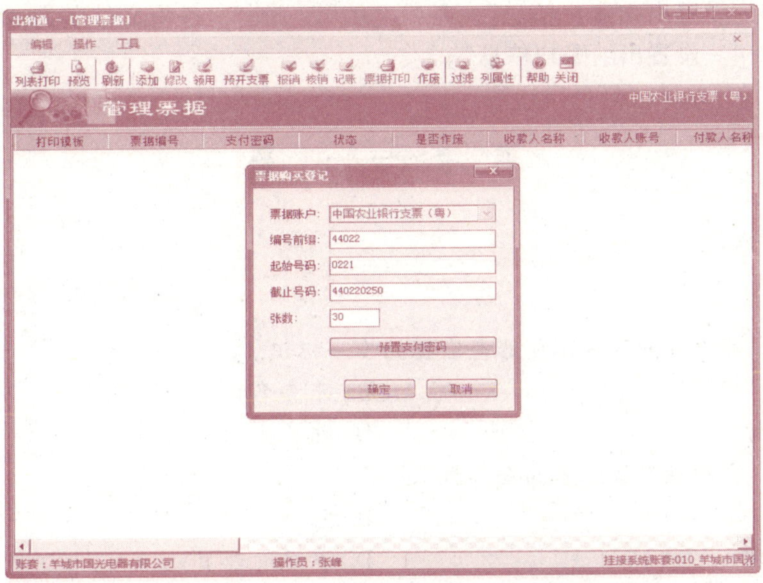

图 2-102 "出纳通—管理票据"界面

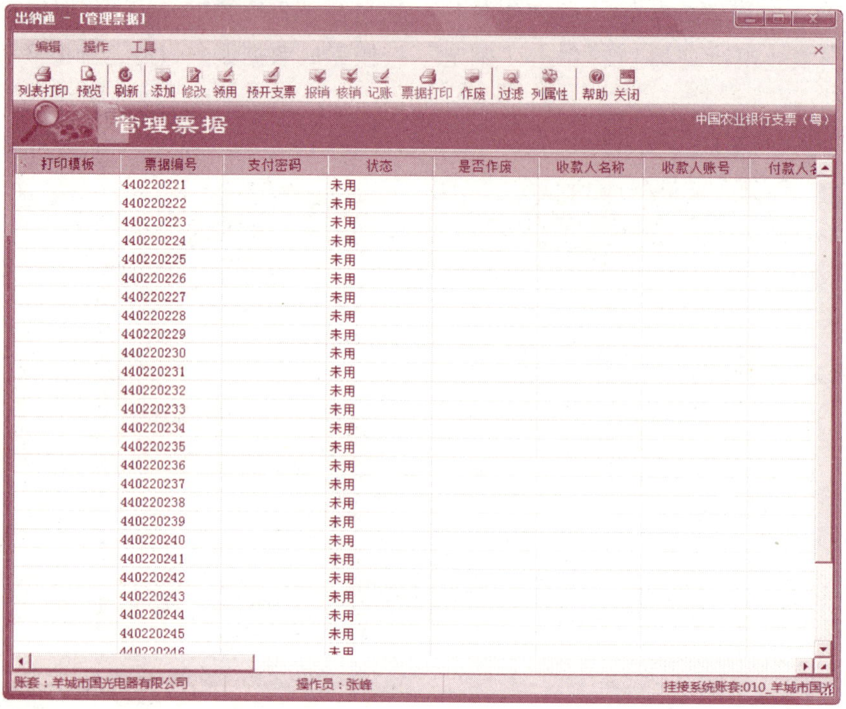

图 2－103 “出纳通—管理票据”界面

［**导入与导出**］实训开始，恢复［010］账套——“T3 账套－模块二任务 2 活动 2.3－增加会计科目和录入期初余额”。登录出纳通系统管理界面。点击“账套管理”进入账套列表界面，点击“导入”选择“出纳通账套－模块二任务 2 活动 2.3”进行账套恢复；实训结束，账套管理列表界面，选择实训账套，点击“导出”文件命名为“出纳通账套－模块二任务 2 活动 2.4－设置出纳账户信息”。备份［010］账套，备份文件名为“T3 账套－模块二任务 2 活动 2.4－设置出纳账户信息”。

考核与实训

一、单选题

1. （　　）可以作为区分不同账套数据的唯一标识。

A. 账套号　　B. 账套名称

C. 单位名称　　D. 账套主管

2. （　　）自动拥有该账套的全部权限。

A. admin　　B. 账套主管

C. 财务经理　　D. 系统管理员

3. 一个账套可以指定（　　）个账套主管。

A. 1　　B. 2

C. 3　　D. 多

4. （　　）科目编码方案为 4-2-1-3，则三级科目的编目为（　　）位。

A. 1　　B. 2

C. 3　　D. 4

5. 下列哪个公司账户一定不可以支取现金（　　）。

A. 基本账户　　B. 一般账户

C. 专用账户　　D. 临时账户

二、多选题

1. 建立单位核算账套时，必须设置的基本信息包括（　　）。

A. 启用会计期　　B. 账套名称

C. 账套号　　D. 账套路径

2. 建立账套完成之后，（　　）不能修改。

A. 账套号　　B. 账套名称

C. 启用会计期　　D. 账套主管

3. 增加系统操作员时，需要确定的基本信息有（　　）。

A. 操作员编号　　B. 操作员姓名

C. 所属账套　　D. 操作员密码

4. 对于设置操作员密码，以下说法正确的有（　　）。

A. 不能为空　　B. 必须输入两次

C. 可以输入数字　　D. 不能修改

5. 系统管理功能基本包括（　　）。

A. 账套管理　　B. 操作员及操作权限管理

C. 年度账管理　　D. 报表管理

三、判断题

1. 账套主管自动拥有所管辖账套所有模块的操作权限。（　　）

2. 单位名称是区分系统内不同账套的唯一标志。（　　）

3. 账套删除操作是在账套引入操作的同时进行的。（　　）

4. 所设置的操作员一旦被引用，仍可以被修改和删除。（　　）

5. 建立账套时，如果选择“是否按行业预置科目”，则系统会自动建立企业所需已有的会计科目。（　　）

四、综合业务题

实训一　建立账套

［实训准备］

安装“畅捷通 T3-企业管理信息化软件教育专版-营改增”系统。

［实训要求］

新建一个企业账套。在该企业账套中建立出纳业务账套，出纳业务账套设置自动备份计划，要求每周五下午20：00进行自动备份账套数据。能够恢复出纳备份文件。

［**实训资料**］

（一）背景资料（见表2－18）

表2－18　　企业基本情况

企业名称	西江市潜力有限公司
法人代表	刘潜力
会计主管	周向阳
会　计	李进进
出　纳	江大远　身份证：645233198811265574 发证机关：西江市公安局东区分局
住址、邮编	西江市前进路75号　85465214
电　话	88662588
信用代码证	652148962014000956
开户银行	西江市工商银行前进支行
账号	66321599
主营业务	销售安卓手机、ios手机和cos手机
公司性质	商业

（二）电算化账套初始设置信息

1. 建账资料。

账套号：008；账套名称：西江市潜力有限公司；启用期间：2019年7月；单位名称：西江市潜力有限公司；单位简称：西江潜力；单位地址：西江市前进路75号；法人代表：刘潜力；联系电话：88662588；税号：652148962014000956；企业类型：商业；行业性质：小企业会计准则（2013年）（按行业性质预置科目）；账套主管为：demo。

基础信息：存货、供应商、客户不分类，无外币核算，采用标准业务流程。编码方案：科目编码4222。

启用模块：总账，启用日期：2019年7月1日。

2. 操作员及其权限（见表2－19）。

表2－19　　用户及授权管理

编号	姓名	职位	密码	权限
801	周向阳	会计主管	801	账套主管
802	李进进	会计	802	公用目录、出纳通、总账（除出纳签字、审核凭证以外的所有权限）
803	江大远	出纳	803	公用目录、出纳通、总账中的出纳签字

（三）出纳通账套初始设置信息（见表2－20）

表 2-20 用户及授权管理

用户	密码	权限
李进进	空	过账、取消过账、制单、删除凭证
江大远	空	全部权限（除过账、取消过账、制单、删除凭证的权限外）

实训二 基础设置

［实训准备］

引入综合实训备份资料中的“实训1-电算化账套（建账）”，恢复008账套。登录008账套，进入“出纳管理系统”在“系统管理”的“账套”下的“账套管理”中导入“实训1-出纳通账套（建账）”。

［实训要求］

在008账套中建立企业基础信息，并同步下载到出纳管理系统中。在出纳管理系统中开设银行及现金账户。创建公司支票夹及公司支票账户。

［实训资料］

（一）电算化账套基础设置

1. 部门档案（见表2-21）。

表 2-21

部门编号	部门名称	部门编号	部门名称
1	行政部门	4	仓储部门
2	财务部门	5	销售部门
3	采购部门		

2. 职员档案（见表2-22）。

表 2-22

编号	姓名	所属部门	编号	姓名	所属部门
101	刘潜力	行政部门	301	成武华	采购部门
201	周向阳	财务部门	302	李毅力	采购部门
202	李进进	财务部门	401	陈杰出	仓储部门
203	江大远	财务部门	501	左向文	销售部门

3. 客户档案（见表2-23）。

表 2-23

客户编码	客户简称	信用代码	地 址、电 话	开户银行	银行账号
001	必加美有限公司	524800123456000726	西江市前进路5号，83286145	建行北区支行	5263147
002	西江市顺景有限公司	524800123456000789	西江市健康路8号，56942365	工行健康支行	2396105
003	个人				
004	零散客户				

4. 供应商档案（见表2-24）。

表 2－24

供应商编码	供应商简称	开户银行	开户账号	信用代码
001	西江市城西有限公司	中行西江支行	9658746	524800123456000714
002	西江市西海有限公司	建行西区支行	2265826	524800123456000799
003	天之美股份有限公司	工行西江支行	2263019	524800123456000749

5. 结算方式。

（1）本公司的开户银行（001 工商银行前进支行 66321599）。

（2）结算方式（见表 2－25）。

表 2－25

结算方式编码	结算方式名称	票据管理	结算方式编码	结算方式名称	票据管理
1	现金		6	移动支付	
2	支票		7	商业汇票	
3	银行汇票		8	信用卡	
4	汇兑		9	其他	
5	网银				

6. 凭证类别：记账凭证。

7. 增加会计科目（见表 2－26）。

表 2－26

科目编码	科目名称	辅助项
100201	工行存款	日记账、银行账
101201	银行汇票存款	
140501	安卓手机	数量金额式（部）
140502	ios 手机	数量金额式（部）
140503	cos 手机	数量金额式（部）
560108	其他	
560212	办公费	
560213	差旅费	
560214	其他	

8. 2019 年 7 月 1 日期初余额（见表 2－27）。

表 2－27

科目编码	科目名称	借贷方向	金额	辅助项
1001	库存现金	借	5 000. 00	日记账
1002	银行存款	借	1 190 560. 00	日记账、银行账
100201	工行存款	借	1 190 560. 00	日记账、银行账
1122	应收账款	借	12 000. 00	客户往来

续表

科目编码	科目名称	借贷方向	金额	辅助项
1123	预付账款	借	2 000.00	供应商往来
1405	库存商品	借	217 050.00	数量金额式（部）
140501	安卓手机	借	39 840.00	166 部@240
140502	ios 手机	借	62 460.00	180 部@347
140503	cos 手机	借	114 750.00	225 部@510
1601	固定资产	借	70 560.00	
1602	累计折旧	贷	23 100.00	
2202	应付账款	贷	4 000.00	供应商往来
3001	实收资本	贷	1 270 070.00	
3104	利润分配	贷	200 000.00	
310415	未分配利润	贷	200 000.00	

（1）应收账款明细账（见表 2－28）。

表 2－28

日期	名称	摘要	金额
2019－06－27	必加美有限公司	销售商品	4 000
2019－05－30	西江市顺景有限公司	销售商品	8 000

（2）预付账款明细账（见表 2－29）。

表 2－29

日期	名称	摘要	金额
2019－06－30	西江市城西有限公司	支付订金	2 000

（3）应付账款明细账（见表 2－30）。

表 2－30

日期	名称	摘要	金额
2019－06－23	天之美股份有限公司	采购商品	4 000

9. 指定科目：库存现金总账指定为“库存现金”，银行存款总账指定为“银行存款”。

（二）出纳通账套基础设置

1. 添加现金账户并启用（见表 2－31）。

表 2－31

账户名称	现金账户
总账科目	1001－库存现金
账户币种	人民币
账户类型	现金

续表

账户名称	现金账户
建账日期	2019 年 07 月 01 日
余额	5 000. 00

2. 添加银行账户并启用（见表 2 – 32）。

表 2 – 32

账户名称	银行账户
总账科目	100201 – 银行存款
建账银行	西江市工商银行前进支行
账户币种	人民币
账户类型	银行存款
建账日期	2019 年 07 月 01 日
余额	1 190 560. 00（无未达账）
公司名称	西江市潜力有限公司
开户银行	西江市工商银行前进支行
银行账号	66321599

3. 新建普通支票账户并添加票据信息（见表 2 – 33）。

表 2 – 33

账号名称	中国工商银行支票
关联银行账户	银行账户
票据类型	普通支票
编号前缀	10203073
起止号码	20190701
张数	20

模块三

办理出纳日常业务

一天，采购员周明出差回来，到财务部门报销差旅费……

图 3－1　报销差旅费活动情景图

企业要进行正常的经营必然会产生资金往来，主要有现金的收入、支出、提取、送存；以及进行支票、本票、汇票、汇兑及网上银行等的结算转账业务。出纳人员必须及时合法有效地把业务完成，保证企业的经营活动正常地进行。

任务1　处理现金业务

【学习目标】

□ 了解现金管理条例、内部现金管理制度
□ 能描述现金收支业务流程
□ 能审核现金收付款原始单据；能正确填写现金结算的各种单据
□ 能严格按财务制度办理现金收付款业务；能按规定办理补充库存现金、送存现金的业务；能在出纳通系统中登记现金日记账
□ 提升对数字的敏感度；养成保证货币资金安全的意识；养成为企业生产经营服务的意识

【知识储备库】

一、现金使用范围

根据《中华人民共和国现金管理暂行条例》规定，开户单位可以在下列范围内使用现金：

（1）职工工资、津贴；
（2）个人劳务报酬；
（3）根据国家规定颁发给个人的科学技术、文化艺术、体育等各种奖金；
（4）各种劳保、福利费用以及国家规定的对个人的其他支出；
（5）向个人收购农副产品和其他物资的价款；
（6）出差人员必须随身携带的差旅费；
（7）结算起点以下的零星支出；
（8）中国人民银行确定需要支付现金的其他支出。

钱款结算起点定为1 000元。结算起点的调整，由中国人民银行确定，报国务院备案。

需要提醒的是：除上述使用范围第（5）（6）项外，开户单位支付给个人的款项，超过使用现金限额的部分，应当以支票或者银行本票支付；确需全额支付现金的，经开户银行审核后，予以支付现金。

二、库存现金限额的规定

开户银行应当根据实际需要，核定开户单位3～5天的日常零星开支所需的库存现金限额。边远地区和交通不便地区的开户单位的库存现金限额，可以多于5天，但不得超过15

天的日常零星开支。经核定的库存现金限额，开户单位必须严格遵守。需要增加或者减少库存现金限额的，应当向开户银行提出申请，由开户银行核定。

三、现金收支办理的规定

1. 开户单位现金收入应当于当日送存开户银行。当日送存确有困难的，由开户银行确定送存时间。

2. 开户单位支付现金，可以从本单位库存现金限额中支付或者从开户银行提取，不得从本单位的现金收入中直接支付（即坐支）。因特殊情况需要坐支现金的，应当事先报经开户银行审查批准，由开户银行核定坐支范围和限额。坐支单位应当定期向开户银行报送坐支金额和使用情况。

3. 开户单位根据《现金管理条例》第五条和第六条的规定，从开户银行提取现金，应当写明用途，由本单位财会部门负责人签字盖章，经开户银行审核后，予以支付现金。

4. 因采购地点不固定，交通不便，生产或者市场急需，抢险救灾以及其他特殊情况必须使用现金的，开户单位应当向开户银行提出申请，由本单位财会部门负责人签字盖章，经开户银行审核后，予以支付现金。

四、现金盘点制度

1. 出纳员办理现金出纳业务，必须做到及时盘点，按日清理，按月结账。按日清理是指出纳员应对当日的经济业务进行清理，全部登记日记账，结出库存现金账面余额，并与库存现金实地重新点数核对相符。

2. 清理各种现金收付款凭证，各种收付款凭证所填写的内容要与所附原始凭证反映的内容一致；检查每张单证是否已经盖齐“收讫”“付讫”的戳记。

3. 将当日发生的所有现金收付业务全部登记入账，并查看账证是否相符。清理完毕后，结出现金日记账的当日库存现金账面余额。

4. 出纳员应按券别分别清点其数量，然后加总，得出当日现金的实存数。将盘存得出的实存数和账面余额进行核对，看两者是否相符。如发现有长款或短款，应进一步查明原因，及时进行处理。

5. 规定实际库存现金不得超过库存现金限额，如实际库存现金超过库存限额，则出纳员应将超过部分及时送存银行；如果实际库存现金低于库存限额，则应及时补提现金。

活动1　办理现金收款业务

活动1.1　办理现金销售收入业务

【活动描述】

2019年6月5日，向惠民商店销售力格空调1台，含税单价4 520元，开出增值税普通发票（如图3－2），出纳员张峰收到现金。

广东增值税普通发票

记账联

440008265622　　No. 02346751

（全国统一发票监制章　广东　国家税务总局监制）

开票日期：2019年06月05日

购买方	名　　称：惠民商店 纳税人识别号：982009988776655443 地址、电话：羊城市文明路9号，88224455 开户行及账号：				密码区	（略）	
货物或应税劳务、服务名称	规格型号	单位	数量	单价	金额	税率	税额
力格空调	FD—4012—WG	台	1	4 000.00	4 000.00	13%	520.00
合　计					¥4 000.00		¥520.00
价税合计（大写）	⊗肆仟伍佰贰拾圆整　（小写）¥4 520.00						
销售方	名　　称：羊城市国光电器有限公司 纳税人识别号：914401014408765422 地址、电话：羊城市滨海区新华路20号 34556788 开户行及账号：农业银行羊城滨海支行4400155150666123				备注	（羊城市国光电器有限公司 914401014408765422 发票专用章）	

第一联：记账联　销售方记账凭证

收款人：张峰　　复核：杨文　　开票人：张峰　　销售方（章）

图3－2　增值税普通发票（记账联）

【活动指导】

图 3－3 收到现金销售收入出纳工作流程

1. 出纳员在防伪点钞机上清点经办人交来的现金 4 520 元。

2. 出纳根据业务的内容，在税控机上开出增值税普通发票，核对发票金额与交来的现金是否相符，审核无误在发票上盖"现金收讫"章（见图 3－4）。

广东增值税普通发票

记账联

440008265622　　No. 02346751

开票日期：2019 年 06 月 05 日

购买方	名　　称：惠民商店 纳税人识别号：982009988776655443 地 址、电 话：羊城市文明路 9 号，88224455 开户行及账号：	密码区	（略）

货物或应税劳务、服务名称	规格型号	单位	数量	单价	金额	税率	税额
力格空调	FD—4012—WG	台	1	4 000.00	4 000.00	13%	520.00
合　　计					¥4 000.00		¥520.00
价税合计（大写）	⊗肆仟伍佰贰拾圆整　　（小写）¥4 520.00						

销售方	名　　称：羊城市国光电器有限公司 纳税人识别号：914401014408765422 地 址、电 话：羊城市滨海区新华路20号 34556788 开户行及账号：农业银行羊城滨海支行4400155150666612 3	备注	羊城市国光电器有限公司 914401014408765422 发票专用章

现金收讫

第一联：记账联 销售方记账凭证

收款人：张 峰　　复核：杨 文　　开票人：张 峰　　销售方（章）

图 3－4 增值税普通发票（记账联）

3. 出纳将发票的发票联交给经办人。

4. 出纳根据发票记账联信息，在出纳通门户中登记日记账。

（1）在出纳通登录界面中，在“账套名称”框中选择“羊城市国光电器有限公司”；在登录用户中选择“张峰”；密码为空。单击“确定”，启动出纳通软件。在“出纳通”门户窗口中，单击“财务处理”—“现金日记账”菜单，进入“选择”界面，如图3－5所示。

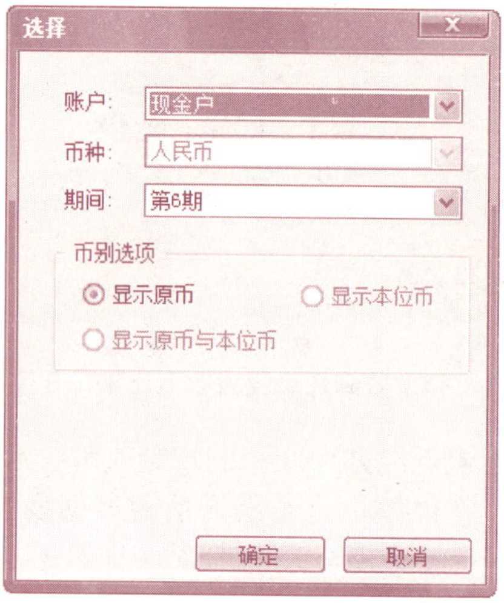

图3－5 “选择”界面

（2）在“选择”界面中，在“账户”下拉列表框中选择“现金户”；系统自动显示“币种”为“人民币”；在“期间”下拉列表框中选择“第6期”；在“币别选项”默认为“显示原币”。

（3）单击“确定”按钮，进入“出纳通－［现金日记账］”列表，如图3－6所示。

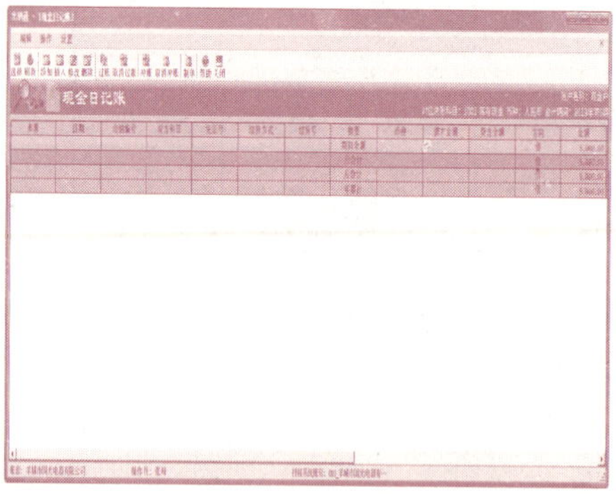

图3－6 “出纳通－［现金日记账］”列表

（4）在“出纳通－［现金日记账］”列表中，单击“添加”按钮，打开“增加日记账”界面，如图3－7所示。

（5）在“增加日记账”界面中，在“日期”框中选择“2019年06月05日”；在“结算方式”下拉列表框中选择“现金”；在“结算号”框中录入“现收1”；在“借方金额（收款）”框中录入“4 520”；在“摘要”下拉列表框中选择“添加”，在弹出的“摘要信息”界面中录入“产品销售”；在“往来单位类型”选择“客户”；在“往来单位”选择“零散客户”。

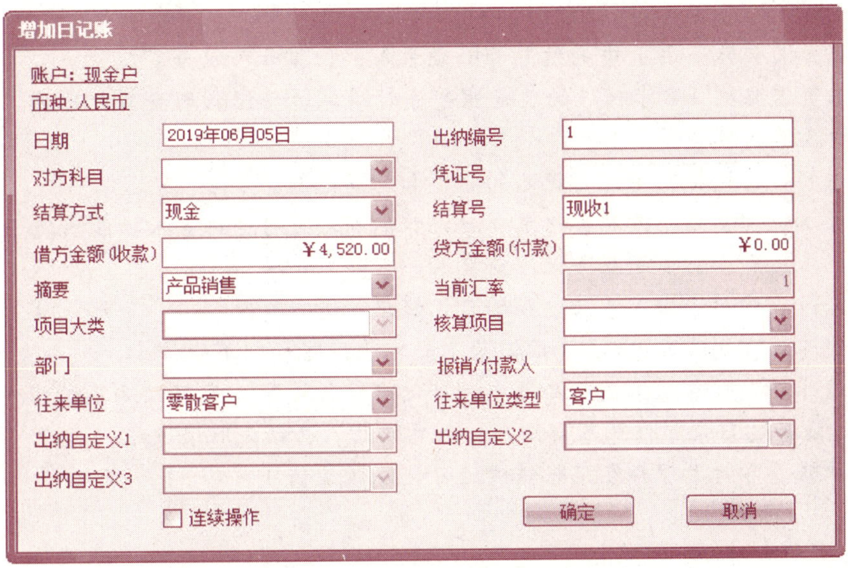

图 3－7 “增加日记账”界面

(6) 单击“确定”按钮，返回“出纳通－［现金日记账］”列表，如图 3－8 所示。

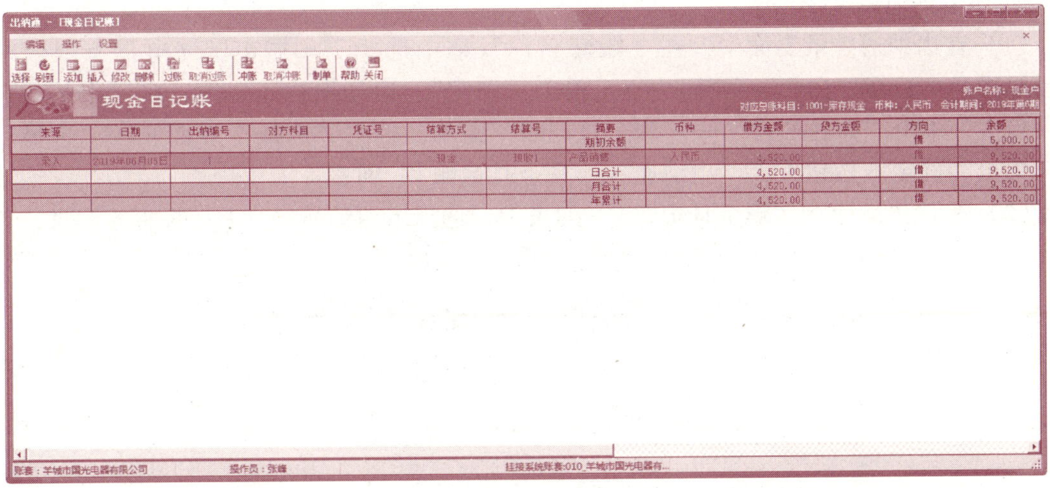

图 3－8 “出纳通－［现金日记账］”列表

5. 将现金放入保险箱，在本日工作结束前清算后送存银行，发票记账联交会计进行账务处理。

［导入与导出］ 实训开始，恢复［010］账套——“T3 账套－模块三”，登录出纳通系统管理界面。点击“账套管理”进入账套列表界面，点击“导入”选择“出纳通账套－模块二任务 2 活动 2.4－设置出纳账户信息”进行账套恢复；实训结束，账套管理列表界面，选择实训账套，点击“导出”文件命名为“出纳通账套－模块三任务 1 活动 1.1－办理现金

销售收入业务”。

小提示

＊“增加日记账”界面中的结算号必须录入，但编号可以自定义。

＊出纳员需要把日常审核过的现金业务序时逐笔地登记到现金日记账中。登记现金日记账窗口主要内容说明如下：

（1）选择。即选择需登记日记账的账户和时间范围。

（2）添加。即新增一条业务记录。日记账的新增也可通过导入功能实现。

（3）插入。即在当前的业务记录前插入一条新的记录。

（4）修改。即对已保存但未过账的日记账记录进行修改。

（5）删除。即删除日记账。（该记录不能发生过账和制单操作）

（6）过账。即准备结账之前必须先对日记账进行过账，既可以逐笔过账，也可以成批过账。过账后的日记账信息不得修改，如需修改，必须先取消过账。

（7）冲账。即对发现存在记账错误的日记账做冲销处理。

【活动拓展】

会计员白云根据上述业务过账制单。

1. 现金日记账过账。

（1）在出纳通登录界面中，在“账套名称”框中选择“羊城市国光电器有限公司”；在登录用户中选择“白云”；密码为空。单击“确定”，启动出纳通软件。在“出纳通”门户窗口中，单击“财务处理”—“现金日记账”菜单，进入“选择”界面。在“选择”界面，单击“确定”按钮进入“出纳通－［现金日记账］”列表。

（2）在“出纳通－［现金日记账］”列表中，选择出纳编号为“1”的业务记录，单击“修改”按钮，打开“日记账编辑”界面，如图3－9所示。

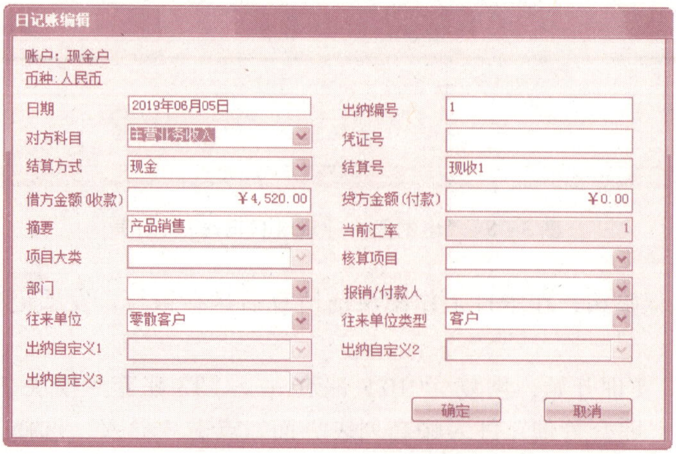

图3－9 “日记账编辑”界面

(3) 在“日记账编辑”界面中，在“对方科目”下拉列表框中选择“主营业务收入”。

(4) 单击“确定”按钮，返回“出纳通－［现金日记账］”列表。

(5) 在“出纳通－［现金日记账］”列表，选择出纳编号为“1”的业务记录，单击“过账”按钮，系统自动完成该业务的过账工作，并在“过账人”列的所在单元格中显示操作员编号，如图3－10所示。

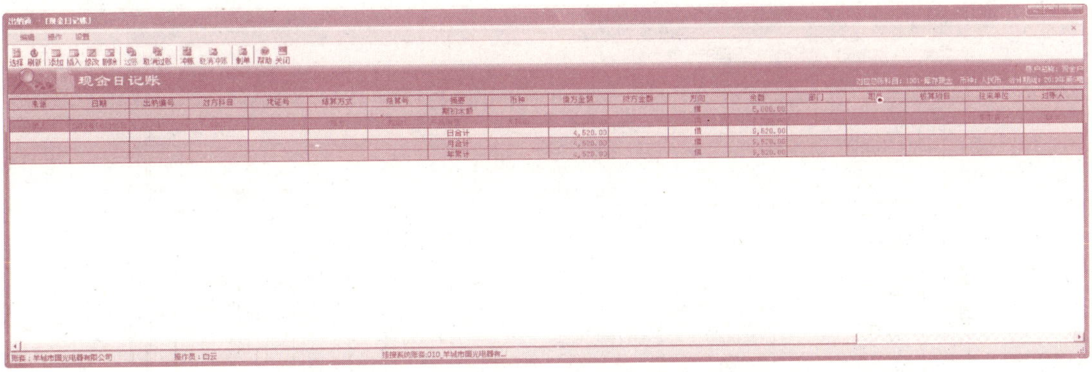

图3－10 “出纳通－［现金日记账］”窗口

2. 业务制单。

(1) 选择出纳编号为“1”的业务记录，单击“制单”按钮，打开“制单”界面，如图3－11所示。

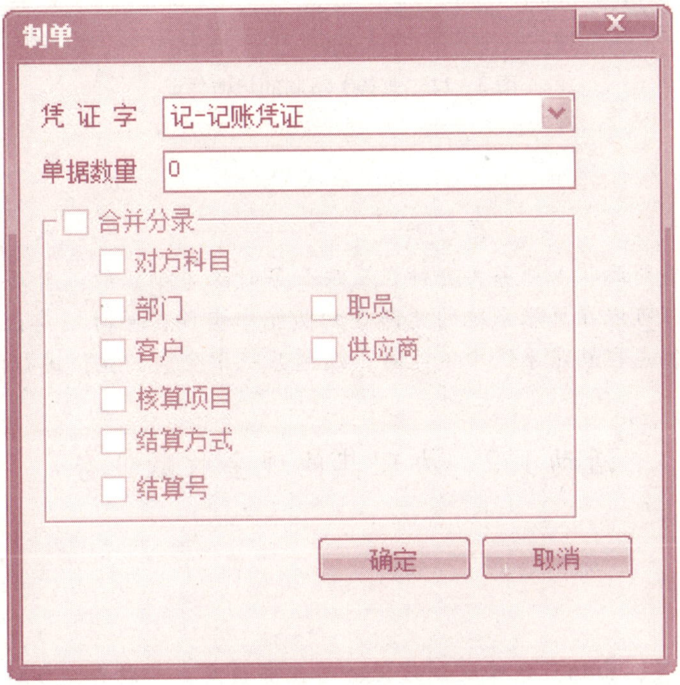

图3－11 “制单”界面

(2) 在“制单”界面中，在“凭证字”下拉列表框中选择“记－记账凭证”；在“单据量”中录入“1”，单击“确定”按钮，进入“填制凭证”窗口，如图3-12所示。

（3）在“填制凭证”窗口中，第二行分录“主营业务收入”的“贷方金额”改为“4000”，第三行增加一条分录“科目名称”选择“应交税费——应交增值税（销项税额）”，“贷方金额”录入“520”，单击“保存”按钮，凭证左上角出现“已生成”字样。

（4）单击“退出”按钮，凭证填制完毕。

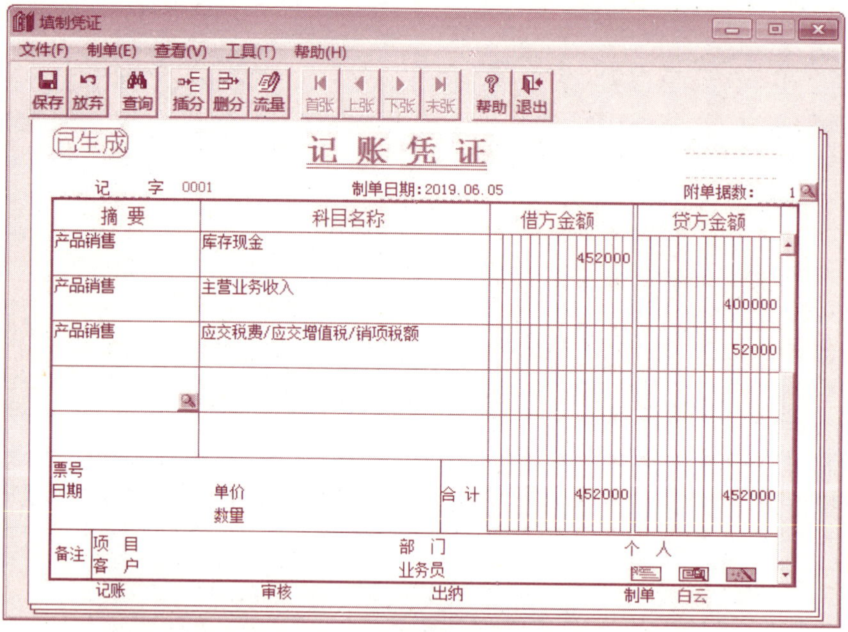

图3-12 业务1填制的记账凭证

小提示

此凭证为销售商品收入业务，会计在反映业务时除了确认收入外还需确认增值税的销项税额。该凭证可以在总账系统的凭证查询功能中查询，同时还需出纳签字、主管审核后方可记账，但是在总账系统中不能对出纳通系统中生成的凭证进行修改和删除。

活动1.2 办理其他现金收款业务

【活动描述】

2019年6月6日，出纳员张峰收到万里公司业务员交来货物押金500元。

【活动指导】

图 3－13 收到押金出纳工作流程

1. 出纳员在防伪点钞机上清点经办人交来的现金 500 元并检验其真伪。

2. 出纳根据金额开具收款收据，加盖财务专用章和“现金收讫”印章，在出纳处签名并将收据“客户联”交给万里公司经办人员，“记账联”留存用于记账（见图 3－14）。

收 据　　C137189

入账日期：2019 年 6 月 6 日

今收到　广州市万里公司设备押金

金额（大写）零佰零拾零万零仟伍佰零拾零元零角零分　¥500.00

现金收讫

会计：　记账：　出纳：张峰　经手人：黄红

羊城国光电器有限公司财务专用章

第一联：记账联

图 3－14 收据（记账联）

3. 出纳根据收据“记账联”信息，在出纳通门户中登记日记账。

（1）在出纳通登录界面中，在“账套名称”框中选择“羊城市国光电器有限公司”；在登录用户中选择“张峰”；密码为空。单击“确定”，启动出纳通软件。在“出纳通”门户窗口中，单击“财务处理”—“现金日记账”菜单，进入“选择”界面。

（2）在“选择”界面中，在“账户”下拉列表框中选择“现金户”；系统自动显示“币种”为“人民币”；在“期间”下拉列表框中选择“第 6 期”；在“币别选项”区域中，默认显示为“显示原币”。

（3）单击“确定”按钮，进入“出纳通－［现金日记账］”列表。

（4）在“出纳通－［现金日记账］”列表，单击“添加”按钮，打开“增加日记账”界面。

（5）在“增加日记账”界面中，在“日期”框中选择“2019 年 06 月 06 日”；在“结算方式”下拉列表框中选择“现金”；在“结算号”框中录入“现收 2”；在“借方金额（收款）”框中录入“500”；在“摘要”下拉列表框中选择“添加”，在弹出的“摘要信息”界面中录入“收到包装物押金”；在“往来单位类型”选择“客户”；在“往来单位”选择“万里公司”。

（6）单击“确定”按钮，返回“出纳通 - [现金日记账]”列表，如图 3 - 15 所示。

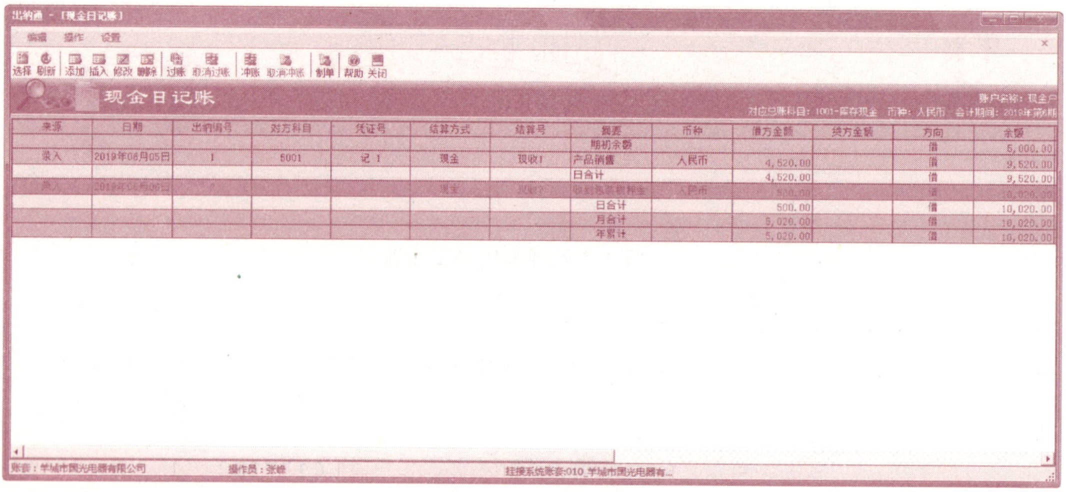

图 3 - 15 “出纳通 - [现金日记账]”窗口

4. 将现金放入保险箱，在本日工作结束前清算后送存银行，收据“记账联”交会计进行账务处理。

[导入与导出] 实训开始，恢复 [010] 账套——“T3 账套 - 模块三”，登录出纳通系统管理界面，打开账套管理列表，单击“导入”—“出纳通账套 - 模块三任务 1 活动 1.1 - 办理现金销售收入业务”进行账套恢复；实训结束，账套管理列表界面，选择实训账套，点击“导出”文件命名为“出纳通账套 - 模块三任务 1 活动 1.2 - 办理其他现金收款业务 - 1”。

【活动拓展】

2019 年 6 月 8 日，仓储部杨云因管理不善造成产品报废，向财务上交现金罚款 800 元。

【活动指导】

1. 出纳员在防伪点钞机上清点被罚款人交来的现金 800 元并检验其真伪。
2. 出纳根据金额开具收款收据，加盖“财务专用章”和“现金收讫”印章，在出纳处签名并将收据客户联交给杨云，记账联留存用于记账。
3. 出纳根据收据记账联信息，在出纳通门户中登记日记账，如图 3 - 16 所示。

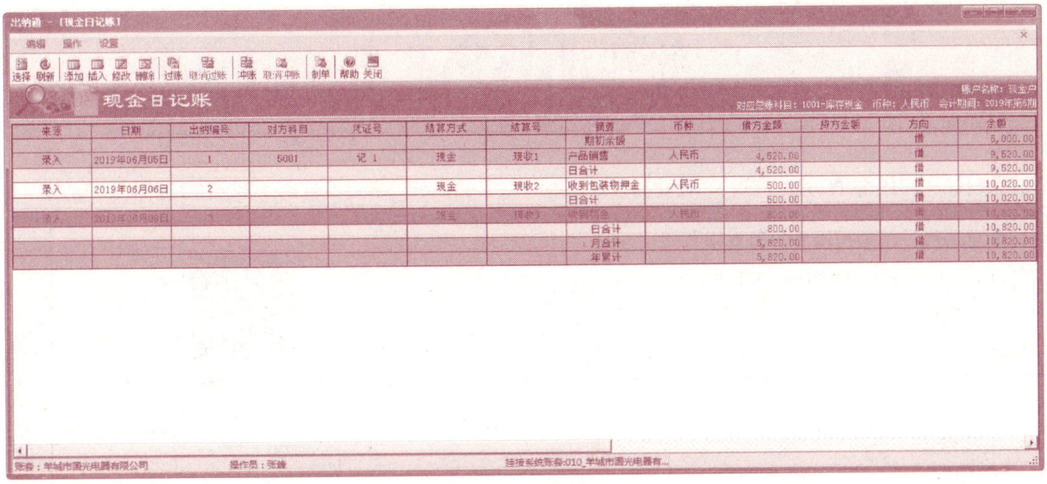

图 3-16 "出纳通-［现金日记账］"列表

4. 将现金放入保险箱，在本日工作结束前清算后送存银行，收据记账联交会计进行账务处理。

［**导入与导出**］实训开始，恢复［010］账套——"T3 账套-模块三"，登录出纳通系统管理界面，打开账套管理列表，单击"导入"—"出纳通账套-模块三任务 1 活动 1.2-办理其他现金收款业务-1"进行账套恢复；实训结束，账套管理列表界面，选择实训账套，点击"导出"文件命名为"出纳通账套-模块三任务 1 活动 1.2-办理其他现金收款业务-2"。

活动 2　办理现金支出业务

活动 2.1　办理报销零星办公用品业务

【活动描述】

2019 年 6 月 8 日，出纳员张峰收到行政管理部李艳交来的购买零星办公用品的发票及支付证明单（见图 3-17、图 3-18）。

广 东 通 用 机 打 发 票

14400160DP12

21765696

发 票 联

发票代码 22220042

开票日期：2019 年 06 月 08 日　　行业类别：商业　　发票号码 22220042

付款方名称：羊城市国光电器有限公司

付款方证件号：914401014408765422

收款方名称：羊城新新文具店

收款方证件号：344670434751088221

开票项目说明	单位	数量	单价	金额(元)
A4 复印纸	包	2	20.00	40.00
0.5 签字笔	盒	2	15.00	30.00
橡皮擦	包	1	9.50	9.50

合计金额（大写）：人民币柒拾玖圆伍角整　　合计金额（小写）：¥79.50

附注：

开票人：陈芳菲　　开票单位盖章：

羊城新新文具店 344670434751088221 发票专用章

发票联：付款方付款凭证（手写无效）

图 3－17　发票

支 付 证 明 单

2019 年 6 月 8 日　　第 1 号

事由货品名	数量	单位	单价	金额 十	万	千	百	十	元	角	分
A4 复印纸	2	包	20.00					4	0	0	0
0.5 签字笔	2	盒	15.00					3	0	0	0
橡皮擦	1	包	9.50						9	5	0
共计金额	零拾零万 零 仟 零 佰 柒 拾 玖 元 伍 角 零 分　¥79.50										
受款人		未能取得单据原因									

会计：　　证明人：张国光　　出纳：

图 3－18　支付证明单

【活动指导】

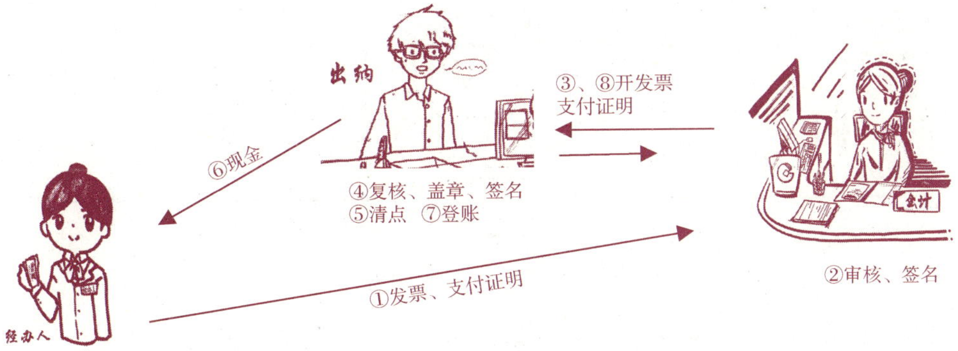

图 3－19　支付零星支出的出纳工作流程

1. 会计审核报销人交来的发票、支付证明单，主要审核支出款项是否符合现金支出制度、所购用品是否办理验收手续，审核无误后在支付证明单上签名交出纳员支付。

2. 出纳复核发票及支付证明单的内容，点数现金交给报销人，提示报销人在“受款人”栏签名；出纳员在发票及支付证明单上加盖“现金付讫”章，在支付证明单的出纳处签章（见图 3－20、图 3－21）。

广 东 通 用 机 打 发 票

国家税务总局

发票联

14400160DP12

21765696　　　　发票代码　22220042

开票日期：2019 年 06 月 08 日　　行业类别：商业　　发票号码　22220042

付款方名称：羊城市国光电器有限公司

付款方证件号：914401014408765422

收款方名称：羊城新新文具店

收款方证件号：344670434751088221

开票项目说明	单位	数量	单价	金额(元)
A4 复印纸	包	2	20.00	40.00
0.5 签字笔	盒	2	15.00	30.00
橡皮擦	包	1	9.50	9.50

现金付讫

合计金额（大写）：人民币柒拾玖圆伍角整　　合计金额（小写）：¥79.50

附注：

开票人：陈芳菲　　开票单位盖章：

羊城新新文具店 344670434751088221 发票专用章

发票联：付款方付款凭证（手写无效）

图 3－20　发票

支 付 证 明 单

2019 年 6 月 8 日　　　　第 1 号

事由货品名	数量	单位	单价	金额							
				十	万	千	百	十	元	角	分
A4 复印纸	2	包	20.00					4	0	0	0
0.5 签字笔	2	盒	15.00					3	0	0	0
橡皮擦	1	包	9.50						9	5	0
共计金额	零拾零万 零 仟 零 佰 柒 拾 玖 元 伍 角 零 分　¥79.50										
受款人	李艳	未能取得单据原因									

现金付讫

会计：白云　　证明人：张国光　　出纳：张峰

图 3－21　支付证明单

3. 出纳根据发票“记账联”信息，在出纳通门户中登记日记账。

（1）在出纳通登录界面中，在“账套名称”框中选择“羊城市国光电器有限公司”；在登录用户中选择“张峰”；密码为空。单击“确定”，启动出纳通软件。在“出纳通”门户窗口中，单击“财务处理”—“现金日记账”菜单，进入“选择”界面。

（2）在“选择”界面中，在“账户”下拉列表框中选择“现金户”；系统自动显示“币种”为“人民币”；在“期间”下拉列表框中选择“第 6 期”；在“币别选项”区域中，默认显示为“显示原币”。

（3）单击“确定”按钮，进入“出纳通－［现金日记账］”列表。

（4）在“出纳通－［现金日记账］”列表，单击“添加”按钮，打开“增加日记账”界面。

（5）在“增加日记账”界面中，在“日期”框中选择“2019 年 06 月 08 日”；在“结算方式”下拉列表框中选择“现金”；在“结算号”框中录入“现付 1”；在“贷方金额（付款）”框中录入“79.50”；在“摘要”下拉列表框中选择“添加”，在弹出的“摘要信息”界面中录入“购办公用品”；在“部门”选择“行政管理部”；在“报销/付款人”选择“李艳”，如图 3－22 所示。

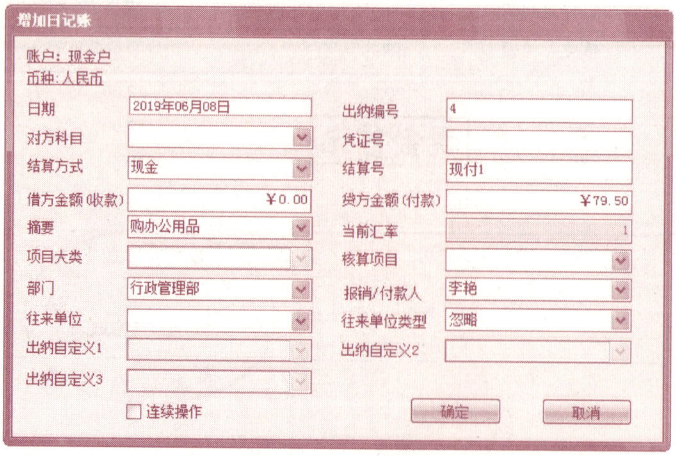

图 3－22　“日记账编辑”界面

（6）单击“确定”按钮，返回“出纳通 - ［现金日记账］”列表，如图 3 - 23 所示。

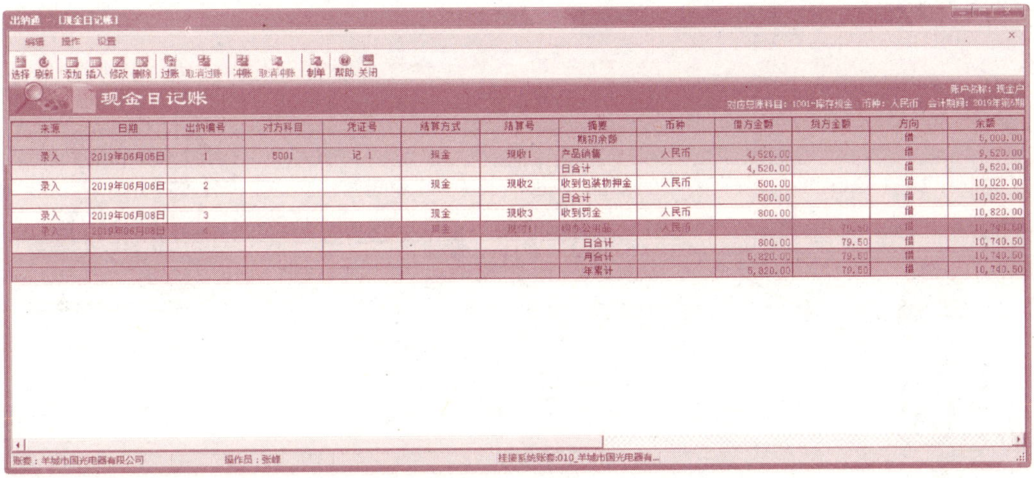

图 3 - 23 “出纳通 - ［现金日记账］”窗口

4. 出纳将发票、支付证明单交会计进行账务处理。

［导入与导出］ 实训开始，恢复［010］账套——“T3 账套 - 模块三”，登录出纳通系统管理界面，打开账套管理列表，单击“导入”—“出纳通账套 - 模块三任务 1 活动 1. 2 - 办理其他现金收款业务 - 2”进行账套恢复；实训结束，账套管理列表界面，选择实训账套，点击“导出”文件命名为“出纳通账套 - 模块三任务 1 活动 2. 1 - 办理报销零星办公用品业务”。

活动 2. 2　办理职工借款业务

【活动描述】

2019 年 6 月 10 日，出纳员张峰收到职工徐楠交来的借支单（见图 3 - 24）。

羊城市国光电器有限公司借支单

2019 年 6 月 10 日

借款人姓名	徐楠	部门	采购部	借款金额 零万 贰仟 零佰 零拾 零元 零角 零分	
借款事由	到杭州参加展销会			主管审批意见	同意借支。 张国光 2019 年 6 月 10 日
还款计划	出差回来后三个工作日办理结清				批准金额： ¥2 000. 00

会计：　　　　出纳：　　　　签收：

图 3 - 24　借支单

【活动指导】

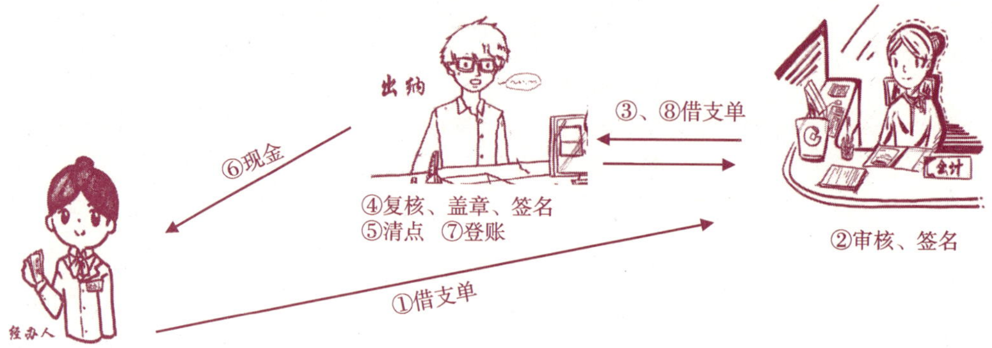

图 3－25 支付职工借款的出纳工作流程

1. 会计审核借支单，审核支出款项是否符合现金支出制度、审批手续是否完备，审核无误签名交出纳支付。

2. 出纳复核借支单，无误后点数现金交借款人，提示借款人在“签收”处签名；出纳在借支单加盖“现金付讫”章，并签名（见图 3－26）。

羊城市国光电器有限公司借支单

2019年6月10日

借款人姓名	徐楠	部门	采购部	借款金额 零万贰仟零佰零拾零元零角零分
借款事由	到杭州参加展销会		主管审批意见	同意借支。 张国光 2019年6月10日
还款计划	出差回来后三个工作日办理结清			批准金额： ¥2 000.00

现金付讫

会计：白云　　出纳：张峰　　签收：徐楠

图 3－26 借支单

3. 出纳根据收据记账联信息，在出纳通门户中登记日记账。

（1）在出纳通登录界面中，在“账套名称”框中选择“羊城市国光电器有限公司”；在登录用户中选择“张峰”；密码为空。单击“确定”，启动出纳通软件。在“出纳通”门户窗口中，单击“财务处理”—“现金日记账”菜单，进入“选择”界面。

（2）在“选择”界面中，在“账户”下拉列表框中选择“现金户”；系统自动显示“币种”为“人民币”；在“期间”下拉列表框中选择“第 6 期”；在“币别选项”区域中，默认显示为“显示原币”。

(3) 单击“确定”按钮，进入“出纳通－［现金日记账］”列表。

(4) 在“出纳通－［现金日记账］”列表，单击“添加”按钮，打开“增加日记账”界面。

(5) 在“增加日记账”界面中，在“日期”框中选择“2018 年 06 月 10 日”；在“结算方式”下拉列表框中选择“现金”；在“结算号”框中录入“现付 2”；在“贷方金额（付款）”框中录入“2000”；在“摘要”下拉列表框中选择“添加”，在弹出的“摘要信息”界面中录入“职工借款”；在“部门”选择“采购部”；在“报销/付款人”选择“徐楠”。

(6) 单击“确定”按钮，返回“出纳通－［现金日记账］”列表，如图 3－27 所示。

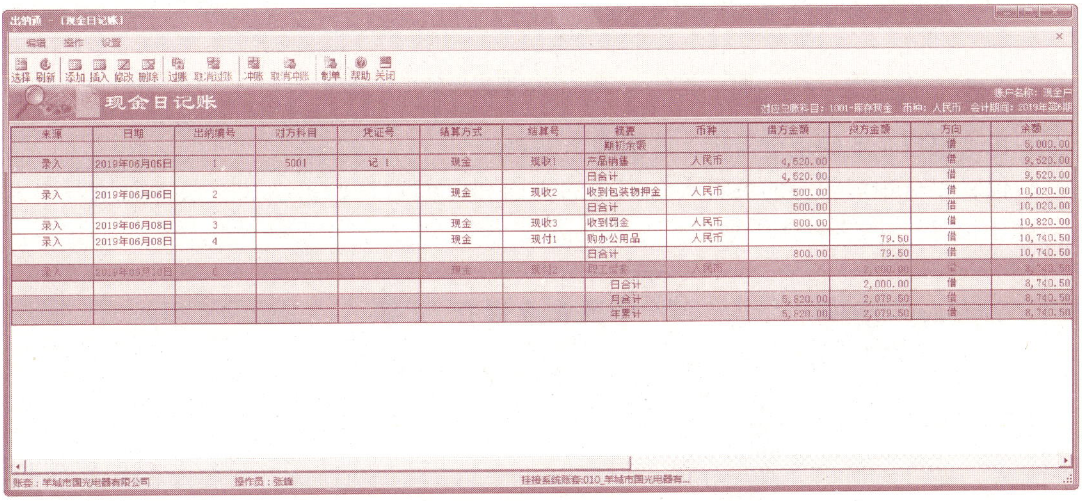

来源	日期	出纳编号	对方科目	凭证号	结算方式	结算号	摘要	币种	借方金额	贷方金额	方向	余额
							期初余额				借	5,000.00
录入	2019年06月05日	1	5001	记 1	现金	现收1	产品销售	人民币	4,520.00		借	9,520.00
							日合计		4,520.00		借	9,520.00
录入	2019年06月06日	2			现金	现收2	收到包装物押金	人民币	500.00		借	10,020.00
							日合计		500.00		借	10,020.00
录入	2019年06月08日	3			现金	现收3	收到罚金	人民币	800.00		借	10,820.00
录入	2019年06月08日	4			现金	现付1	购办公用品	人民币		79.50	借	10,740.50
							日合计		800.00	79.50	借	10,740.50
录入	2019年06月10日	[illegible]			现金	现付2	职工借款	人民币		2,000.00	借	8,740.50
							日合计			2,000.00	借	8,740.50
							月合计		5,820.00	2,079.50	借	8,740.50
							年累计		5,820.00	2,079.50	借	8,740.50

图 3－27 “出纳通－［现金日记账］”窗口

4. 出纳将借支单交会计进行账务处理。

［导入与导出］ 实训开始，恢复［010］账套——“T3 账套－模块三”，登录出纳通系统管理界面，打开账套管理列表，单击“导入”—“出纳通账套－模块三任务 1 活动 2.1－办理报销零星办公用品业务”进行账套恢复；实训结束，账套管理列表界面，选择实训账套，点击“导出”文件命名为“出纳通账套－模块三任务 1 活动 2.2－办理职工借款业务”。

活动 3 办理现金提取业务

【活动描述】

2019 年 6 月 11 日，出纳员张峰签发现金支票，到银行提取现金 5 000 元，补充库存现金。

【活动指导】

图 3－28　办理现金提取的出纳工作流程

1. 出纳根据企业的现金需求，开出现金支票。

2. 保管银行预留印鉴的负责人在支票的正面和背面盖章；出纳在支票背面填写个人信息，如图 3－29、图 3－30 所示。

中国农业银行支票存根
35848198
440220221

附加信息

出票日期：2019 年 06 月 11 日

收款人：羊城市国光电器有限公司

金额：¥5 000.00

用途：备用

单位主管：兰英　会计：白云

中国农业银行　支票　35848198　440220221

本支票付款期限十天

出票日期（大写）贰零壹玖年陆月壹拾壹日　付款行名称：农业银行羊城滨海支行

收款人：羊城市国光电器有限公司　出票人账号：44001551506666123

人民币（大写）伍仟元整	千	百	十	万	千	百	十	元	角	分
				¥	5	0	0	0	0	0

用途：备用　　密码

行号 103581004886

上列款项请从我账户内支付

出票人签章　（印章：羊城国光电器有限公司财务专用章；张晃）

复核　　记账

图 3－29　支票（正面）

附加信息	被背书人	被背书人	（贴粘单处）	根据《中华人民共和国票据法》等法律法规的规定，签发空头支票由中国人民银行处以票面金额 5%但不低于 1000 元的罚款。
张峰 羊城市公安局滨海分局 441122198504013227	（印章：羊城国光电器有限公司财务专用章；张晃） 背书人签章 2019 年 06 月 11 日	背书人签章 年 月 日		

图 3－30　支票（背面）

3. 出纳根据签发支票的内容在出纳通门户中录入领用支票信息。

（1）在出纳通登录界面中，在“账套名称”框中选择“羊城市国光电器有限公司”；在登录用户中选择“张峰”；密码为空。单击“确定”，启动出纳通软件。在“出纳通”门户中，单击“票据管理”菜单，进入“票据管理”窗口，如图3－31所示。

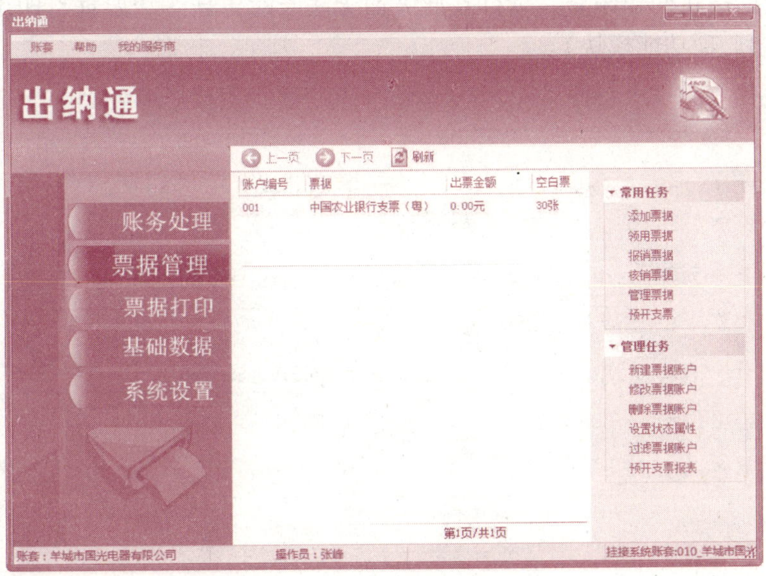

图3－31 “票据管理”窗口

（2）在“票据管理”窗口中，双击需领用的“001－中国农业银行支票（粤）”账户，进入“出纳通－［管理票据］”窗口，如图3－32所示。

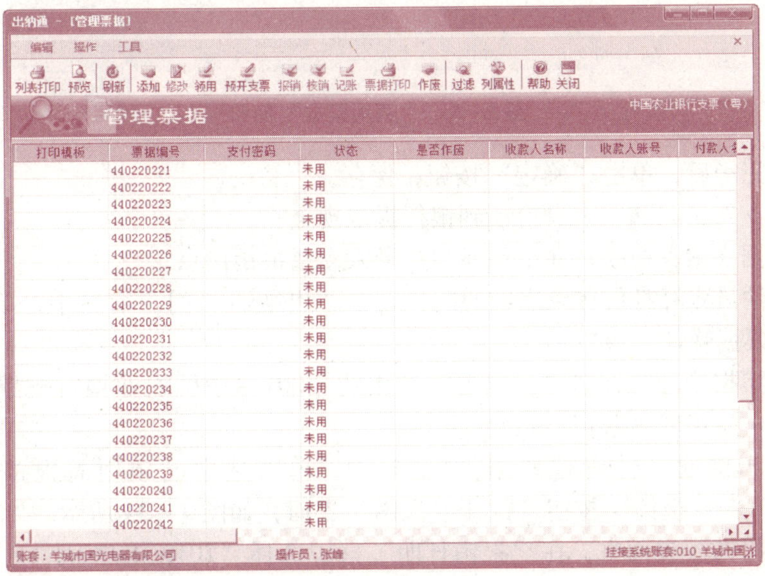

图3－32 “管理票据”窗口

（3）在“出纳通－［管理票据］”窗口中，单击选中需领用的票据（编号440220221），单击“领用”按钮，打开“领用票据”界面，如图3－33所示。

（4）在“领用票据”界面中，在“票面日期”框中选择“2019年06月11日”；在“收款人”下拉列表框中选择“羊城市国光电器有限公司”；在“票据用途”下拉列表框中选择“取备用金”；在“开票金额”框中录入“5000”；在“领用人”下拉列表框中选择“张峰”（因票据格式变动频繁，软件在此方面无法及时更新，故票据打印由外置票据机完成，软件不介绍此项功能模块）。

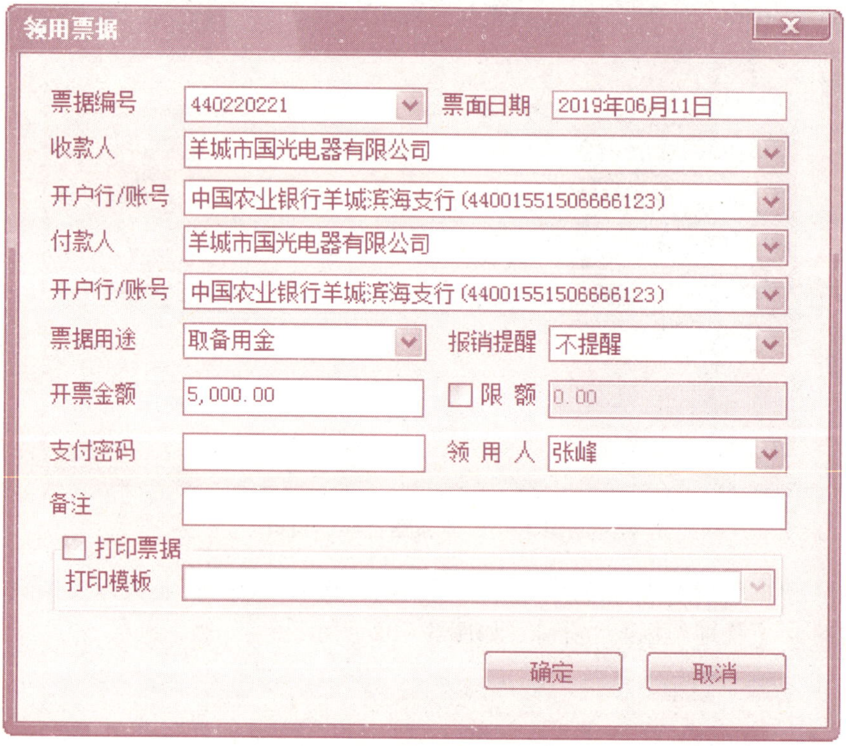

图3－33 “领用票据”窗口

（5）录入完毕后，单击“确定”按钮，保存。

4. 出纳持支票正联和个人身份证到银行提取现金。

5. 出纳根据支票存根联，在出纳通门户录入支票报销信息。

（1）以出纳员张峰身份登录出纳通门户。在“出纳通”门户窗口中，单击“票据管理选项，进入“票据管理”窗口。

（2）在“票据管理”窗口中，双击需领用的“001－中国农业银行支票（粤）”账户，进入“出纳通－［管理票据］”窗口。

（3）在“出纳通－［管理票据］”窗口中，单击选中已领用需报销的票据（编号440220221），单击“报销”按钮，打开“报销”界面，如图3－34所示。

（4）在“报销”界面中，在“报销日期”框中选择“2019年06月11日”；在“收款人”下拉列表框中选择“羊城市国光电器有限公司”；在“报销人”下拉列表框中选择“张峰”。

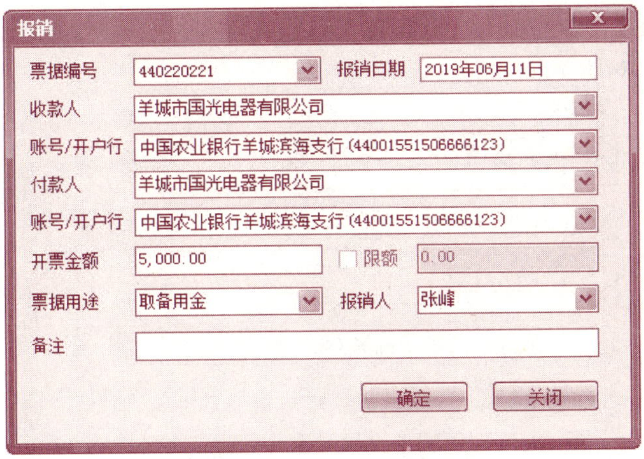

图 3－34 “报销”窗口

（5）录入完毕后，单击“确定”按钮，保存。

6. 出纳根据支票存根联信息，在出纳通门户中登记日记账。

（1）以出纳员张峰身份登录出纳通门户。在“出纳通”门户窗口中，单击“账务处理”—“现金日记账”菜单，进入“选择”界面。

（2）在“选择”界面中，在“账户”下拉列表框中选择“现金户”；系统自动显示“币种”为“人民币”；在“期间”下拉列表框中选择“第 6 期”；在“币别选项”区域中，默认显示为“显示原币”。

（3）单击“确定”按钮，进入“出纳通－［现金日记账］”列表。

（4）在“出纳通－［现金日记账］”列表，单击“添加”按钮，打开“增加日记账”界面。

（5）在“增加日记账”界面中，在“日期”框中选择“2019 年 06 月 11 日”；在“结算方式”下拉列表框中选择“支票”；在“结算号”框中录入“银付 1”；在“借方金额（收款）”框中录入“5 000”；在“摘要”下拉列表框中选择“添加”，在弹出的“摘要信息”界面中录入“取备用金”；在“部门”选择“财务部”；在“报销/付款人”选择“张峰”。

（6）单击“确定”按钮，返回“出纳通－［现金日记账］”列表，如图 3－35 所示。

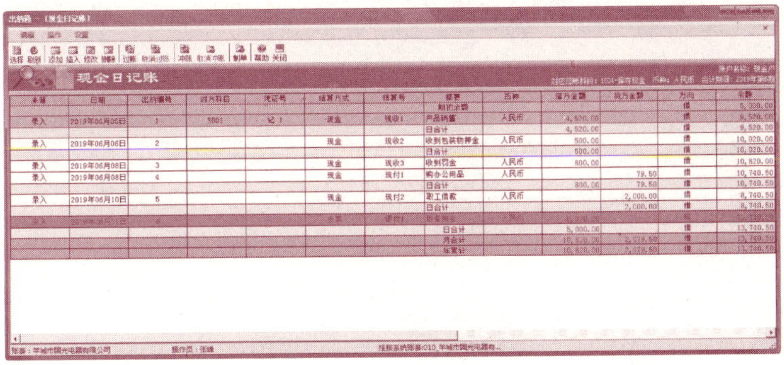

图 3－35 “出纳通－［现金日记账］”窗口

（7）在“出纳通”门户窗口中，单击“账务处理”—“银行日记账”菜单，进入“选择”界面，如图3－36所示。

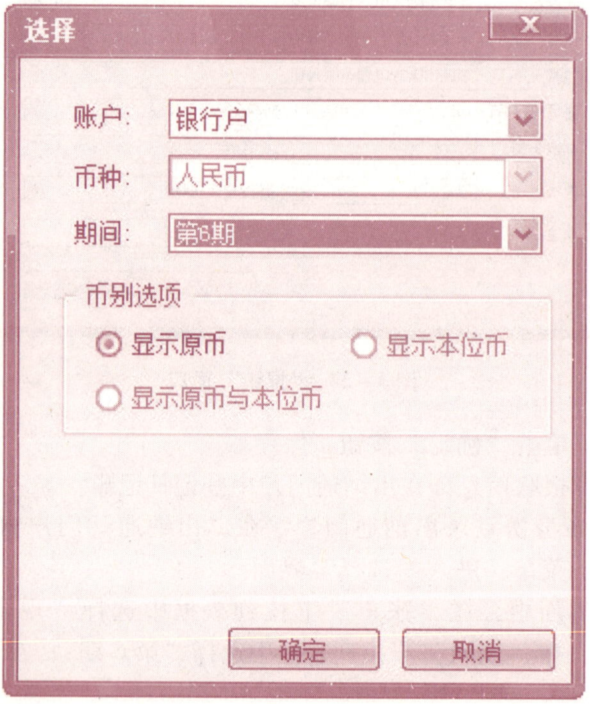

图3－36 “选择”界面

（8）在“选择”界面中，在“账户”下拉列表框中选择“银行户”；系统自动显示“币种”为“人民币”；在“期间”下拉列表框中选择“第6期”；在“币别选项”区域中，默认显示为“显示原币”。

（9）单击“确定”按钮，进入“出纳通－［银行日记账］”列表，如图3－37所示。

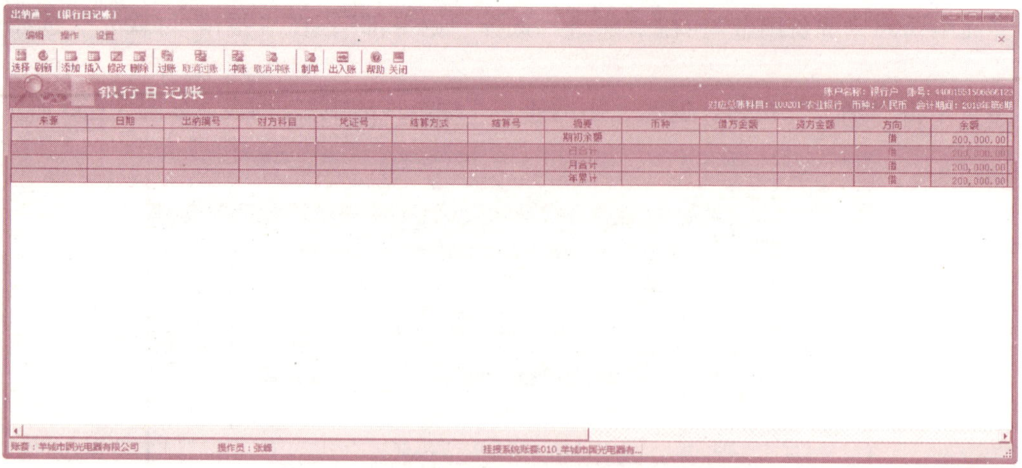

图3－37 “出纳通－［银行日记账］”列表

（10）在“出纳通－［银行日记账］”列表中，单击“添加”按钮，打开“增加日记账”界面，如图3－38所示。

（11）在“增加日记账”界面中，在“日期”框中选择“2019年06月11日”；在“结算方式”下拉列表框中选择“支票”；在“结算号”框中录入“银付1”；在“贷方金额（付款）”框中录入“5 000”；在“摘要”下拉列表框中选择“添加”，在弹出的“摘要信息”界面中录入“取备用金”；在“部门”选择“财务部”；在“报销/付款人”选择“张峰”。

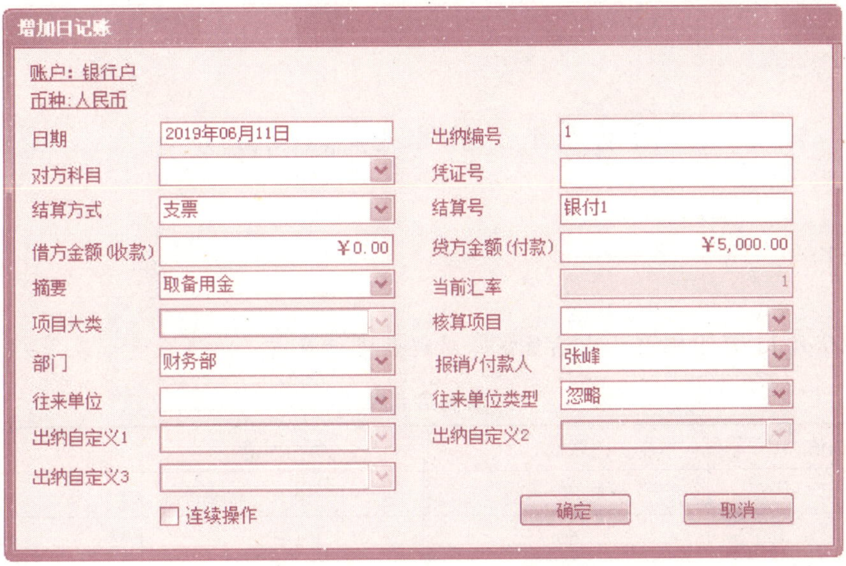

图3－38 “增加日记账”界面

（12）单击“确定”按钮，保存退出，如图3－39所示。

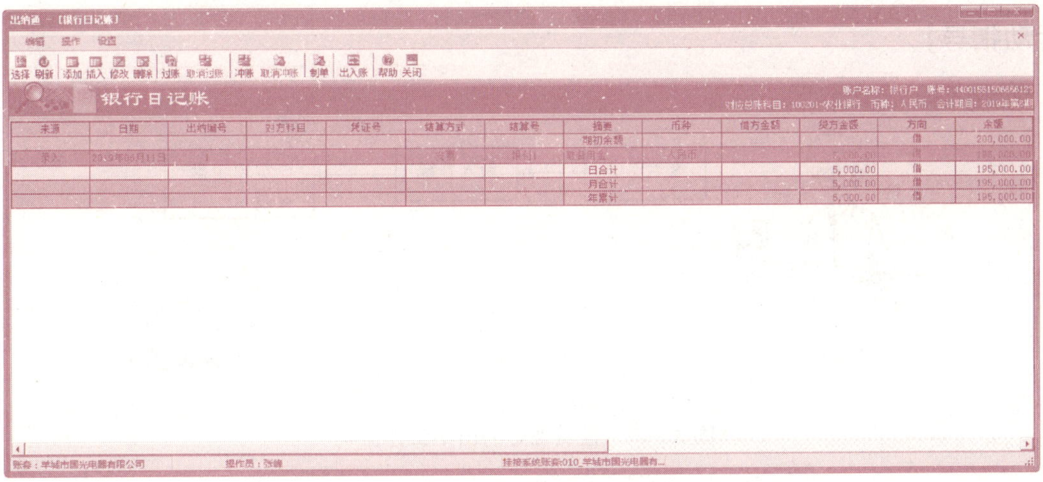

图3－39 “出纳通－［银行日记账］”窗口

7. 出纳将支票存根联交会计进行账务处理。

［**导入与导出**］实训开始，恢复［010］账套——“T3账套－模块三”，登录出纳通系统管理界面，打开账套管理列表，单击“导入”—“出纳通账套—模块三任务1活动2.2－办理职工借款业务”进行账套恢复；实训结束，账套管理列表界面，选择实训账套，点击“导出”文件命名为“出纳通账套－模块三任务1活动3－办理现金提取业务”。

活动4　办理现金送存业务

活动4.1　办理现金盘点业务

【活动描述】

2019年6月11日下班前，出纳员张峰对现金进行盘点，清点数量如表3－1所示。

表3－1　现金盘点表

货币面值	张数	货币面值	张数
100元	70	5元	108
50元	60	1元	498
20元	90	5角	5
10元	90	1角	

【活动指导】

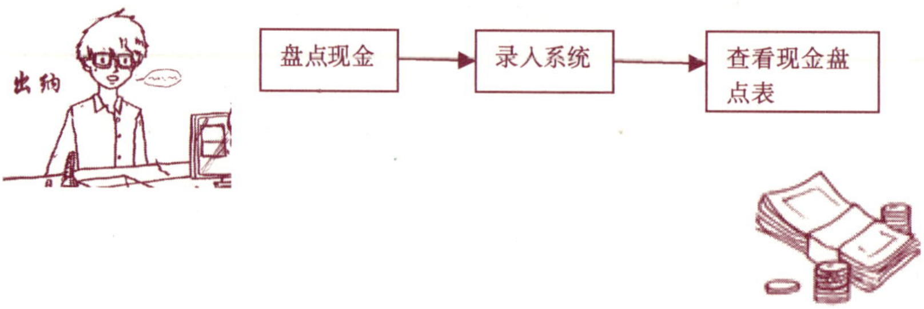

图3－40　盘点现金的出纳工作流程

1. 盘点前，出纳应确保全部的现金收付业务均已录入出纳通门户，并结出余额。
2. 盘点时，出纳必须在场，现金由出纳经手盘点。
3. 盘点结束后，出纳将结果录入出纳通门户，导出“现金盘点表”。

（1）在出纳通登录界面中，在“账套名称”框中选择“羊城市国光电器有限公司”；在登录用户中选择“张峰”；密码为空。单击“确定”，启动出纳通软件。在“出纳通”门户窗口中，单击“基础数据”—“券别信息”菜单，进入“券别信息”界面。如图3－41所示。

（2）在“券别信息”界面中，选择“人民币”，单击“添加”按钮，根据图3－41资料，在“券别名称”和“券值”中录入相关的信息。

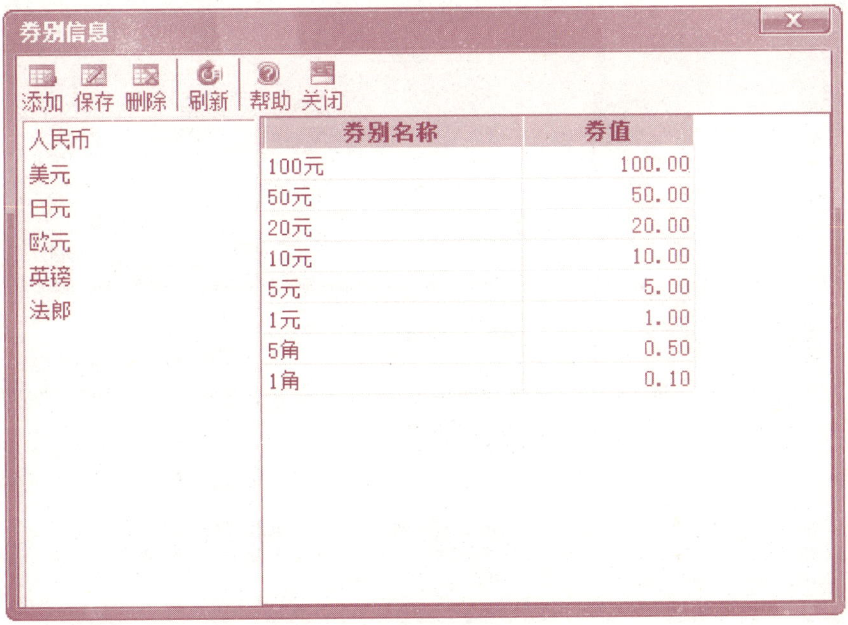

图3－41 “券别信息”窗口

（3）单击“保存”按钮，完成券别信息的录入。

（4）在“出纳通”门户窗口中，单击“账务处理”—“现金盘点”菜单，进入“选择”界面，如图3－42所示。

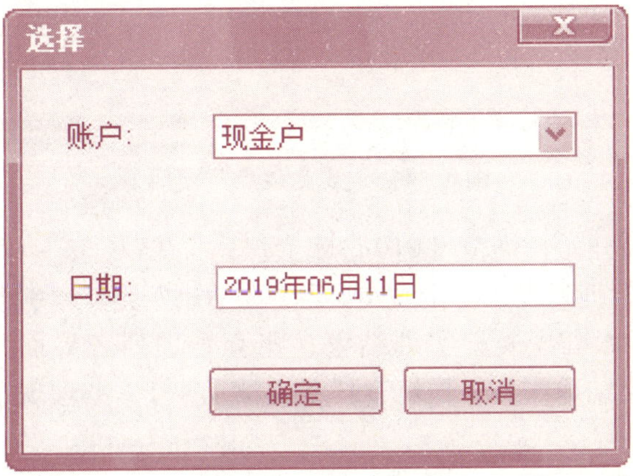

图3－42 “选择”界面

（5）在“选择”界面中，在“账户”下拉列表框中选择“现金户”；在“日期”框中选择“2019 年 06 月 11 日”；单击“确定”按钮，打开“现金券别”界面，如图 3－43 所示。

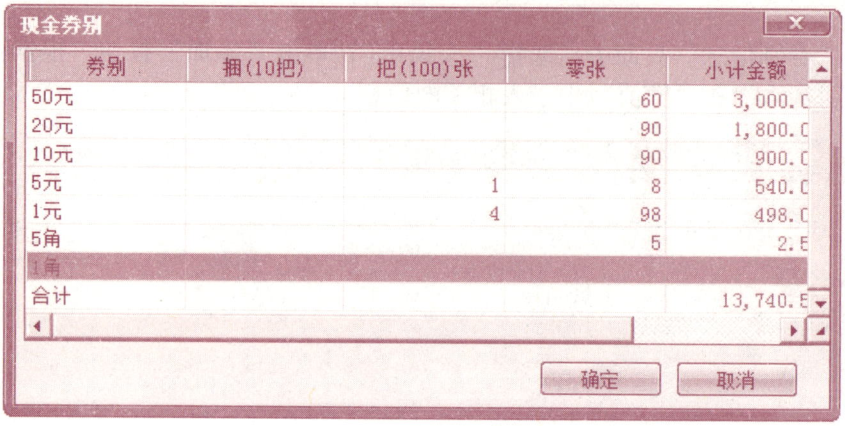

图 3－43 “现金券别”界面

（6）在“现金券别”界面中，根据表 3－1 资料，双击“捆（10 把）”“把（100 张）”“零张”列的所在单元格，录入现金数量。

（7）录入完毕后，单击“确定”按钮，进入“现金盘点”窗口，如图 3－44 所示。

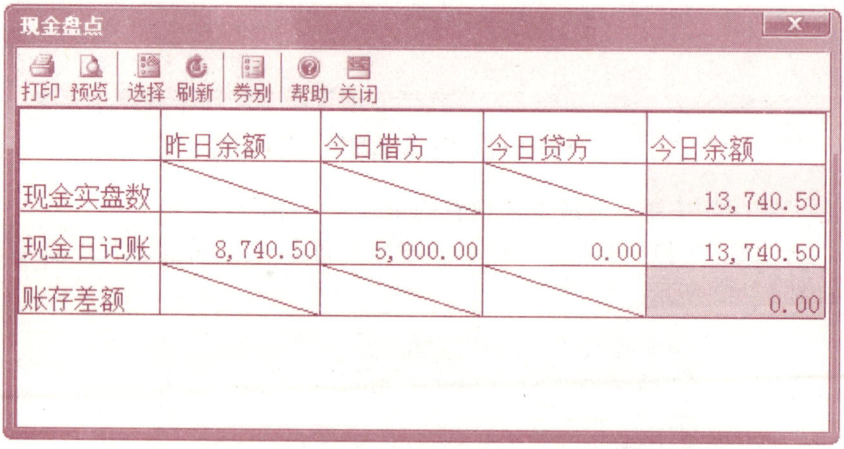

图 3－44 “现金盘点”窗口

［导入与导出］ 实训开始，恢复［010］账套——“T3 账套－模块三”，登录出纳通系统管理界面，打开账套管理列表，单击“导入”—“出纳通账套－模块三任务 1 活动 3－办理现金提取业务”进行账套恢复；实训结束，账套管理列表界面，选择实训账套，点击“导出”文件命名为“出纳通账套－模块三任务 1 活动 4.1－办理现金盘点业务”。

活动 4.2　办理现金送存业务

【活动描述】

2019 年 6 月 11 日下班前，出纳员张峰对现金进行盘点，发现现金超过银行限定库存限额 740.50 元，出纳将此款项送存银行。

【活动指导】

图 3－45　办理现金送存的出纳工作流程

1. 出纳发现实际现金余额大于库存现金限额时，计算多余现金金额，填写“现金缴款单”（见图 3－46），将现金送存银行。

<table>
<tr><td colspan="13">现金缴款单</td></tr>
<tr><td colspan="2">收款人户名</td><td colspan="11">羊城市国光电器有限公司</td></tr>
<tr><td colspan="2">收款人账号</td><td colspan="3">44001551506666123</td><td colspan="2">收款人开户行</td><td colspan="6">中国农业银行羊城滨海支行</td></tr>
<tr><td colspan="2">缴款人</td><td colspan="3">羊城市国光电器有限公司</td><td colspan="2">款项来源</td><td colspan="6">零星收入</td></tr>
<tr><td rowspan="2">币种（√）</td><td>人民币：√</td><td rowspan="2">柒佰肆拾元伍角整</td><td>亿</td><td>千</td><td>百</td><td>十</td><td>万</td><td>千</td><td>百</td><td>十</td><td>元</td><td>角</td><td>分</td></tr>
<tr><td>外　币：</td><td></td><td></td><td></td><td></td><td></td><td>¥</td><td>7</td><td>4</td><td>0</td><td>5</td><td>0</td></tr>
<tr><td rowspan="2">券别</td><td>100 元</td><td>50 元</td><td>20 元</td><td>10 元</td><td>5 元</td><td>2 元</td><td>1 元</td><td>5 角</td><td>1 角</td><td>辅币（合计）</td></tr>
<tr><td>7</td><td></td><td>2</td><td></td><td></td><td></td><td></td><td>1</td><td></td><td></td></tr>
</table>

图 3－46　现金缴款单

2. 银行收到现金后，在“现金缴款单”上加盖业务章。
3. 出纳根据银行盖章的“现金缴款单”回单联，在出纳通门户中登记日记账。

（1）在出纳通登录界面中，在“账套名称”框中选择“羊城市国光电器有限公司”；在登录用户中选择“张峰”；密码为空。单击“确定”，启动出纳通软件。在“出纳通”门户窗口中，单击“账务处理”—“现金日记账”菜单，进入“选择”界面。

（2）在“选择”界面中，在“账户”下拉列表框中选择“现金户”；系统自动显示“币种”为“人民币”；在“期间”下拉列表框中选择“第6期”；在“币别选项”区域中，默认显示为“显示原币”。

（3）单击“确定”按钮，进入“出纳通－［现金日记账］”列表。

（4）在“出纳通－［现金日记账］”列表，单击“添加”按钮，打开“增加日记账”界面。

（5）在“增加日记账”界面中，在“日期”框中选择“2019年06月11日”；在“结算方式”下拉列表框中选择“现金”；在“结算号”框中录入“现付3”；在“贷方金额（付款）”框中录入“740.50”；在“摘要”下拉列表框中选择“添加”，在弹出的“摘要信息”界面中录入“存现金”；在“部门”选择“财务部”；在“报销/付款人”选择“张峰”。

（6）单击“确定”按钮，返回“出纳通－［现金日记账］”列表，如图3－47所示。

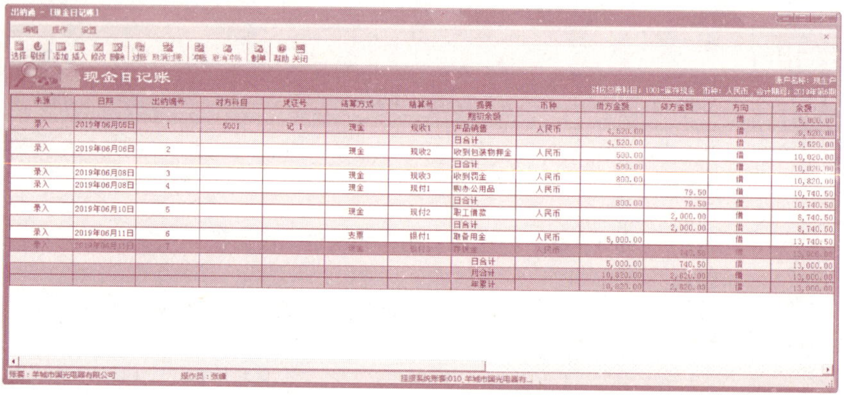

图3－47 “出纳通－［银行日记账］”窗口

（7）在“出纳通”门户窗口中，执行“账务处理”—“银行日记账”命令，进入“选择”界面，如图3－36所示。

（8）在“选择”界面中，在“账户”下拉列表框中选择“银行户”；系统自动显示“币种”为“人民币”；在“期间”下拉列表框中选择“第6期”；在“币别选项”区域中，默认显示为“显示原币”。

（9）单击“确定”按钮，进入“出纳通－［银行日记账］”列表。

（10）在“出纳通－［银行日记账］”列表中，单击“添加”按钮，打开“增加日记账”界面。

（11）在“增加日记账”界面中，在“日期”框中选择“2019年06月11日”；在“结算方式”下拉列表框中选择“现金”；在“结算号”框中录入“现付3”；在“借方金额（收款）”框中录入“740.50”；在“摘要”下拉列表框中选择“添加”，在弹出的“摘要信息”界面中录入“存现金”；在“部门”选择“财务部”；在“报销/付款人”选择“张峰”，如图3－48所示。

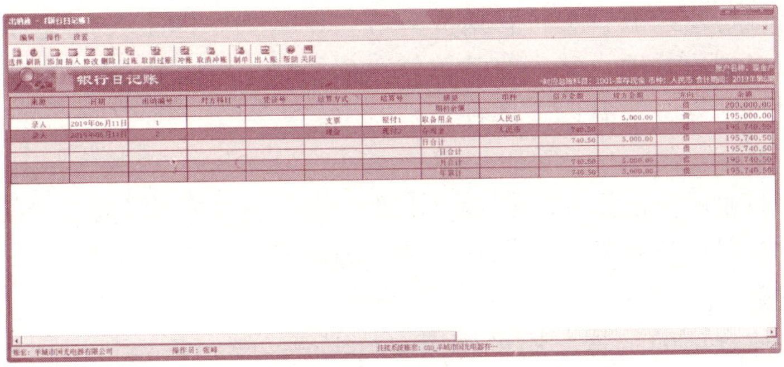

图 3－48 “出纳通－［银行日记账］”窗口

［导入与导出］实训开始，恢复［010］账套——“T3 账套－模块三”，登录出纳通系统管理界面，打开账套管理列表，单击“导入”—“出纳通账套－模块三任务 1 活动 4. 1－办理现金盘点业务”进行账套恢复；实训结束，账套管理列表界面，选择实训账套，点击“导出”文件命名为“出纳通账套－模块三任务 1 活动 4. 2－办理现金送存业务”。

任务 2　办理银行业务

【学习目标】

- □ 了解银行结算制度
- □ 能描述银行结算业务基本流程
- □ 能审核银行票据和结算凭证
- □ 能在出纳通系统中登记银行日记账
- □ 养成严谨的服务意识

【知识储备库】

一、银行结算制度

为规范人民币银行结算账户的开立和使用，维护经济金融秩序稳定，中国人民银行制定了《人民币银行结算账户管理办法》，经 2002 年 8 月 21 日第 34 次行长办公会议通过，自 2003 年 9 月 1 日起施行。同时，为强化企业银行账户管理，全面加强事中事后监管，央行发布《企业银行结算账户管理办法》（银发〔2019〕41 号）。

二、银行结算方式

银行结算业务即转账结算业务，简称结算，也叫支付结算，是以信用收付代替现金收付的业务，是指通过银行账户的资金转移所实现收付的行为，即银行接受客户委托代收代付，从付款单位存款账户划出款项，转入收款单位存款账户，以此完成经济之间债权债务的清算或资金的调拨。银行结算方式有以下几种：

（一）商业汇票

商业汇票分为商业承兑汇票和银行承兑汇票，需具有真实的交易关系或债权债务关系才能使用。纸质商业汇票最长期限为6个月，电子商业汇票最长期限为1年。

（二）银行汇票

单位和个人各种款项的结算，均可使用银行汇票。银行汇票可以用于转账，填明“现金”字样的银行汇票也可以用于支取现金。申请人或者收款人为单位的，不得在“银行汇票”上填明“现金”字样。

（三）银行本票

单位或个人，其提示付款期限自出票日起最长不得超过2个月。分为定额本票和不定额本票，见票即付，不予挂失，当场抵用，付款保证程度高。可背书，单位不予签发现金本票。

（四）支票

银行支票是银行的存款人签发给收款人办理结算或委托开户银行将款项支付给收款人的票据。适用于同城各单位之间的商品交易、劳务供应及其他款项的结算。银行支票分为现金支票、转账支票和普通支票。

（五）汇兑

汇兑是指企业（汇款人）委托银行将其款项支付给收款人的结算方式。单位和个人的各种款项的结算，均可使用汇兑结算方式。具体可分为信汇和电汇两类。

（六）委托收款

收款人委托银行向付款人收取款项的结算方式。委托收款分邮寄和电报划回两种。

（七）托收承付

托收承付是指根据购销合同由收款人发货后委托银行向异地购货单位收取货款，购货单位根据合同对单或对证验货后，向银行承认付款的一种结算方式。适用于有合法的商品交易，以及因商品交易而产生的劳务供应的款项。

《支付结算办法》规定，托收承付结算每笔的金额起点为1万元，新华书店系统每笔的金额起点为1 000元。

（八）信用证

开证银行应申请人（买方）的要求并按其指示向受益人开立的载有一定金额的、在一定的期限内凭符合规定的单据付款的书面保证文件。信用证是国际贸易中最主要、最常用的支付方式。

（九）信用卡

信用卡分为公司卡和个人卡。公司卡的发行对象为各类工商企业、科研教育等事业单位、国家党政机关、部队、团体等法人组织。单位卡不得用于10万元以上结算和支取现金。

（十）网上支付

1. 网上银行。网上银行（简称网银）又称为网络银行、在线银行或电子银行，它是各银行在互联网中设立的虚拟柜台，银行利用网络技术，通过互联网向客户提供开户、销户、查询、对账、行内转账、跨行转账、信贷、网上证券、投资理财等传统服务项，使客户足不出户就能够安全、便捷地管理活期和定期存款、支票、信用卡及个人投资等。

2. 第三方支付。随着电子货币和电商平台的发展，移动支付方式如微信、支付宝结算逐渐形成新的结算方式。但必须要注意的是，企业使用的支付宝微信账户一定要独立，不能与私人使用的账户混淆。企业通过微信、支付宝实现的收付款，严格意义上来说也是银行结算，可以通过“其他货币资金”这一科目核算，在这一科目下设置二级科目“其他货币资金——微信或者其他货币资金——支付宝”。

活动1　办理支票结算业务

活动1.1　销售业务支票结算

【活动描述】

2019年6月12日，向万里公司销售力格空调10台，不含税单价4 000元，开出增值税专用发票1张，收到万里公司开出的转账支票1张，出纳员张峰，持支票到银行办理转账（见图3－49、图3－50）。

广东增值税专用发票

No. 02346751

440008265622

此联不做报销、扣税凭证使用　　开票日期：2019年06月12日

购买方	名　　称：万里公司 纳税人识别号：900554432145698744 地 址、电 话：羊城市海珠东路15号 86775612 开户行及账号：农业银行羊城海珠支行 44001551405555567				密码区	（略）	
货物或应税劳务、服务名称	规格型号	单位	数量	单价	金额	税率	税额
力格空调	FD—4012—WG	台	10	4 000.00	40 000.00	13%	5 200.00
合　　计					¥40 000.00		¥5 200.00
价税合计（大写）	⊗肆万伍仟贰佰圆整　　（小写）¥45 200.00						
销售方	名　　称：羊城市国光电器有限公司 纳税人识别号：914401014408765422 地 址、电 话：羊城市滨海区新华路20号 34556788 开户行及账号：农业银行羊城滨海支行44001551506666123				备注	羊城市国光电器有限公司 914401014408765422 发票专用章	

第一联：记账联　销售方记账凭证

收款人：张 峰　　复核：杨 文　　开票人：张 峰　　销售方（章）

图3－49　增值税专用发票（记账联）

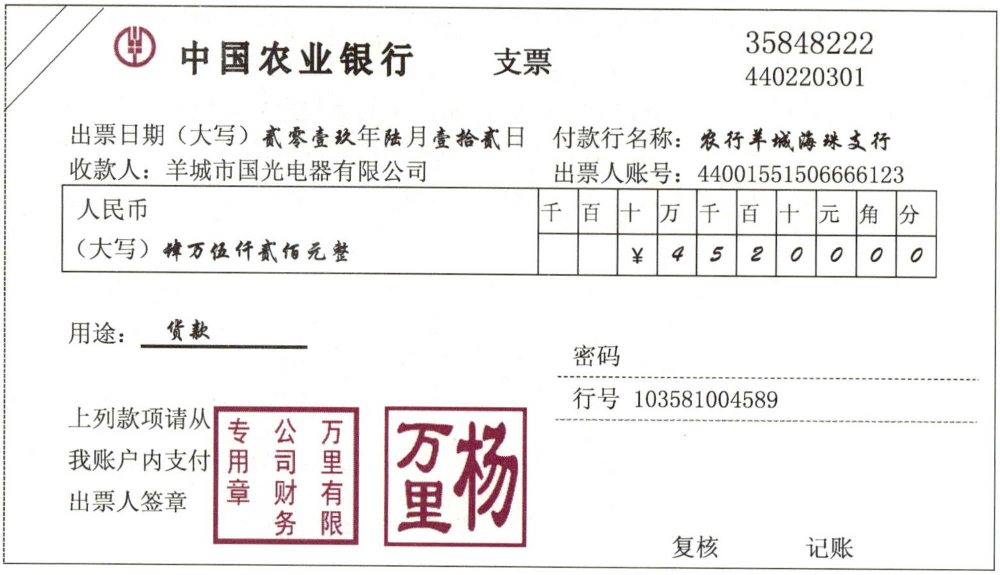

中国农业银行 支票

35848222
440220301

出票日期（大写）贰零壹玖年陆月壹拾贰日 付款行名称：农行羊城海珠支行
收款人：羊城市国光电器有限公司 出票人账号：44001551506666123

人民币（大写）肆万伍仟贰佰元整	千	百	十	万	千	百	十	元	角	分
			¥	4	5	2	0	0	0	0

用途：货款

密码

行号 103581004589

上列款项请从
我账户内支付
出票人签章

万里有限公司财务专用章

万里杨

复核 记账

图 3－50 支票

【活动指导】

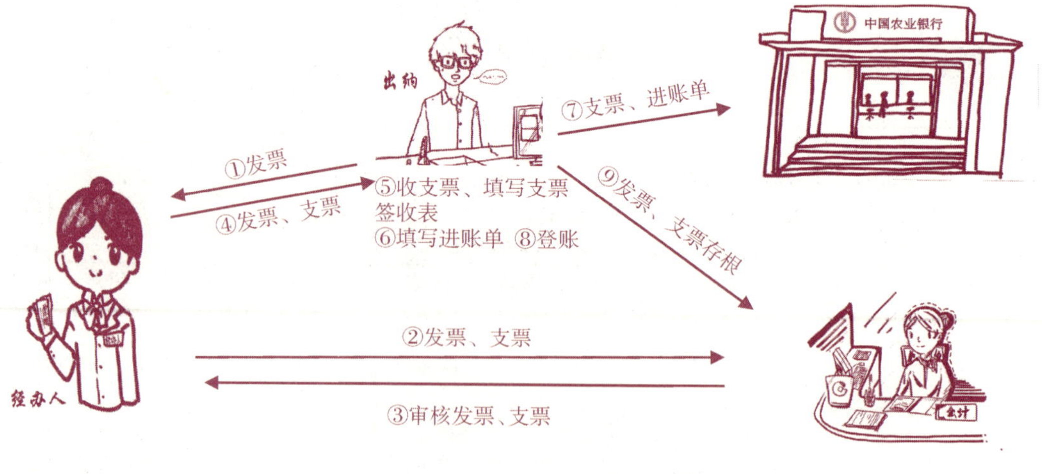

图 3－51 销售取得支票的出纳工作流程

1．出纳员根据业务的内容，在税控机上开出增值税专用发票，经办人将发票及支票交会计审核。

2．出纳对支票及发票进行审核并在发票上盖收讫章，填写支票签收表。

3．出纳填写银行进账单，持支票和进账单到银行进账，如图 3－52 所示。

银行进账单（回　单）　**1**　X Ⅵ07008188

2019 年 06 月 12 日

出票人	全　称	万里公司	收款人	全　称	羊城市国光电器有限公司
	账　号	44001551405555567		账　号	44001551506666123
	开户银行	农行羊城海珠支行		开户银行	中国农业银行羊城滨海支行
金额	人民币（大写）	肆万伍仟贰佰元整		亿千百十万千百十元角分	¥ 4 5 2 0 0 0 0
票据种类	支票	票据张数	壹		
票据号码	440220301				
复核　　记账				开户银行签章	

此联是开户银行交给（出）票人的回单

图 3－52　银行进账单

4. 出纳根据“银行进账单”资料，在出纳通门户中登记日记账。

（1）在出纳通登录界面中，在“账套名称”框中选择“羊城市国光电器有限公司”；在登录用户中选择“张峰”；密码为空。单击“确定”，启动出纳通软件。在“出纳通”门户窗口中，单击“财务处理”—“银行日记账”菜单，进入“选择”界面。

（2）在“选择”界面中，在“账户”下拉列表框中选择“银行户”；系统自动显示“币种”为“人民币”；在“期间”下拉列表框中选择“第 6 期”；在“币别选项”区域中，默认显示为“显示原币”。

（3）单击“确定”按钮，进入“出纳通－［银行日记账］”列表。

（4）在“出纳通－［银行日记账］”列表，单击“添加”按钮，打开“增加日记账”界面，如图 3－53 所示。

（5）在“增加日记账”界面中，在“日期”框中选择“2019 年 06 月 12 日”；在“结算方式”下拉列表框中选择“支票”；在“结算号”框中录入“银收 1”；在“借方金额（收款）”框中录入“45200”；在“摘要”下拉列表框中选择“添加”，在弹出的“摘要信息”界面中录入“产品销售”；在“往来单位类型”选择“客户”；在“往来单位”选择“万里公司”。

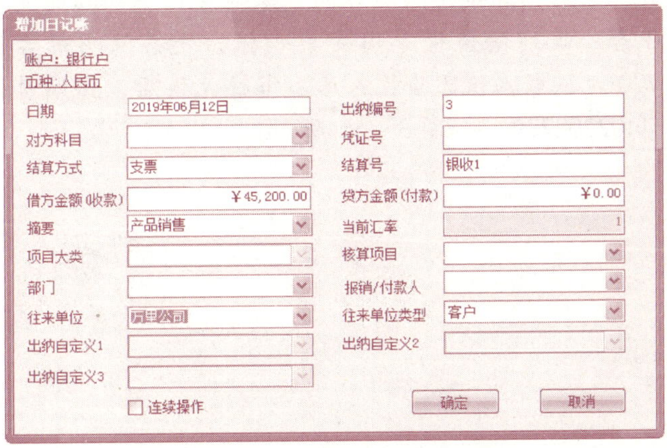

图 3－53　“增加日记账”界面

（6）单击“确定”按钮，返回“出纳通－［银行日记账］”列表，如图3－54所示。

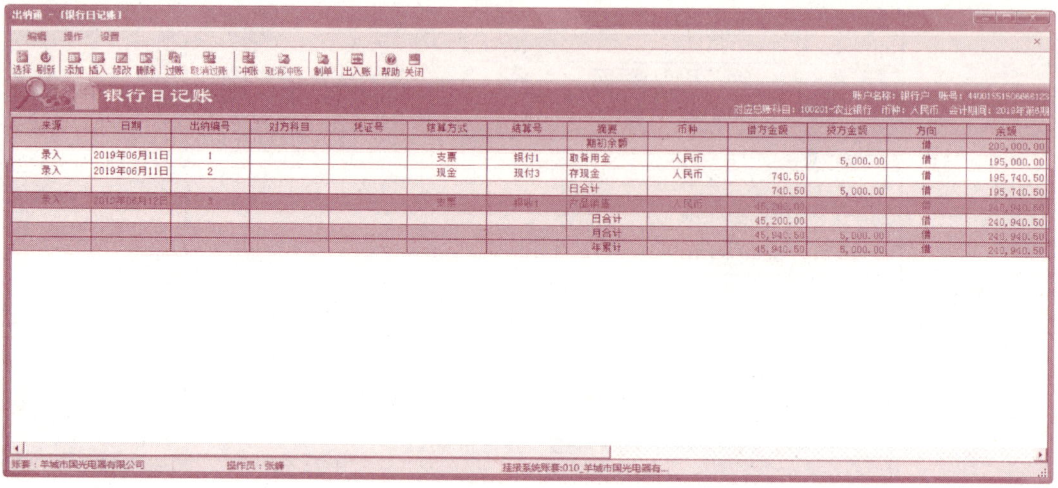

图3－54 “出纳通－［银行日记账］”列表

5. 将发票记账联、支票存根及银行进账单（回单）交会计进行账务处理。

［**导入与导出**］实训开始，恢复［010］账套——“T3账套－模块三”，登录出纳通系统管理界面。点击“账套管理”进入账套列表界面，单击“导入”—“出纳通账套－模块三任务1活动4.2－办理现金送存业务”进行账套恢复；实训结束，账套管理列表界面，选择实训账套，点击“导出”文件命名为“出纳通账套－模块三任务2活动1－办理支票结算业务－1”。

活动1.2 采购业务支票结算

【活动描述】

2019年6月15日，采购部郭帆持购买合同，来财务部申领转账支票一张支付货款，购买尔海公司电冰箱20台。收到增值税专用发票一张，发票注明每台价款2 200元，金额44 000元，增值税5 720元，电冰箱已验收入库。审核无误后，出纳员张峰开出支票交采购员郭帆（支票号码：440220222），如图3－55所示。

广东增值税专用发票　　No. 23467602

440000082656

发票联　　开票日期：2019年 06月 15日

购买方	名　　称：羊城市国光电器有限公司 纳税人识别号：914401014408765422 地 址、电 话：羊城市滨海区新华路 20 号 34556788 开户行及账号：农业银行羊城滨海支行 4400155150666123	密码区（略）

货物或应税劳务、服务名称	规格型号	单位	数量	单价	金额	税率	税额
尔海公司电冰箱		台	20	2 200.00	440 000.00	13%	57 200.00
合　　计					¥44 000.00		¥5 720.00
价税合计（大写）	⊗肆万玖仟柒佰贰拾圆整　（小写）¥49 720.00						

销售方	名　　称：尔海电器有限责任公司 纳税人识别号：913205082867201636 地 址、电 话：羊城市越秀路30号 88022564 开户行及账号：工商银行羊城市越秀支行 4411552233998845	备注（尔海电器有限责任公司 913205082867201636 发票专用章）

收款人：张 华　　复核：杨 文　　开票人：李玉　　销售方（章）

第二联：发票联　购买方记账凭证

图 3－55　增值税专用发票（发票联）

【活动指导】

图 3－56　开出支票支付采购业务的出纳工作流程

1. 业务员交来的发票及购买合同，交会计进行审核。
2. 出纳根据审核无误的发票金额，开出转账支票。
3. 出纳根据发票、合同等信息，在出纳通门户中领用支票。

（1）在出纳通登录界面中，在“账套名称”框中选择“羊城市国光电器有限公司”；在登录用户中选择“张峰”；密码为空。单击“确定”，启动出纳通软件。在“出纳通”门户中，单击“票据管理”菜单，进入“票据管理”窗口，如图3－57所示。

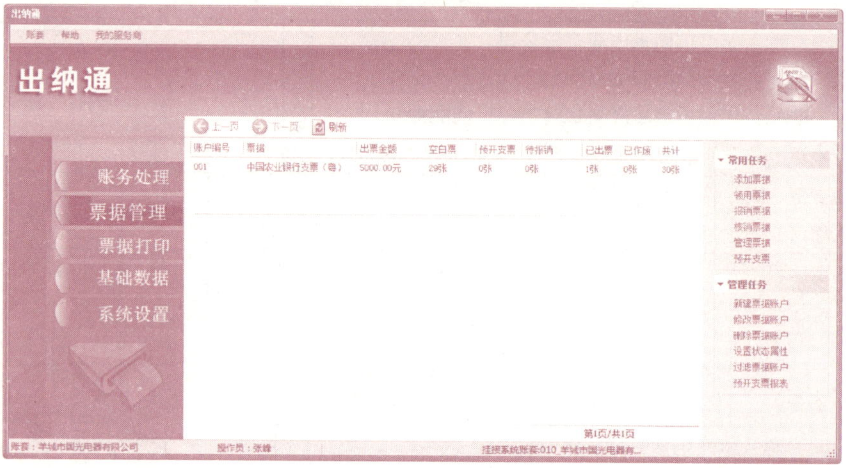

图3－57　“票据管理”窗口

（2）在“票据管理”窗口中，单击“常见任务”—“领用票据”，打开“领用票据”界面，如图3－58所示。

（3）在“领用票据”界面中，在“票据日期”框中选择“2019年06月15日”；在“收款人”下拉列表框中选择“尔海公司”；在“付款人”下拉列表框中选择“羊城市国光电器有限公司”（一般系统默认）；在“票据用途”下拉列表框中选择“货款”；在“开票金额”框中录入“49720”；在“领用人”下拉列表框中选择“郭帆”。

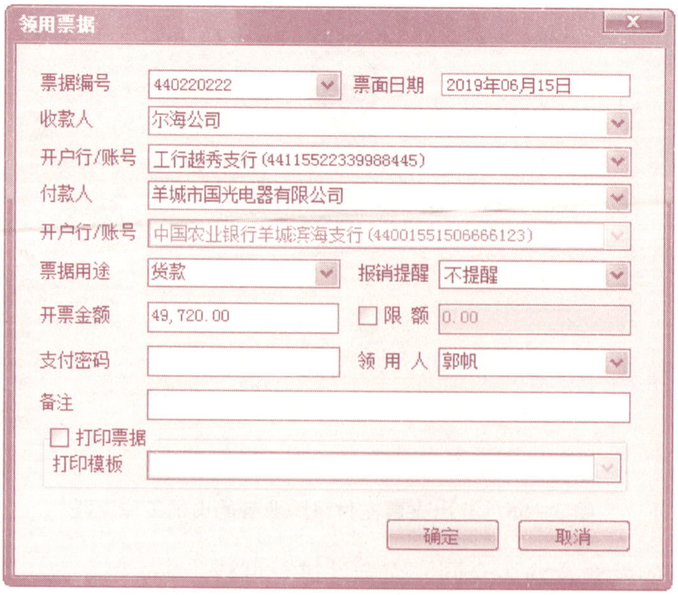

图3－58　“领用票据”窗口

（4）单击“确定”按钮，进入“出纳通－［管理票据］”列表中显示该笔业务，如图3－59所示。

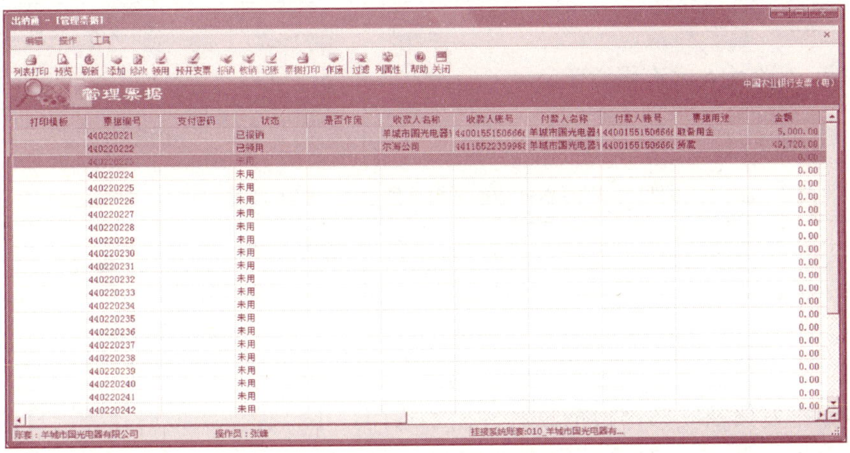

图3－59 “出纳通－［管理票据］”列表

4. 支票盖章与给付。

（1）将打印好的支票加盖公司财务章和法人章，并将支票交给领票人，支票存根留存，如图3－60所示。

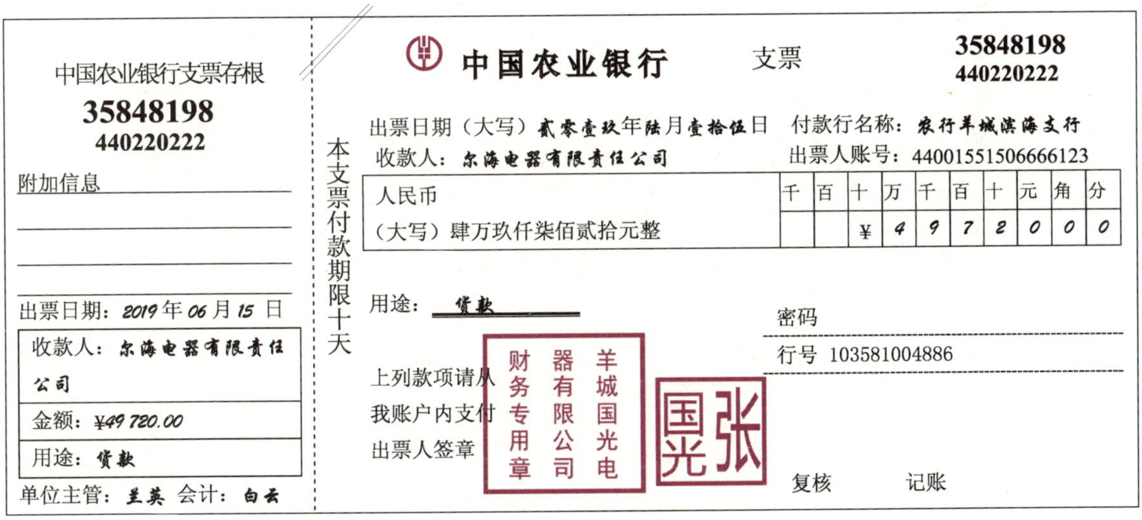

图3－60 转账支票

（2）在支票申请单上补充登记支票号码，并签名（盖章）留存。申请表如表3－2所示。

表 3－2

羊城市国光电器有限公司支票领取申请表

2019 年 06 月 15 日

收款单位	尔海电器有限责任公司		
支票用途	货款	支票号码	440220222
支票金额	人民币（大写）：肆万玖仟柒佰贰拾圆整　　¥49 720.00		
备　注		领导审批	张国光

会计：　白云　　　　出纳：　张峰　　　　领票人：郭帆

5. 出纳根据发票及支票存根信息，在出纳通门户中办理支票报销并登记日记账。

（1）以出纳员张峰身份登录出纳通门户。在“出纳通”门户窗口中，单击“票据管理”选项，进入“票据管理”窗口，如图 3－61 所示。

（2）在“票据管理”窗口中，单击“常见任务”—“报销票据”，打开“报销”界面。

（3）在“报销”界面中，在“报销日期”框中选择“2019 年 06 月 15 日”；在“收款人”下拉列表框中选择“尔海公司”；在“报销人”下拉列表框中选择“郭帆”。

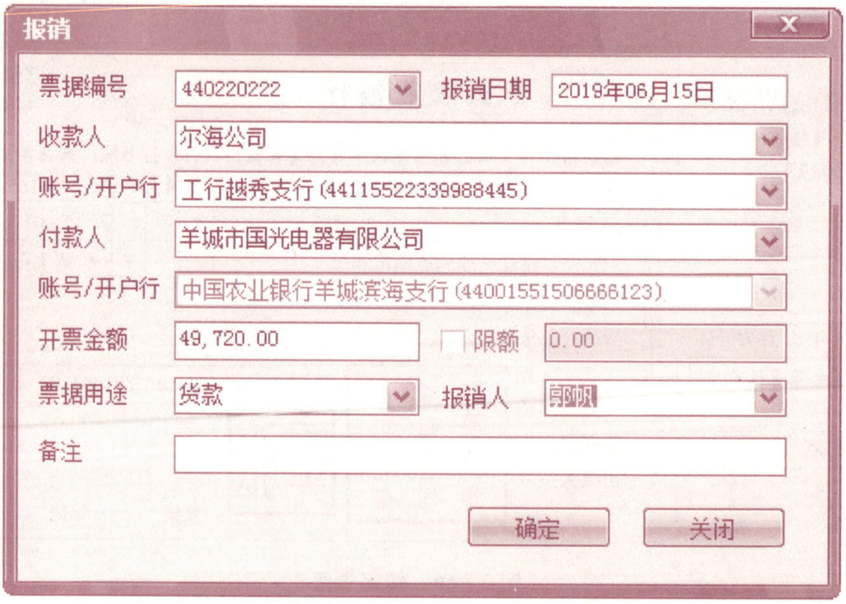

图 3－61　“报销”窗口

（4）单击“确定”，在“出纳通－［管理票据］”窗口中显示该笔业务，如图 3－62 所示。

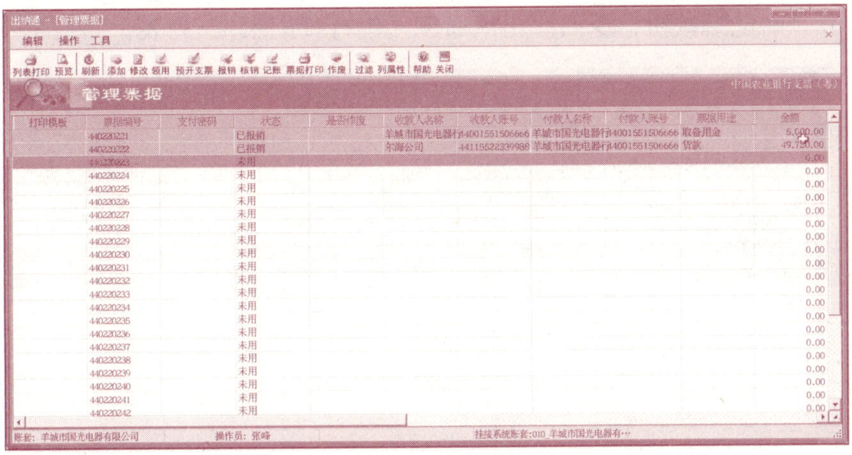

图 3-62 “出纳通-［管理票据］”窗口

（5）在“出纳通”门户窗口中，单击“账务处理”—“银行日记账”菜单，进入“选择”界面。在“选择”界面中，在“账户”下拉列表框中选择“银行户”；系统自动显示“币种”为“人民币”；在“期间”下拉列表框中选择“第 6 期”；在“币别选项”默认为“显示原币”。单击“确定”按钮，进入“出纳通-［银行日记账］”列表。

（6）在“出纳通-［银行日记账］”列表中，单击“添加”按钮，打开“增加日记账”界面，如图 3-63 所示。

（7）在“增加日记账”界面中，在“日期”框中选择“2019 年 06 月 15 日”；在“结算方式”下拉列表框中选择“支票”；在“结算号”框中录入“银付 2”；在“贷方金额（付款）”框中录入“49 720”；在“摘要”下拉列表框中选择“添加”，在弹出的“摘要信息”界面中录入“支付货款”；在“部门”选择“采购部”；在“报销/付款人”选择“郭帆”；在“往来单位类型”选择“供应商”；在“往来单位”选择“尔海公司”。

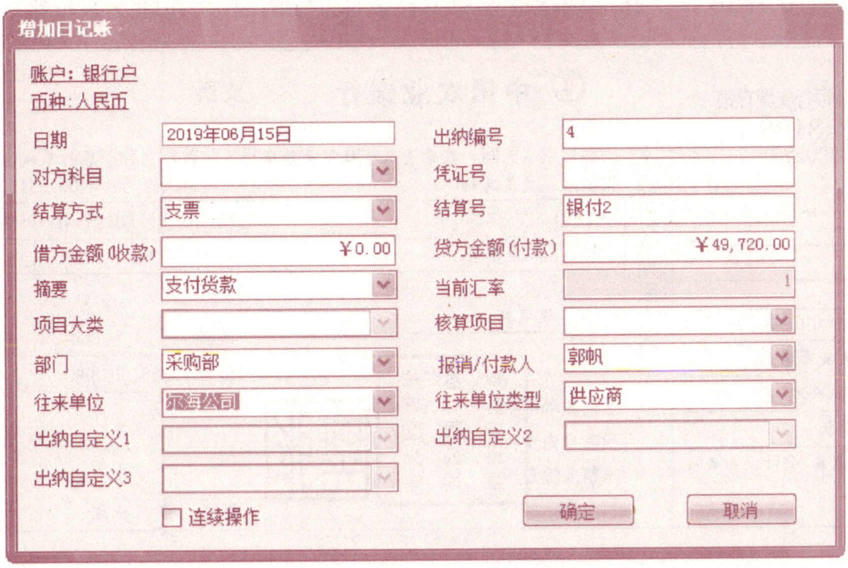

图 3-63 “增加日记账”界面

（8）单击“确定”按钮，返回“出纳通－［银行日记账］”列表，如图3－64所示。

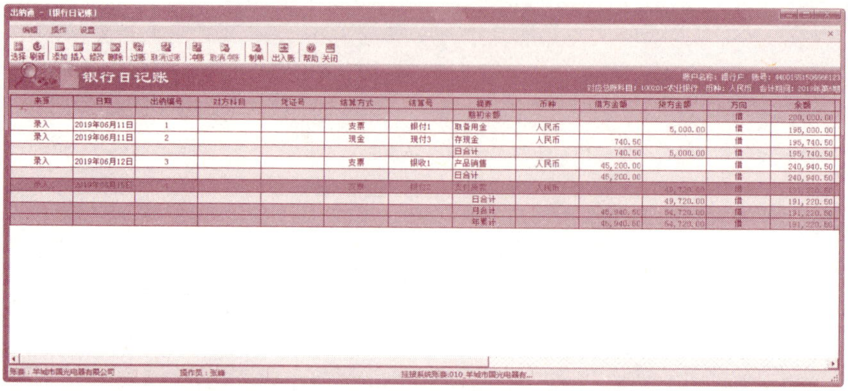

图3－64　“出纳通－［银行日记账］”列表

6. 出纳将发票及支票存根交会计进行账务处理。

［导入与导出］ 实训开始，恢复［010］账套——“T3账套－模块三”，登录出纳通系统管理界面。点击“账套管理”进入账套列表界面，单击“导入”—“出纳通账套－模块三任务2活动1－办理支票结算业务－1”进行账套恢复；实训结束，账套管理列表界面，选择实训账套，点击“导出”文件命名为“出纳通账套－模块三任务2活动1－办理支票结算业务－2”。

【活动拓展】

2019年6月15日收到艾美商场交来的金额为50 000元的红字发票一张（发票略），办理退货退款。出纳员张峰，开出支票（支票号码：440220223，见图3－65、图3－66）交给经办人员林娜。6月16日，林娜确认支票对方已入账，到出纳处办理支票报销。

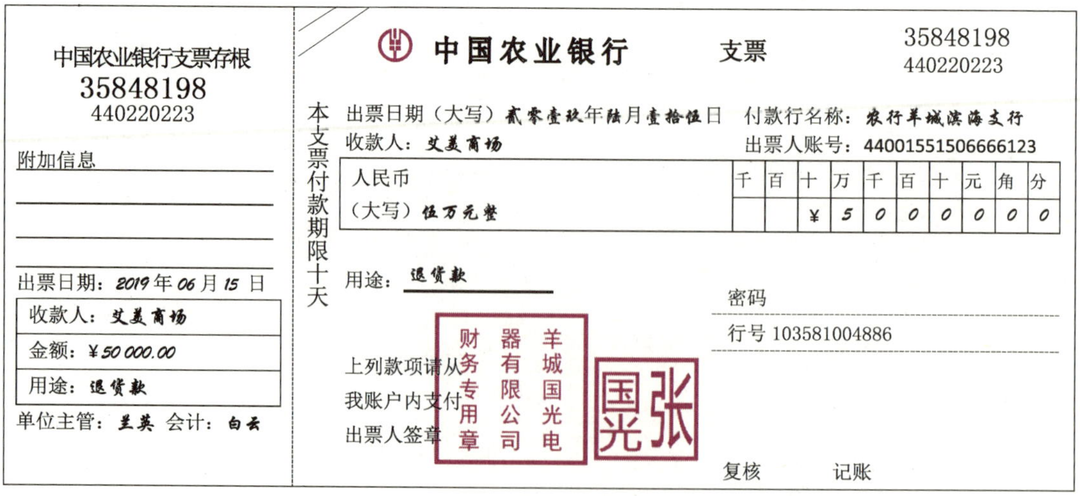

中国农业银行支票存根
35848198
440220223
附加信息
出票日期：2019年06月15日
收款人：艾美商场
金额：¥50 000.00
用途：退货款
单位主管：兰英　会计：白云

中国农业银行　支票　35848198　440220223
本支票付款期限十天
出票日期（大写）贰零壹玖年陆月壹拾伍日　付款行名称：农行羊城滨海支行
收款人：艾美商场　出票人账号：4400155150666612 3
人民币（大写）伍万元整　¥5000000
用途：退货款
密码
行号 103581004886
上列款项请从我账户内支付
出票人签章　羊城国光电器有限公司财务专用章　张国光
复核　记账

图3－65　支票（正面）

附加信息	被背书人	被背书人	（贴粘单处）	根据《中华人民共和国票据法》等法律法规的规定，签发空头支票由中国人民银行处以票面金额5%但不低于1 000元的罚款。
	背书人签章 年 月 日	背书人签章 年 月 日		

图3－66 支票（背面）

【活动指导】

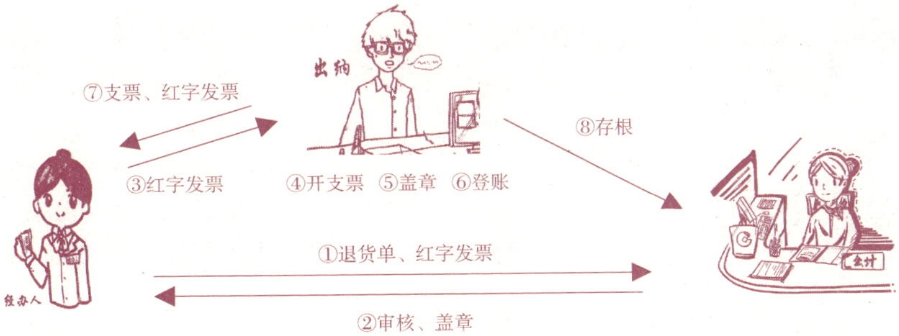

图3－67 开支票支付货款的出纳工作流程

1. 经办人员交来的退货单和红字发票，交会计员审核。

2. 出纳根据审核无误的单据金额，加盖“转账付讫”印章（发票略），并开具支票，支票联交给经办人员。

3. 出纳根据退货单、红字发票及支票存根信息，在出纳通门户中办理支票报销并登记日记账，如图3－68、图3－69所示。

4. 出纳把退货单、红字发票及支票存根转交会计进行账务处理。

［**导入与导出**］实训开始，恢复［010］账套——“T3账套－模块三”，登录出纳通系统管理界面。点击“账套管理”进入账套列表界面，单击“导入”—“出纳通账套－模块三任务2活动1－办理支票结算业务－2”进行账套恢复；实训结束，账套管理列表界面，选择实训账套，点击“导出”文件命名为“出纳通账套－模块三任务2活动1－办理支票结算业务－3”。

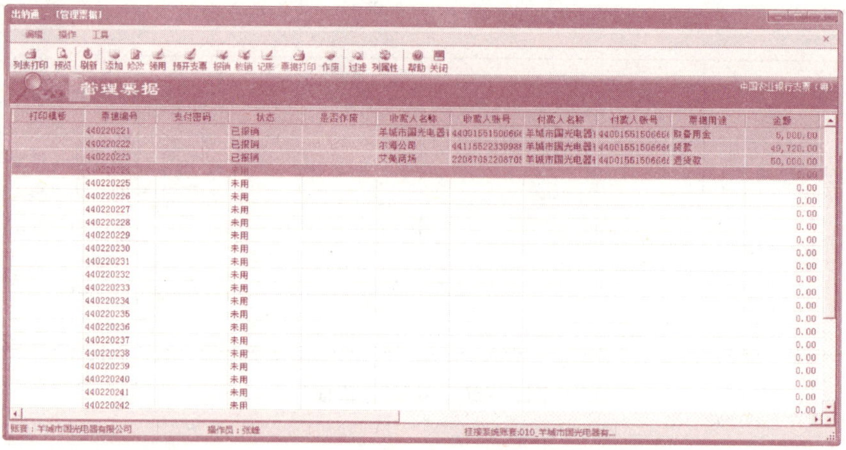

图 3－68 “出纳通－［管理票据］”列表

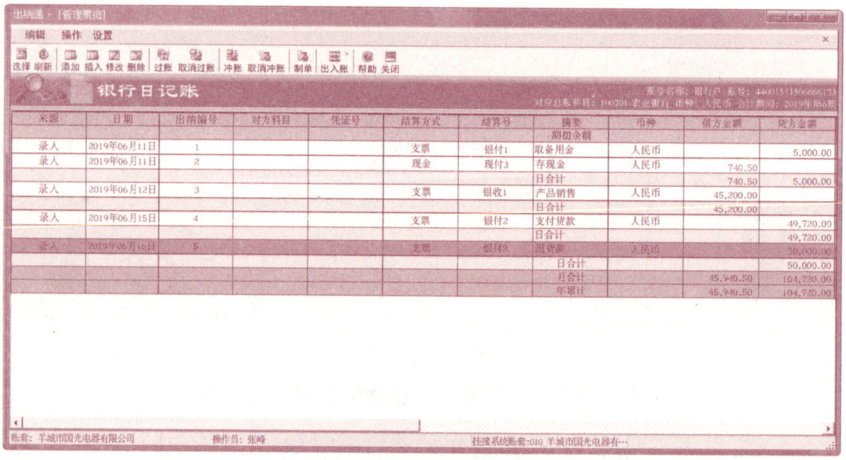

图 3－69 “出纳通－［银行日记账］”列表

活动 2 办理网上银行结算业务

活动 2.1 采购业务

【活动描述】

2019 年 6 月 19 日，出纳员张峰收到采购员徐楠交来的收料单，采购发票，价税合计为 23 200 元，审核无误后办理网银支付手续（收料单略），如图 3－70 所示。

440008 2656

广东增值税专用发票

发 票 联

No. 02 3467701

开票日期：2019 年 06 月 19 日

购买方	名　　称：羊城市国光电器有限公司 纳税人识别号：914401014408765422 地 址、电 话：羊城市滨海区新华路20号 34556788 开户行及账号：农业银行羊城滨海支行 4400155150666123				密码区	（略）	
货物或应税劳务、服务名称	规格型号	单位	数量	单 价	金　额	税率	税　额
力格空调	FD−4012−WG	台	10	2 053.10	20 531.00	13%	2 669.00
合　　计					¥20 531.00		¥2 669.00
价税合计（大写）	⊗贰万叁仟贰佰圆整　（小写）¥23 200.00						
销售方	名　　称：力格电器有限责任公司 纳税人识别号：913205082867201638 8 地 址、电 话：广州市天润路 22号，86001128 开户行及账号：建设 银行广州天润路支行 44050158440501583				备注	力格电器有限责任公司 913205082867201638 发票专用章	

收款人：李华　　复核：徐文　　开票人：林文文　　销售方（章）

第二联：发票联 购买方记账凭证

图 3－70 增值税专用发票（发票联）

【活动指导】

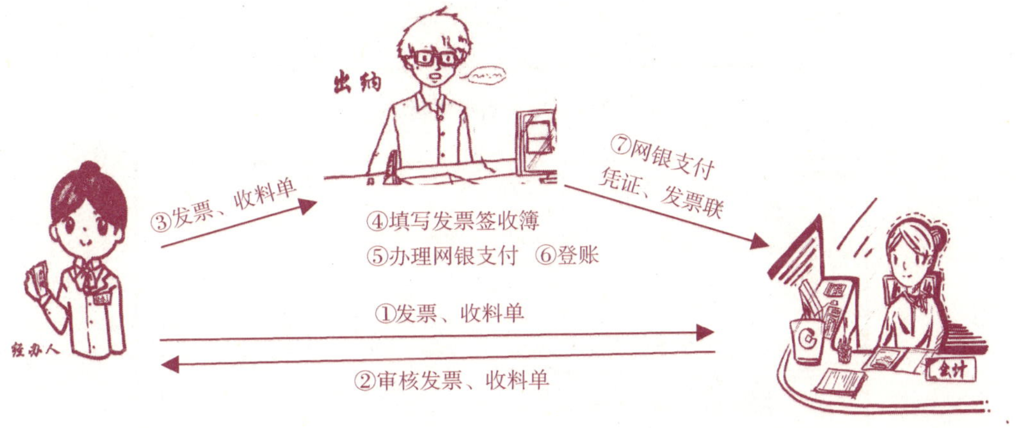

图 3－71 办理采购业务网银支付出纳工作流程

1. 经办人员交来发票和收料单，交会计员审核。
2. 出纳根据已审核的发票，与收料单进行详细核对，确认项目和金额无误，确认付款，并填写发票签收簿（略）。

3. 出纳在网银平台办理网上银行转账支付（见图 3－72 至图 3－75）。

图 3－72　网银支付 1

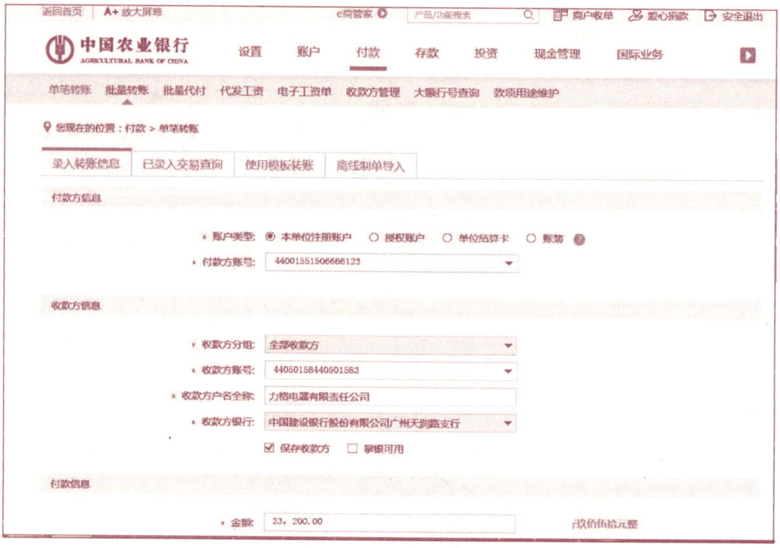

图 3－73　网银支付 2

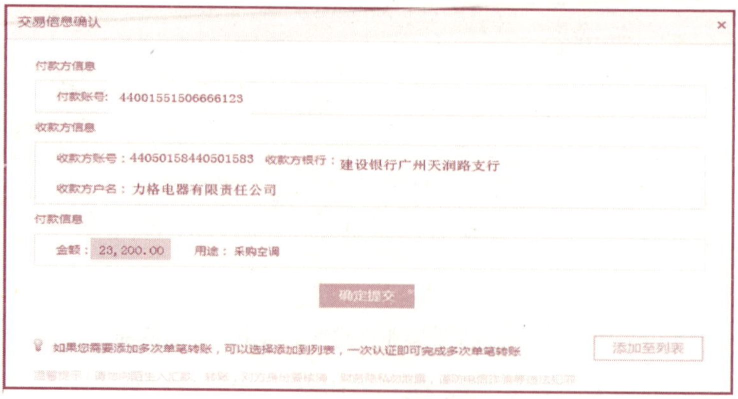

图 3－74　网银支付 3

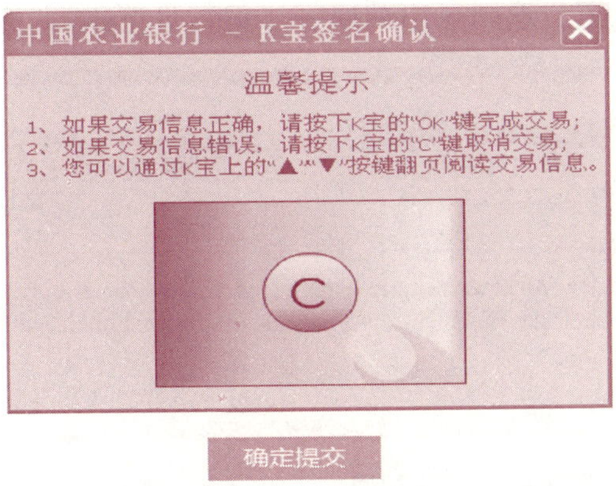

图 3 – 75 网银支付 4

4. 出纳根据发票和请款单信息，在出纳通门户中登记日记账。

（1）在出纳通登录界面中，在"账套名称"框中选择"羊城市国光电器有限公司"；在登录用户中选择"张峰"；密码为空。单击"确定"，启动出纳通软件。在"出纳通"门户窗口中，单击"财务处理"—"银行日记账"菜单，进入"选择"界面。

（2）在"选择"界面中，在"账户"下拉列表框中选择"银行户"；系统自动显示"币种"为"人民币"；在"期间"下拉列表框中选择"第 6 期"；在"币别选项"区域中，默认显示为"显示原币"。

（3）单击"确定"按钮，进入"出纳通 – ［银行日记账］"列表。

（4）在"出纳通 – ［银行日记账］"列表，单击"添加"按钮，打开"增加日记账"界面，如图 3 – 76 所示。

（5）在"增加日记账"界面中，在"日期"框中选择"2019 年 06 月 19 日"；在"结算方式"下拉列表框中选择"网银"；在"结算号"框中录入"银付 4"；在"贷方金额（付款）"框中录入"23200"；在"摘要"下拉列表框中选择"添加"，在弹出的"摘要信息"界面中录入"采购商品"；在"部门"选择"采购部"；在"报销/付款人"选择"徐楠"；在"往来单位类型"选择"供应商"；在"往来单位"选择"力格公司"。

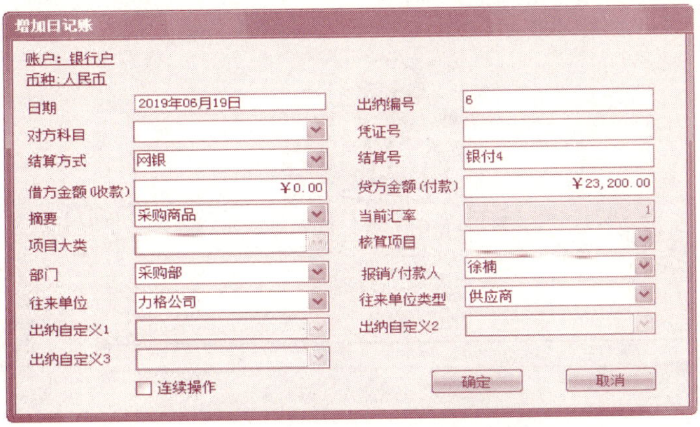

图 3 – 76 "增加日记账"界面

（6）单击“确定”按钮，返回“出纳通－［银行日记账］”列表，如图3－77所示。

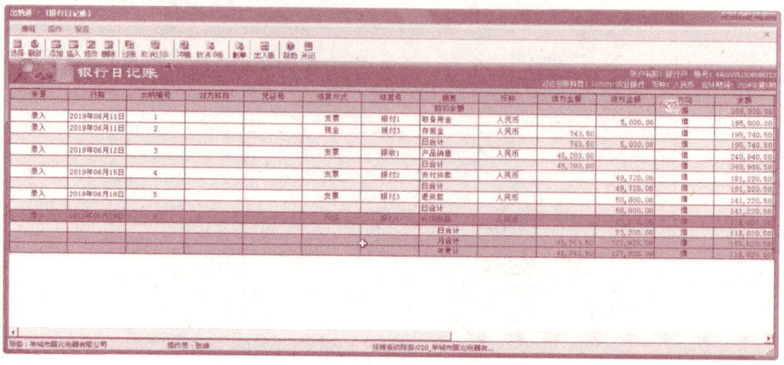

图3－77　“出纳通－［银行日记账］”列表

5. 出纳将发票和网银支付回单（打印，略）转交会计进行账务处理。

［**导入与导出**］实训开始，恢复［010］账套——“T3账套－模块三”，登录出纳通系统管理界面。点击“账套管理”进入账套列表界面，单击“导入”—“出纳通账套－模块三任务2活动1－办理支票结算业务－3”进行账套恢复；实训结束，账套管理列表界面，选择实训账套，点击“导出”文件命名为“出纳通账套－模块三任务2活动2－办理网上银行结算业务－1”。

活动2.2　押金退款业务

【活动描述】

2019年6月20日，出纳员张峰收到销售员杨晓交来客户万里公司的包装物押金500元的退回单，通过网银办理退款手续。

【活动指导】

图3－78　网银办理押金退款业务的出纳工作流程

1. 经办人交来包装物退回单，交会计员进行审核。

2. 出纳根据已审核的包装物退回单，与押金收据凭证进行核对；核对无误后在押金收据上盖章，在网银平台办理网银支付，系统打印网银回单，如图 3－79 所示。

中国农业银行

资金汇划补充凭证（贷）

No:20190101026565

付款人	全 称	羊城市国光电器有限公司	收款人	全 称	万里公司
	账 号	44001551506666123		账 号	44001551405555567
	开户银行	农行羊城滨海支行		开户银行	农行羊城海珠支行
	所在地	广州		所在地	广州
金额	人民币（大写）	伍佰元整			
业务编号	FN21556789	付款方式	普通		
用 途	押金	提交人：WF1013	授权人：CY2558		
备 注					

亿	千	百	十	万	千	百	十	元	角	分
					¥	5	0	0	0	0

打印日期：2019年6月20日

图 3－79 网银回单

3. 出纳根据支付信息，在出纳通门户中登记日记账。

（1）在出纳通登录界面中，在“账套名称”框中选择“羊城市国光电器有限公司”；在登录用户中选择“张峰”；密码为空。单击“确定”，启动出纳通软件。在“出纳通”门户窗口中，单击“财务处理”—“银行日记账”菜单，进入“选择”界面。

（2）在“选择”界面中，在“账户”下拉列表框中选择“银行户”；系统自动显示“币种”为“人民币”；在“期间”下拉列表框中选择“第 6 期”；在“币别选项”区域中，默认显示为“显示原币”。

（3）单击“确定”按钮，进入“出纳通－［银行日记账］”列表。

（4）在“出纳通－［银行日记账］”列表，单击“添加”按钮，打开“增加日记账”界面。

（5）在“增加日记账”界面中，在“日期”框中选择“2019 年 06 月 20 日”；在“结算方式”下拉列表框中选择“网银”；在“结算号”框中录入“银付 5”；在“贷方金额（付款）”框中录入“500”；在“摘要”下拉列表框中选择“添加”，在弹出的“摘要信息”界面中录入“退回包装物押金”；在“部门”选择“销售部”；在“报销/付款人”选择“杨晓”；在“往来单位类型”选择“客户”；在“往来单位”选择“万里公司”。

（6）单击“确定”按钮，返回“出纳通－［银行日记账］”列表，如图 3－80 所示。

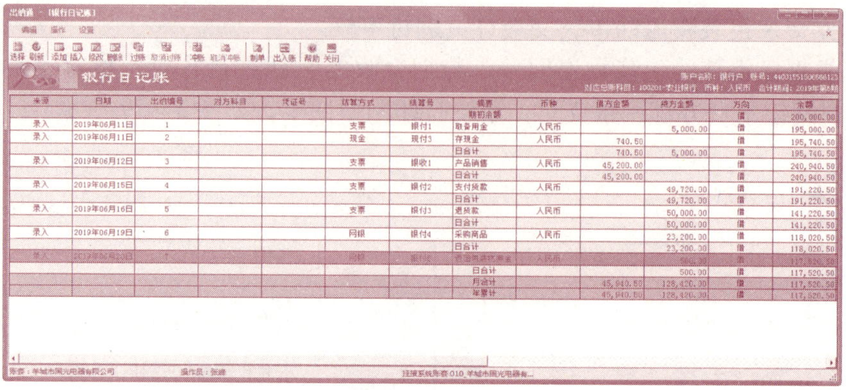

来源	日期	出纳编号	对方科目	凭证号	结算方式	结算号	摘要	币种	借方金额	贷方金额	方向	余额
							期初余额				借	200,000.00
录入	2019年06月11日	1			支票	银付1	取备用金	人民币		5,000.00	借	195,000.00
录入	2019年06月11日	2			现金	现付3	存现金	人民币	740.50		借	195,740.50
							日合计		740.50	5,000.00	借	195,740.50
录入	2019年06月12日	3			支票	银收1	产品销售	人民币	45,200.00		借	240,940.50
							日合计		45,200.00		借	240,940.50
录入	2019年06月15日	4			支票	银付2	支付货款	人民币		49,720.00	借	191,220.50
							日合计			49,720.00	借	191,220.50
录入	2019年06月16日	5			支票	银付3	退货款	人民币		50,000.00	借	141,220.50
							日合计			50,000.00	借	141,220.50
录入	2019年06月19日	6			网银	银付4	采购商品	人民币		23,200.00	借	118,020.50
							日合计			23,200.00	借	118,020.50
录入	[illegible]	7			网银	[illegible]	[illegible]	人民币		500.00	借	117,520.50
							日合计			500.00	借	117,520.50
							月合计		45,940.50	128,420.30	借	117,520.50
							年累计		45,940.50	128,420.30	借	117,520.50

图 3-80 “出纳通-［银行日记账］”列表

4. 出纳将网银回单和包装物收货单交会计进行账务处理。

［导入与导出］ 实训开始，恢复［010］账套——“T3 账套-模块三”，登录出纳通系统管理界面。点击“账套管理”进入账套列表界面，单击“导入”—“出纳通账套-模块三任务 2 活动 2-办理网上银行结算业务-1”进行账套恢复；实训结束，账套管理列表界面，选择实训账套，点击“导出”文件命名为“出纳通账套-模块三任务 2 活动 2-办理网上银行结算业务-2”。

【活动拓展】

2019 年 6 月 22 日，出纳员张峰收到订货请款单，通过网银方式向力格公司转出购空调定金 10 000 元。

【活动指导】

图 3-81 办理网银支付定金业务的出纳工作流程

1. 经办人交来采购合同或订单等资料，交会计员进行审核。

2. 出纳核对已审核的采购合同或订单，无误后在相关资料上盖章，确认支付定金。

3. 出纳在网银平台办理网银支付，在出纳通门户中登记日记账，如图 3－82 所示。

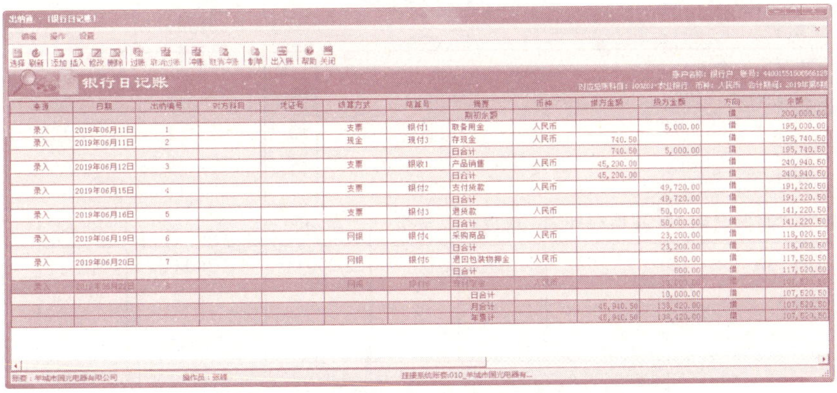

图 3－82 “出纳通－［银行日记账］”列表

4. 出纳将银行支付凭证和相关合同等资料交会计进行账务处理。

［导入与导出］ 实训开始，恢复［010］账套——“T3 账套－模块三”，登录出纳通系统管理界面。点击“账套管理”进入账套列表界面，单击“导入”—“出纳通账套－模块三任务 2 活动 2－办理网上银行结算业务－2”进行账套恢复；实训结束，账套管理列表界面，选择实训账套，点击“导出”文件命名为“出纳通账套－模块三任务 2 活动 2－办理网上银行结算业务－3”。

活动 3　办理移动支付结算业务

活动 3.1　办理微信结算业务

【活动描述】

6 月 22 日向个人顾客销售尔海电冰箱一台，售价 2 200 元，增值税 286 元，开出增值税普通发票，顾客以微信支付货税款。6 月 23 日，以微信结算方式收到货税款 2 486 元（见图 3－83）。

广东增值税普通发票

440008 2656　　　　No. 02 3467501

开票日期：2019 年 06 月 22 日

购买方	名　　称：个人 纳税人识别号： 地 址、电 话： 开户行及账号：				密码区	（略）	
货物或应税劳务、服务名称	规格型号	单位	数量	单 价	金　额	税率	税　额
尔海电冰　箱		台	1	2 200.00	2 200.00	13%	286.00
合　　计					¥2 200.00		¥286.00
价税合计（大写）	⊗贰仟肆佰捌拾陆圆 整　　（小写）¥2 486.00						
销售方	名　　称：羊城市国光电器有限公司 纳税人识别号：914401014408765422 地 址、电 话：羊城市滨海区新华路 20号 34556788 开户行及账号：农业银行羊城滨海支行 4400155150666 6123				备注	羊城市国光电器有限公司 914401014408765422 发票专用章	

第一联：记账联　销售方记账凭证

收款人：张 峰　　复核：杨 文　　开票人：张 峰　　销售方（章）

图 3－83　增值税普通发票（记账联）

【活动指导】

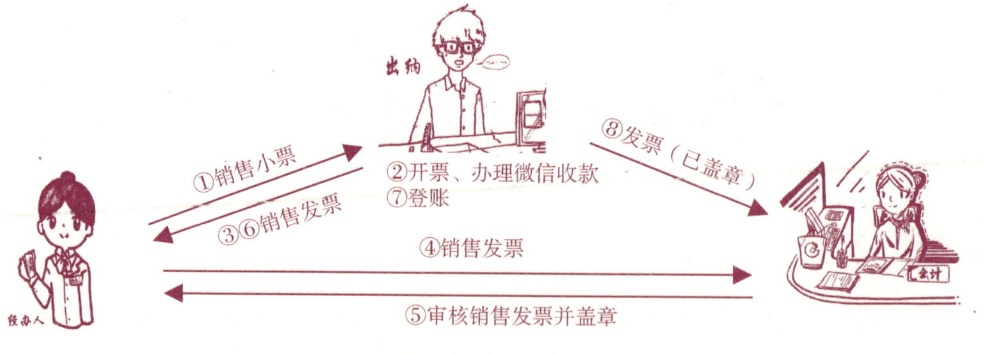

图 3－84　办理微信收款的出纳工作流程

1. 出纳员根据经办人员交来销售小票开出销售发票，交会计员审核。

2. 出纳根据已审核的销售发票，确认无误后在发票上盖收款章；并根据审核无误的金额在微信平台办理微信收款，6 月 23 日查询微信收款账户，如图 3－85 所示。

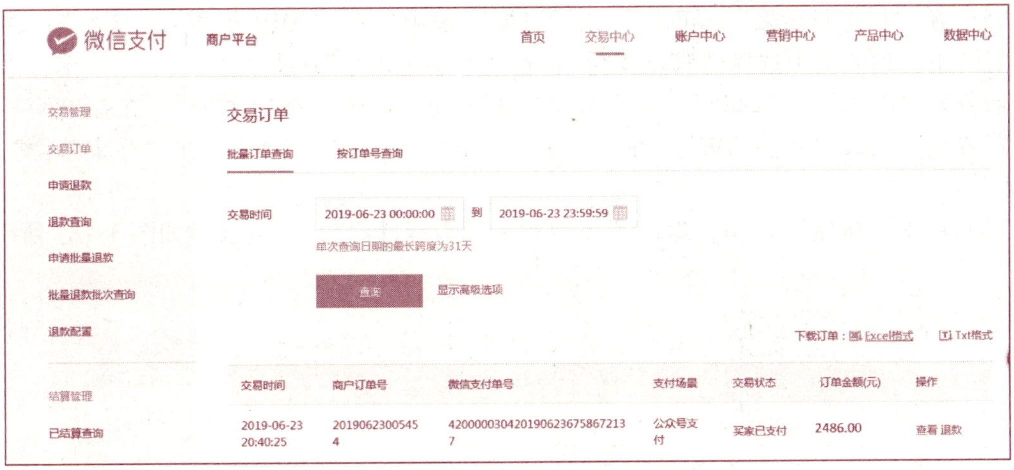

图 3－85 微信收款

3. 出纳根据审核无误的单据，在出纳通门户中登记日记账。

（1）在出纳通登录界面中，在“账套名称”框中选择“羊城市国光电器有限公司”；在登录用户中选择“张峰”；密码为空。单击“确定”，启动出纳通软件。在“出纳通”门户窗口中，单击“财务处理”—“银行日记账”菜单，进入“选择”界面。

（2）在“选择”界面中，在“账户”下拉列表框中选择“银行户”；系统自动显示“币种”为“人民币”；在“期间”下拉列表框中选择“第 6 期”；在“币别选项”区域中，默认显示为“显示原币”。

（3）单击“确定”按钮，进入“出纳通－［银行日记账］”列表。

（4）在“出纳通－［银行日记账］”列表，单击“添加”按钮，打开“增加日记账”界面，如图 3－86 所示。

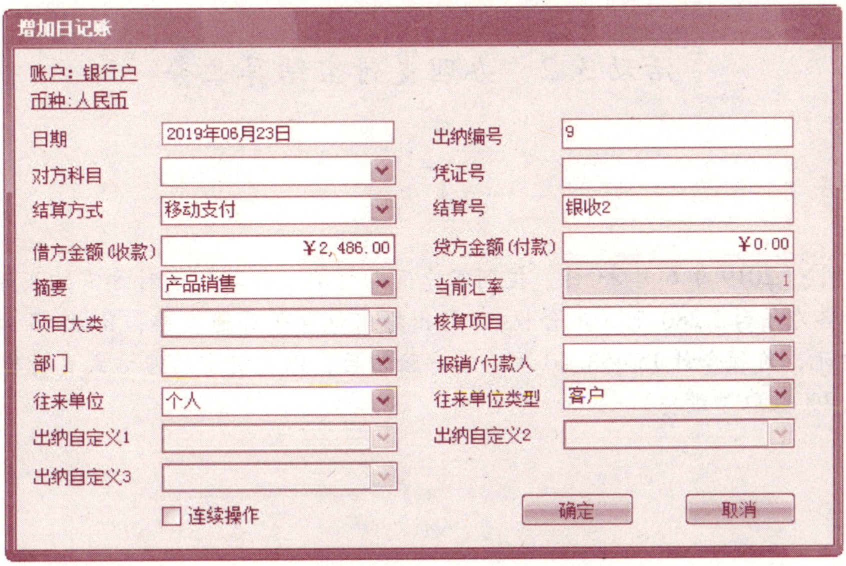

图 3－86 “增加日记账”界面

（5）在“增加日记账”界面中，在“日期”框中选择“2019 年 06 月 23 日”；在“结算方式”下拉列表框中选择“移动支付”；在“结算号”框中录入“银收 2”；在“借方金额（收款）”框中录入“2486”；在“摘要”下拉列表框中选择“添加”，在弹出的“摘要信息”界面中录入“产品销售”；在“往来单位类型”选择“客户”；在“往来单位”选择“个人”。

（6）单击“确定”按钮，返回“出纳通－［银行日记账］”列表，如图 3－87 所示。

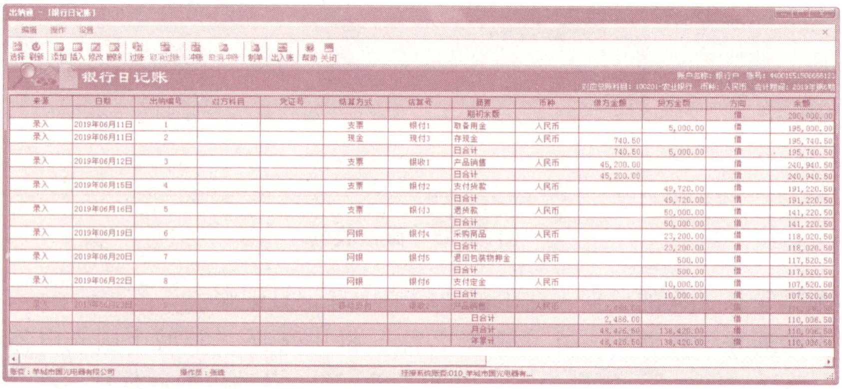

图 3－87　“出纳通－［银行日记账］”列表

4. 出纳将相关处理完单据交会计进行账务处理。

［导入与导出］ 实训开始，恢复［010］账套——“T3 账套－模块三”，登录出纳通系统管理界面。点击“账套管理”进入账套列表界面，单击“导入”—“出纳通账套－模块三任务 2 活动 2－办理网上银行结算业务－3”进行账套恢复；实训结束，账套管理列表界面，选择实训账套，点击“导出”文件命名为“出纳通账套－模块三任务 2 活动 3－办理移动支付（微信、支付宝）结算业务－1”。

活动 3.2　办理支付宝结算业务

【活动描述】

［业务 1］　2019 年 6 月 23 日，接到客户网购订单，订单显示对方需购买西门洗衣机 6 台，协商价格为每台 2 280 元（不含税），开出增值税电子普通发票，价款 13 680 元，增值税 1 778.40 元，价税合计 15 458.40 元。客户验货后，以支付宝转账方式支付货款（支付宝按货款的 0.2% 收取手续费）。

4400082656　　广东增值税电子普通发票　　No. 023467501

记账联

开票日期：2019 年 06 月 23 日

购买方	名　　称：个人 纳税人识别号： 地 址、电 话： 开户行及账号：				密码区	（略）	
货物或应税劳务、服务名称	规格型号	单位	数量	单 价	金　额	税率	税　额
西门洗衣机		台	6	2 280.00	13 680.00	13%	1 778.40
合　　计					¥13 680.00		¥1 778.40
价税合计（大写）	⊗壹万伍仟肆佰伍拾捌圆肆角整　　（小写）¥15 458.40						
销售方	名　　称：羊城市国光电器有限公司 纳税人识别号：914401014408765422 地 址、电 话：羊城市滨海区新华路20号 34556788 开户行及账号：农业银行羊城滨海支行4400155150666 6123				备注		

收款人：张 峰　　复核：杨 文　　开票人：徐 美　　销售方（章）

第一联：记账联　销售方记账凭证

羊城市国光电器有限公司 914401014408765422 发票专用章

图 3－88　增值税普通发票（记账联）

【活动指导】

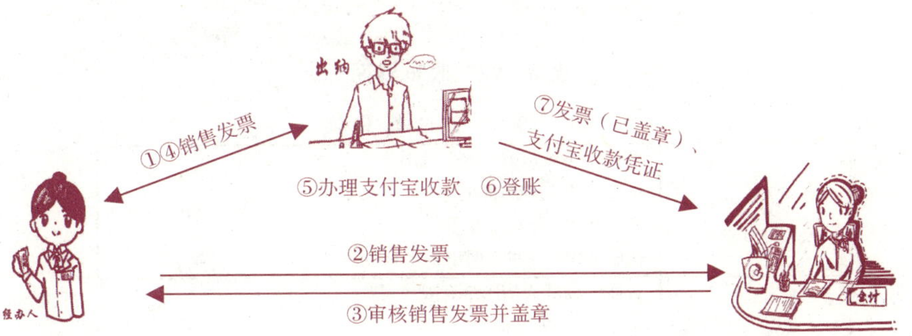

图 3－89　办理支付宝收款的出纳工作流程

1. 经办人员交来销售发票，交会计员审核。

2. 出纳根据已审核的发票，确认无误后在发票上盖收款章（销售发票略），并根据审核无误的金额在支付宝平台办理支付宝账户收款，如图 3－88 至图 3－93 所示（假设手续费通过支付宝账户直接划转）。

图 3－90　登录支付宝

图 3－91　支付宝应用中心

支付宝付款凭证

付款方	名称：张明明 账号：18822110008 账户类型：支付宝账号 开户机构：支付宝网络技术有限公司
收款方	名称：羊城市国光电器有限公司 账号：Z0301481066 账户类型：支付宝账号 开户机构：支付宝网络技术有限公司
支付宝流水号	202082634676362175
付款时间	2019 年 06 月 23 日 18:23:08
付款金额	大写金额：壹万伍仟肆佰伍拾捌元肆角整　15 458.40
摘要	洗衣机

回单凭证生成时间：2019. 06. 23－18:23:08

支付宝网络技术有限公司（签章）

支付宝网络技术有限公司 付款凭证专用

图 3－92　收款界面 1

支付宝付款凭证

付款方	名称：羊城市国光电器有限公司 账号：Z0301481066 账户类型：支付宝账号 开户机构：支付宝网络技术有限公司
收款方	名称：浙江天猫网络有限公司 账号：2539486688 账户类型：支付宝账号 开户机构：工商银行五常支行
支付宝流水号	2019823228667l9001
付款时间	2019 年 06 月 24 日 8:23:08
付款金额	大写金额：叁拾元玖角贰分　30.92
摘要	佣金

回单凭证生成时间 2019.06.24-8:23:08

支付宝网络技术有限公司（签章）

支付宝网络技术有限公司 付款凭证专用

图 3－93　收款界面 2

3. 出纳根据审核无误的单据，在出纳通门户中登记日记账。

（1）在出纳通登录界面中，在“账套名称”框中选择“羊城市国光电器有限公司”；在登录用户中选择“张峰”；密码为空。单击“确定”，启动出纳通软件。在“出纳通”门户窗口中，单击“财务处理”—“银行日记账”菜单，进入“选择”界面。

（2）在“选择”界面中，在“账户”下拉列表框中选择“银行户”；系统自动显示“币种”为“人民币”；在“期间”下拉列表框中选择“第6期”；在“币别选项”区域中，默认显示为“显示原币”。

（3）单击“确定”按钮，进入“出纳通－［银行日记账］”列表。

（4）在“出纳通－［银行日记账］”列表，单击“添加”按钮，打开“增加日记账”界面。

（5）在“增加日记账”界面中，在“日期”框中选择“2019年06月24日”；在“结算方式”下拉列表框中选择“移动支付”；在“结算号”框中录入“银收3”；在“借方金额（收款）”框中录入“15427.48”；在“摘要”下拉列表框中选择“添加”，在弹出的“摘要信息”界面中录入“产品销售”；在“往来单位类型”选择“客户”；在“往来单位”选择“个人”。

（6）单击“确定”按钮，返回“出纳通－［银行日记账］”列表，如图3－94所示。

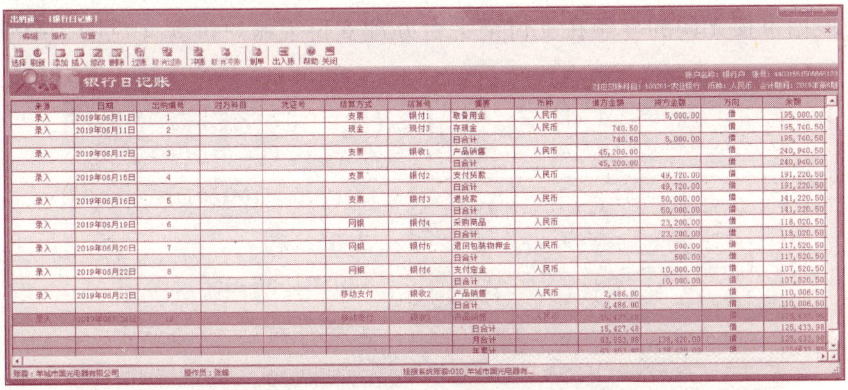

图3－94 “出纳通－［银行日记账］”列表

4. 将发票、支付宝收款凭证、单据交会计进行账务处理。

［导入与导出］实训开始，恢复［010］账套——“T3账套－模块三”，登录出纳通系统管理界面。点击“账套管理”进入账套列表界面，单击“导入”—“出纳通账套－模块三任务2活动3－办理移动支付（微信、支付宝）结算业务－1”进行账套恢复；实训结束，账套管理列表界面，选择实训账套，点击“导出”文件命名为“出纳通账套－模块三任务2活动3－办理移动支付（微信、支付宝）结算业务－2”。

【活动描述】

［业务2］ 2019年6月23日，出纳员张峰收到采购员郭帆交来的采购增值税专用发票，向力格公司购买空调一批，价税合计共56 500元，办理支付宝支付结算。

【活动指导】

图 3－95 办理支付宝付款的出纳工作流程

1. 出纳审核经办人员交来的采购发票，确认无误后在发票上盖付款章（采购发票略）。
2. 出纳根据审核无误的金额在支付宝平台办理支付宝账户付款（见图 3－96）。

支付宝付款凭证	
支付宝流水：	201906241407310
对方开户姓名：	力格公司
对方银行账号：	44050158440501583
开户支行：	广州市建行天润路支行
对方实收：	56,500.00
服务费：	0.00
到账时间：	次日到账
付款状态：	付款成功
创建时间：	2019年06月24日 11:01:16
入账时间：	2019年06月25日 08:11:21
打印该凭证	

图 3－96 支付宝付款凭证

小提示

目前支付宝付款对公业务只提供转账功能。

付款成功后一般第二天显示银行到账，可以打印付款凭证。

3. 出纳根据审核无误的单据，在出纳通门户中登记日记账。

（1）在出纳通登录界面中，在“账套名称”框中选择“羊城市国光电器有限公司”；在登录用户中选择“张峰”；密码为空。单击“确定”，启动出纳通软件。在“出纳通”门户窗口中，单击“财务处理”—“银行日记账”菜单，进入“选择”界面。

（2）在“选择”界面中，在“账户”下拉列表框中选择“银行户”；系统自动显示“币种”为“人民币”；在“期间”下拉列表框中选择“第6期”；在“币别选项”区域中，默认显示为“显示原币”。

（3）单击“确定”按钮，进入“出纳通－［银行日记账］”列表。

（4）在“出纳通－［银行日记账］”列表，单击“添加”按钮，打开“增加日记账”界面。

（5）在“增加日记账”界面中，在“日期”框中选择“2019年06月24日”；在“结算方式”下拉列表框中选择“移动支付”；在“结算号”框中录入“银付7”；在“贷方金额（付款）”框中录入“56 500”；在“摘要”下拉列表框中选择“添加”，在弹出的“摘要信息”界面中录入“采购 商品”；在“部门”选择“采购部”；在“报销/付款人”选择“郭帆”；在“往来单位类型”选择“供应商”；在“往来单位”选择“力格公司”。

（6）单击“确定”按钮，返回“出纳通－［银行日记账］”列表，如图3－97所示。

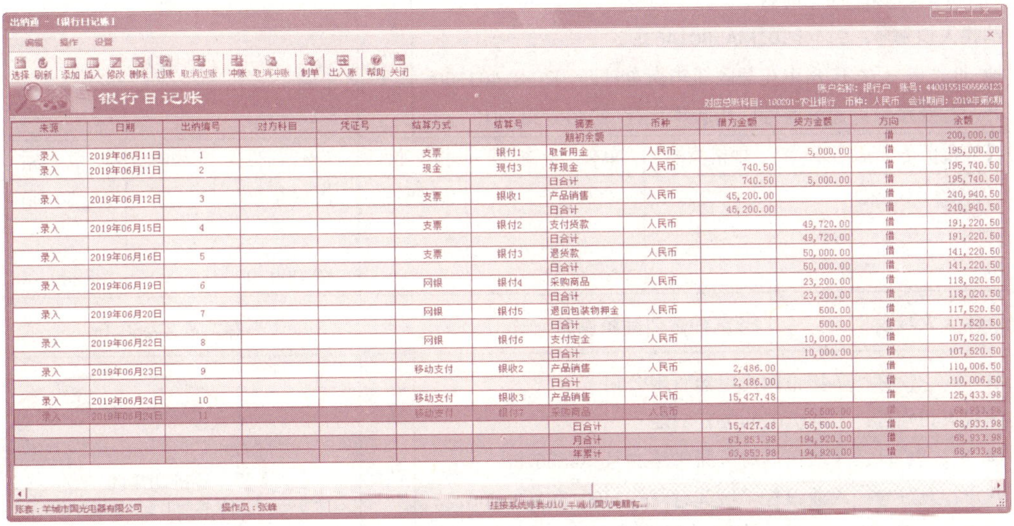

图3－97 “出纳通－［银行日记账］”列表

4. 出纳将已盖章的发票、支付宝付款凭证交会计进行账务处理。

［导入与导出］ 实训开始，恢复［010］账套——“T3账套－模块三”，登录出纳通系统管理界面。点击“账套管理”进入账套列表界面，单击“导入”—“出纳通账套－模块

三任务2活动3－办理移动支付（微信、支付宝）结算业务－2”进行账套恢复；实训结束，账套管理列表界面，选择实训账套，点击“导出”文件命名为“出纳通账套－模块三任务2活动3－办理移动支付（微信、支付宝）结算业务－3”。

活动4　办理信用卡结算业务

活动4.1　办理信用卡收款业务

【活动描述】

2019年6月24日，收到快克商店购买尔海电冰箱1台，含税单价2 260元，客户刷卡支付，开出普通发票，如图3－98、图3－99所示。

广东增值税普通发票

No. 02346798

440008265833

记账联

开票日期：2019年06月24日

购买方	名　　称：快克商店 纳税人识别号：91440101MA5B01463E 地 址、电 话：广州市花都区新华街金钟路 020-81403500 开户行及账号：建设银行广州新华支行 90404738290				密码区	（略）	
货物或应税劳务、服务名称	规格型号	单位	数量	单 价	金 额	税率	税 额
尔海电冰箱		台	1	2 000.00	2 000.00	13%	260.00
合　　计					¥2 000.00		¥260.00
价税合计（大写）	⊗贰仟贰佰陆拾圆整				（小写）¥ 2 260.00		
销售方	名　　称：羊城市国光电器有限公司 纳税人识别号：914401014408765422 地 址、电 话：羊城市滨海区新华路20号 34556788 开户行及账号：农业银行羊城滨海支行44001551506666123				备注	羊城市国光电器有限公司 914401014408765422 发票专用章	

第一联：记账联　销货方记账凭证

收款人：张 峰　　复核：杨 文　　开票人：徐 美　　销售方（章）

图3－98　增值税普通发票（记账联）

广东银联　　　　　　　　　　　　商户存根

=======交易凭证（商户联）=======

程序版本号：POS-v160101

商户名称：羊城市国光电器有限公司

商户编号：104440182000011

交易类型：

信用卡支付

批次号：000450　　凭证号 000102

交易时间 2019/06/24　19：36：29

商户订单号：20190623000552100020902401022220

支付单号：43000003873720190623984589 0902799

交易金额：RMB：2 260.00

持卡人签名：张国清

本人确认以上交易，同意将其计入本账户

图 3－99　POS 单商户存根联

【活动指导】

图 3－100　信用卡收款的出纳工作流程

1. 出纳人员审核发票的内容，核对发票金额与 POS 单商户存根联的内容、金额是否相符。

2. 出纳在“发票签收簿”上签收。

3. POS 机日结消费，打印银行回单。

4. 出纳根据发票记账联、银行回单信息，在出纳通门户中登记日记账。

（1）在出纳通登录界面中，在“账套名称”框中选择“羊城市国光电器有限公司”；在登录用户中选择“张峰”；密码为空。单击“确定”，启动出纳通软件。在“出纳通”门户窗口中，单击“财务处理”—“银行日记账”菜单，进入“选择”界面。

（2）在“选择”界面中，在“账户”下拉列表框中选择“银行户”；系统自动显示

"币种"为"人民币"；在"期间"下拉列表框中选择"第6期"；在"币别选项"区域中，默认显示为"显示原币"。

（3）单击"确定"按钮，进入"出纳通－［银行日记账］"列表。

（4）在"出纳通－［银行日记账］"列表，单击"添加"按钮，打开"增加日记账"界面，如图3－101所示。

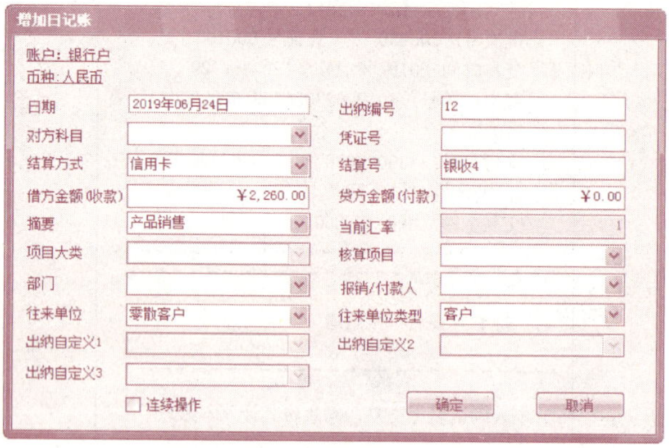

图3－101 "增加日记账"界面

（5）在"增加日记账"界面中，在"日期"框中选择"2019年06月24日"；在"结算方式"下拉列表框中选择"信用卡"；在"结算号"框中录入"银收4"；在"借方金额（收款）"框中录入"2 260"；在"摘要"下拉列表框中选择"添加"，在弹出的"摘要信息"界面中录入"产品销售"；在"往来单位类型"选择"客户"；在"往来单位"选择"零散客户"。

（6）单击"确定"按钮，返回"出纳通－［银行日记账］"列表，如图3－102所示。

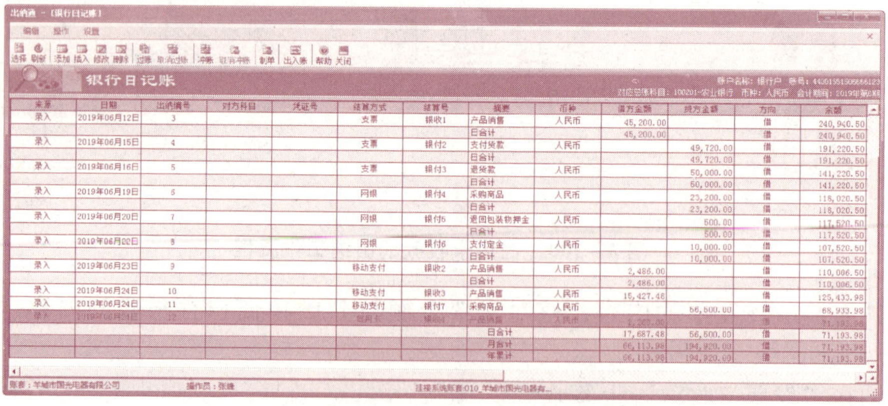

图3－102 "出纳通－［银行日记账］"列表

5. 将发票、POS单商户存根联、POS银行回单交会计进行账务处理。

［导入与导出］实训开始，恢复［010］账套——"T3账套－模块三"，登录出纳通系统管理界面。点击"账套管理"进入账套列表界面，点击"导入"选择"出纳通账套－模块三任务2活动3－办理移动支付（微信、支付宝）结算业务－3"进行账套恢复；实训结

束，账套管理列表界面，选择实训账套，点击“导出”文件命名为“出纳通账套－模块三任务2活动4－办理信用卡结算业务－1”。

活动4.2　办理职工信用卡还款业务

【活动描述】

2019年6月25日，行政管理部张国光出差，以信用卡支付住宿费318元，根据住宿费普通发票回公司报销（见图3－103、图3－104）。

差旅费报销单

报销部门　行政管理部　　　　填报日期：2019年06月25日

姓名	张国光	职别					出差事由	考察市场			
出差起止日期自 2019 年 06 月 22 日起至 2019 年 06 月 23 日止 共 2 天 附单据 1 张											
日期 月	日期 日	起讫地	天数	机票费	车船费	市内交通费	住宿费	出差补助	住宿节约补助	其他	小计
06	23	柳州	1				318.00				318.00
		合　计									¥318.00
总计金额（大写）零 拾 零 万 零 仟 叁 佰 壹 拾 捌 元 零 角 零 分　预支＿＿元　补助＿＿元											
负责人　杨蓉		会计		审核　陈强			部门主管　兰英		出差人　张国光		

图3－103　差旅费报销单

广东增值税普通发票　　No. 02346799

发票联

440008265834　　　开票日期：2019年06月25日

购买方	名　　称：羊城市国光电器有限公司 纳税人识别号：914401014408765422 地 址、电 话：羊城市滨海区新华路20号 34556788 开户行及账号：农业银行羊城滨海支行 44001551506666123				密码区	（略）		
货物或应税劳务、服务名称	规格型号	单位	数量	单价	金额	税率	税额	
*住宿服务*住宿费		次	1	300.00	300.00	6%	18.00	
合　　计					¥300.00		¥18.00	
价税合计（大写）	⊗叁佰壹拾捌圆整				（小写）¥ 318.00			
销售方	名　　称：柳州市万豪酒店 纳税人识别号：913205082867201635 地 址、电 话：柳州市鱼峰区德润路 20号 69282532 开户行及账号：工商银行柳州柳北支行 44001863999				备注	柳州市万豪酒店 913205082867201635 发票专用章		

收款人：黎　明　　复核：程　静　　开票人：阳　江　　销售方（章）

第二联：发票联　购货方记账凭证

图3－104　增值税普通发票（发票联）

【活动指导】

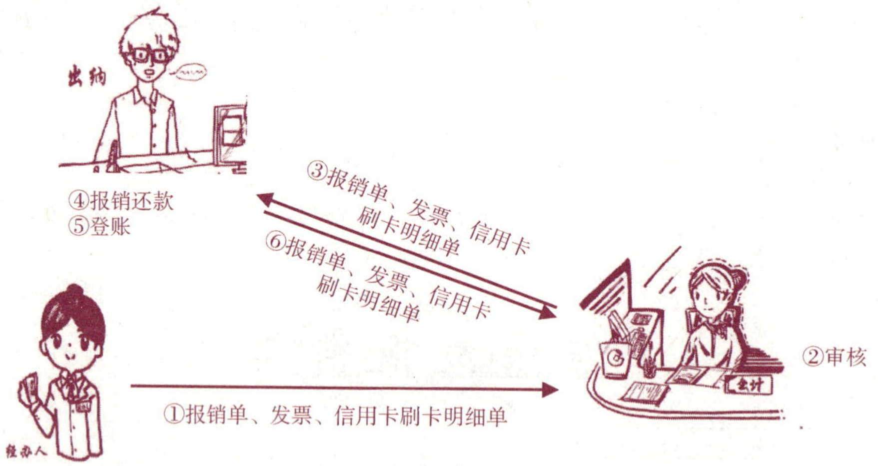

图 3－105　信用卡还款出纳工作流程

1. 出纳根据已审核无误的报销单、发票、信用卡刷卡明细单，通过网上银行转账的方式，办理信用卡还款，并在报销单上注明转账还款。

2. 出纳根据报销单、发票信息，出纳通门户中登记日记账。

（1）在出纳通登录界面中，在“账套名称”框中选择“羊城市国光电器有限公司”；在登录用户中选择“张峰”；密码为空。单击“确定”，启动出纳通软件。在“出纳通”门户窗口中，单击“财务处理”—“银行日记账”菜单，进入“选择”界面。

（2）在“选择”界面中，在“账户”下拉列表框中选择“银行户”；系统自动显示“币种”为“人民币”；在“期间”下拉列表框中选择“第 6 期”；在“币别选项”区域中，默认显示为“显示原币”。

（3）单击“确定”按钮，进入“出纳通－［银行日记账］”列表。

（4）在“出纳通－［银行日记账］”列表，单击“添加”按钮，打开“增加日记账”界面。

（5）在“增加日记账”界面中，在“日期”框中选择“2019 年 06 月 25 日”；在“结算方式”下拉列表框中选择“信用卡”；在“结算号”框中录入“银付 8”；在“贷方金额（付款）”框中录入“318”；在“摘要”下拉列表框中选择“添加”，在弹出的“摘要信息”界面中录入“支付住宿费”；在“部门”选择“行政管理部”；在“报销/付款人”选择“张国光”。

（6）单击“确定”按钮，返回“出纳通－［银行日记账］”列表，如图 3－106 所示。

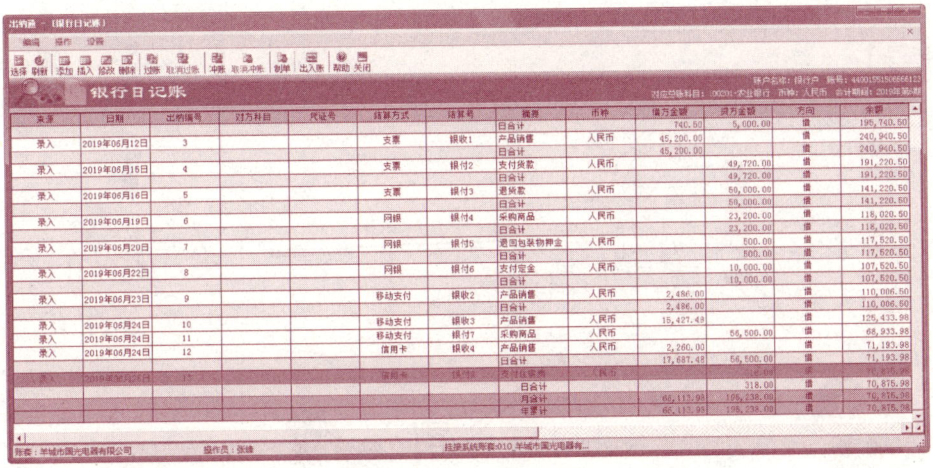

图 3－106 “出纳通－［银行日记账］”列表

3. 出纳将报销单、发票、信用卡刷卡明细单交会计进行账务处理。

［导入与导出］ 实训开始，恢复［010］账套——“T3 账套－模块三”，登录出纳通系统管理界面。点击“账套管理”进入账套列表界面，点击“导入”选择“出纳通账套－模块三任务 2 活动 4－办理信用卡结算业务－1”进行账套恢复；实训结束，账套管理列表界面，选择实训账套，点击“导出”文件命名为“出纳通账套－模块三任务 2 活动 4－办理信用卡结算业务－2”。

活动 5　办理汇兑结算业务

【活动描述】

2019 年 6 月 25 日，行政管理部门李艳到上海参加全国商业联盟会会议，需要全国商业联盟会会议费 1 000 元，出纳张峰为其办理汇款业务，电汇手续费为 0.1%（见图 3－107）。

羊城市国光电器有限公司借支单

2019 年 6 月 25 日

借款人姓名	李艳	部门	行政部	借款金额 零万壹仟零佰零拾零元零角零分	
借款事由	到上海参加全国商业联盟会会议			主管审批意见	同意借支。 张国光 2019 年 6 月 25 日
还款计划	出差回来后三个工作日办理结清				批准金额： ￥1 000.00

会计：白云　　出纳：张峰　　签收：李艳

图 3－107　借支单

【活动指导】

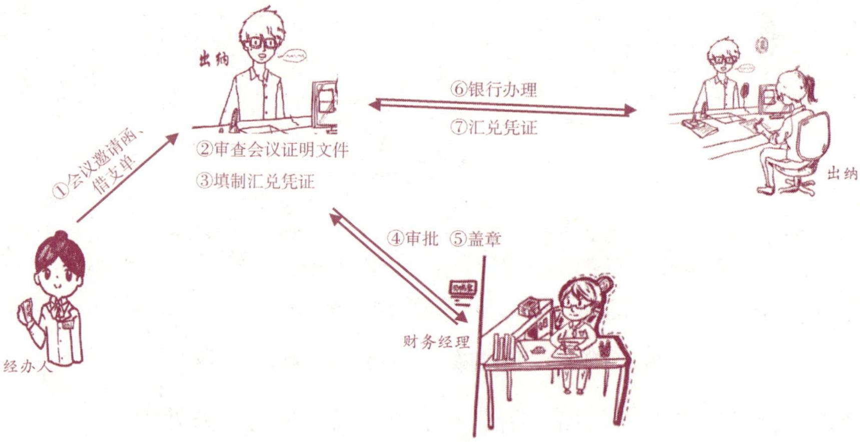

图 3－108　汇款业务出纳工作流程

1. 会计审核借支单、会议邀请函（附件略，收款人为上海同盟企业管理有限公司，收款账号为62030154333096636）、领导批准的审批意见，手续是否齐全，审核无误签名交出纳支付。

2. 出纳复核借支单，根据会议的汇款要求，填制汇兑凭证。

3. 出纳向开户银行即汇出行提交汇兑凭证，办理汇款（见图 3－109、图 3－110）。

中国农业银行　电汇凭证（回单）　　1

☑普通　□加急　　委托日期　2019 年 06 月 25 日

付款人	全称	羊城市国光电器有限公司	收款人	全称	上海同盟企业管理有限公司
	账号	44001551506666123		账号	62030154333096636
	汇出地点	广东 省 羊城 市/县		汇入地点	省 上海 市/县
汇出行名称		中国农业银行羊城滨海支行	汇入行名称		中国建设银行杨浦区支行

金额	人民币（大写）	亿	千	百	十	万	千	百	十	元	角	分
	壹仟元整					¥	1	0	0	0	0	0

中国农业银行股份有限公司 羊城滨海支行 2019.06.25 办讫　汇出银行盖章	支付密码 附加信息及用途 复核　　记账

此联汇出行给汇款人的回单客户回单

图 3－109　电汇凭证（回单）

中国农业银行收费凭证

2019 年 06 月 25 日

户名	羊城市国光电器有限公司	**开户银行**	中国农业银行羊城滨海支行
账号	4400155150666123	**收费种类**	手续费

<table>
<tr><td rowspan="7">1. 客户购买凭证时在“收费种类”栏填写“工本费”，在“凭证种类”栏填所购置凭证名称。
2. 客户在办理结算业务时，在“收费种类”栏分别填写手续费或邮电费，在“结算种类”栏填写办理的结算方式。</td><td rowspan="2">凭证（结算）种类</td><td rowspan="2">单价</td><td rowspan="2">数量</td><td colspan="7">金额</td></tr>
<tr><td>万</td><td>千</td><td>百</td><td>十</td><td>元</td><td>角</td><td>分</td></tr>
<tr><td>电汇</td><td></td><td></td><td></td><td></td><td></td><td></td><td>1</td><td>0</td><td>0</td></tr>
<tr><td></td><td></td><td></td><td></td><td></td><td></td><td></td><td></td><td></td><td></td></tr>
<tr><td></td><td></td><td></td><td></td><td></td><td></td><td></td><td></td><td></td><td></td></tr>
<tr><td></td><td></td><td></td><td></td><td></td><td></td><td></td><td></td><td></td><td></td></tr>
<tr><td colspan="3">合计人民币（大写） 壹元整</td><td></td><td></td><td></td><td>¥</td><td>1</td><td>0</td><td>0</td></tr>
</table>

（印章：中国农业银行股份有限公司 羊城滨海支行 2019.06.25 办讫）

图 3－110 收费凭证

4. 出纳根据汇出行退回的汇兑凭证回单、收费凭证，在出纳通门户中登记日记账。

（1）在出纳通登录界面中，在“账套名称”框中选择“羊城市国光电器有限公司”；在登录用户中选择“张峰”；密码为空。单击“确定”，启动出纳通软件。在“出纳通”门户窗口中，单击“财务处理”—“银行日记账”菜单，进入“选择”界面。

（2）在“选择”界面中，在“账户”下拉列表框中选择“银行户”；系统自动显示“币种”为“人民币”；在“期间”下拉列表框中选择“第 6 期”；在“币别选项”区域中，默认显示为“显示原币”。

（3）单击“确定”按钮，进入“出纳通－［银行日记账］”列表。

（4）在“出纳通－［银行日记账］”列表，单击“添加”按钮，打开“增加日记账”界面，如图 3－111 所示。

（5）在“增加日记账”界面中，在“日期”框中选择“2019 年 06 月 25 日”；在“结算方式”下拉列表框中选择“汇兑”；在“结算号”框中录入“银付 9”；在“贷方金额（付款）”框中录入“1000”；在“摘要”下拉列表框中选择“添加”，在弹出的“摘要信息”界面中录入“会议费”；在“部门”选择“行政管理部”；在“报销/付款人”选择“李艳”。

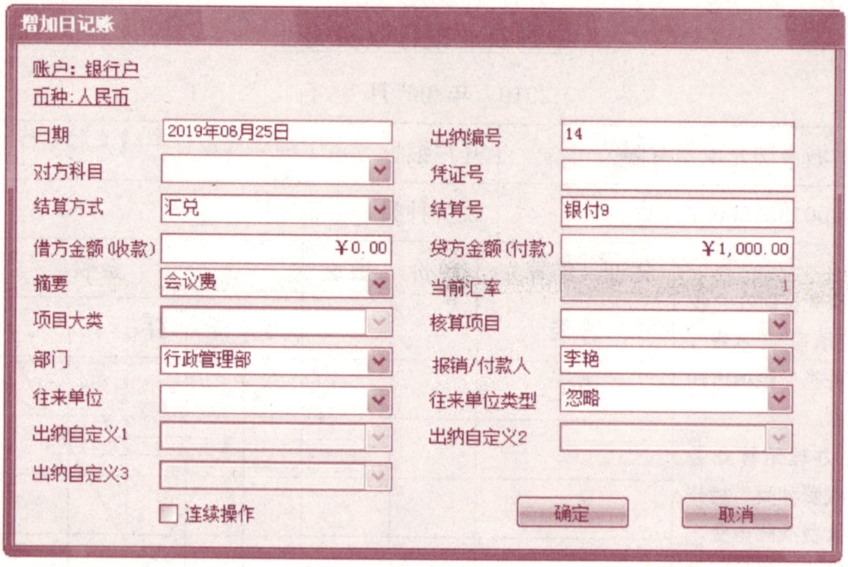

图 3-111 “增加日记账”界面

（6）单击“确定”按钮，返回“出纳通－［银行日记账］”列表。

（7）继续添加银行日记账，在“增加日记账”界面中，在“日期”框中选择“2019 年 06 月 25 日”；在“结算方式”下拉列表框中选择“其他”；在“结算号”框中录入“银付 10”；在“贷方金额（付款）”框中录入“1”；在“摘要”下拉列表框中选择“添加”，在弹出的“摘要信息”界面中录入“支付手续费”，如图 3-112 所示。

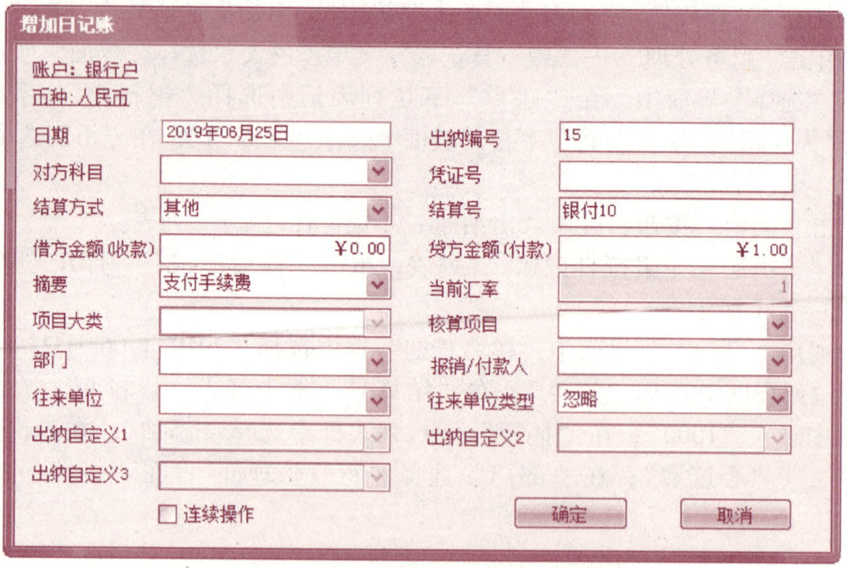

图 3-112 “增加日记账”界面

（8）单击“确定”按钮，返回“出纳通－［银行日记账］”列表，如图 3-113 所示。

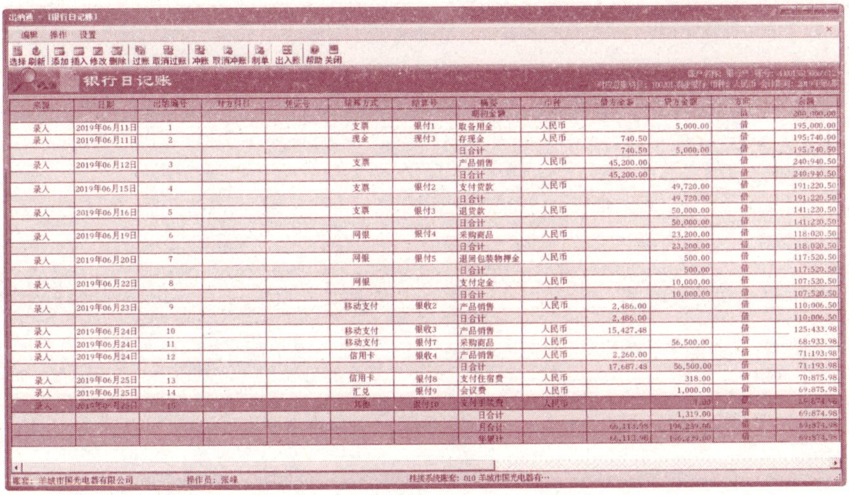

图 3 - 113 “出纳通 - ［银行日记账］”列表

5. 出纳将汇出行退回的汇兑凭证回单、收费凭证交会计进行账务处理。

［导入与导出］ 实训开始，恢复［010］账套——“T3 账套 - 模块三”，登录出纳通系统管理界面。点击“账套管理”进入账套列表界面，点击“导入”选择“出纳通账套 - 模块三任务 2 活动 4 - 办理信用卡结算业务 - 2”进行账套恢复；实训结束，账套管理列表界面，选择实训账套，点击“导出”文件命名为“出纳通账套 - 模块三任务 2 活动 5 - 办理汇兑结算业务”。

活动 6 办理其他银行结算业务

活动 6.1 申请银行汇票业务

【活动描述】

2019 年 6 月 26 日，采购员徐楠向尔海公司采购洗衣机一批，出纳员张峰申请开出银行汇票 60 000 元，准备支付货款。

【活动指导】

图 3－114　申请银行汇票业务流程

1. 出纳根据已审批的请款单，向开户银行提出申请银行汇票，填写银行汇票申请书（见图 3－115）。

银行汇票申请书

币别：人民币　　2019年06月26日　　流水账号：78618963

业务类型	☑银行汇票　□银行本票	付款方式	☑转账　□现金
申请人	羊城市国光电器有限公司	收款人	尔海公司
账号	44001551506666123	账号	44115522339988445
用途	采购款	代理付款行	中国农业银行
金额	（大写）陆万元整	亿千百十万千百十元角分	¥6000000
银行签章	中国农业银行股份有限公司 羊城滨海支行 2019.06.26 业务办理章		

第三联　客户回单

图 3－115　银行汇票申请书

2. 出纳收到银行签发的银行汇票，首先审核银行汇票的信息内容，审核无误后在银行汇票的卡片联盖上申请人的预留印章。

3. 签发后，出纳将银行汇票第二联、第三联交给经办人用于支付结算（见图 3－116、图 3－117）。

4. 出纳根据银行汇票申请书回单联、银行汇票第二联复印件，在出纳通门户中登记日记账。

付款期限 壹个月

银行汇票 2　　汇票号码 2098

出票日期（大写） 贰零壹玖年陆月贰拾陆日	代理付款行：中国农业银行
收款人：尔海公司	账号：44115522339988445
出票金额 陆万元整	
实际结算金额 人民币（大写）	千 百 十 万 千 百 十 元 角 分
申请人：羊城市国光电器有限公司	账号或地址：44001551506666123
出票行：中国农业银行羊城滨海支行	密押
备注：	多余金额 千 百 十 万 千 百 十 元 角 分
凭票付款	复核 记账

中国农业银行股份有限公司 羊城滨海支行 2019.06.26 办讫

此联代理付款行付款后作联行往来借方凭证附件

图 3－116　银行汇票第二联（银行汇票）

付款期限 壹个月

银行汇票（解讫通知） 3　　汇票号码 2098

出票日期（大写） 贰零壹玖年陆月贰拾陆日	代理付款行：中国农业银行
收款人：尔海公司	账号：44115522339988445
出票金额 陆万元整	
实际结算金额 人民币（大写）	千 百 十 万 千 百 十 元 角 分
申请人：羊城市国光电器有限公司	账号或地址：44001551506666123
出票行：中国农业银行羊城滨海支行	密押
备注：	多余金额 千 百 十 万 千 百 十 元 角 分
凭票付款	复核 记账

中国农业银行股份有限公司 羊城滨海支行 2019.06.26 办讫

此联代理付款行付款后作联行往来借方凭证附件

图 3－117　银行汇票第三联（解讫通知）

（1）在出纳通登录界面中，在“账套名称”框中选择“羊城市国光电器有限公司”；在登录用户中选择“张峰”；密码为空。单击“确定”，启动出纳通软件。在“出纳通”门户窗口中，单击“财务处理”—“银行日记账”菜单，进入“选择”界面。

（2）在“选择”界面中，在“账户”下拉列表框中选择“银行户”；系统自动显示“币种”为“人民币”；在“期间”下拉列表框中选择“第6期”；在“币别选项”区域中，默认显示为“显示原币”。

（3）单击“确定”按钮，进入“出纳通－［银行日记账］”列表。

（4）在“出纳通－［银行日记账］”列表，单击“添加”按钮，打开“增加日记账”界面，如图3－118所示。

（5）在“增加日记账”界面中，在“日期”框中选择“2019年06月26日”；在“结算方式”下拉列表框中选择“银行汇票”；在“结算号”框中录入“银付11”；在“贷方金额（付款）”框中录入“60 000”；在“摘要”下拉列表框中选择“添加”，在弹出的“摘要信息”界面中录入“开出银行汇票”。

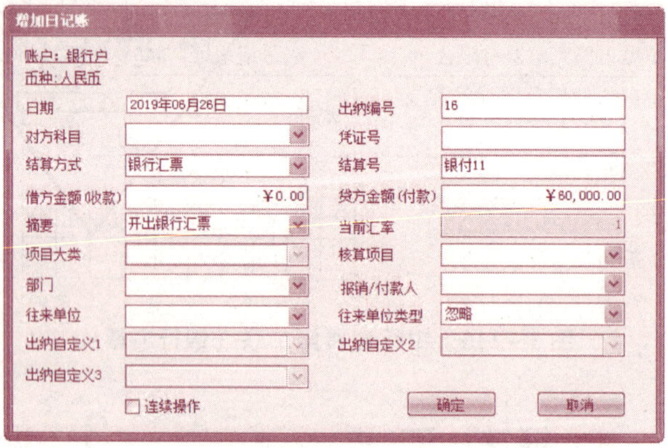

图3－118 “增加日记账”界面

（6）单击“确定”按钮，返回“出纳通－［银行日记账］”列表，如图3－119所示。

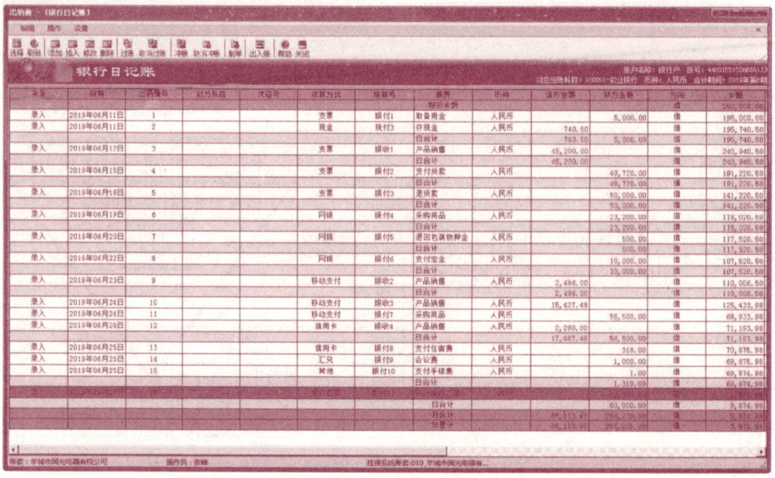

图3－119 “出纳通－［银行日记账］”列表

5. 出纳将银行汇票申请书回单联、银行汇票第二联复印件交会计进行账务处理。

[导入与导出] 实训开始，恢复［010］账套——“T3 账套 - 模块三”，登录出纳通系统管理界面。点击“账套管理”进入账套列表界面，点击“导入”选择“出纳通账套 - 模块三任务 2 活动 5 - 办理汇兑结算业务”进行账套恢复；实训结束，账套管理列表界面，选择实训账套，点击“导出”文件命名为“出纳通账套 - 模块三任务 2 活动 6.1 - 申请银行汇票业务”。

活动 6.2　办理银行汇票付款业务

【活动描述】

2019 年 6 月 26 日，采购员徐楠向尔海公司采购洗衣机一批，价税款合计为 56 500 元（见图 3 - 120），出纳员张峰以银行汇票支付货款。2019 年 6 月 29 日，出纳员收到银行退回银行汇票多余款的收账通知。

广东增值税普通发票　　No. 02346810

440008265839　　发 票 联　　开票日期：2019 年 06 月 26 日

购买方	名　　称：羊城市国光电器有限公司 纳税人识别号：914401014408765422 地 址、电 话：羊城市滨海区新华路20号 34556788 开户行及账号：农业银行羊城滨海支行 44001551506666123				密码区	（略）		
货物或应税劳务、服务名称	规格型号	单位	数量	单 价	金　额	税率	税　额	
洗衣机		台	10	5 000.00	50 000.00	13%	6 500.00	
合计					¥50 000.00		¥6 500.00	
价税合计（大写）	⊗伍万陆仟伍佰圆整				（小写）¥ 56 500.00			
销售方	名　　称：尔海公司 纳税人识别号：896745082867801555 地 址、电 话：惠州市惠城区江北文明路20号 78272552 开户行及账号：工商银行越秀支行44115522339988445				备注	尔海有限公司 896745082867801555 发票专用章		

第二联：发票联 购货方记账凭证

收款人：黎 明　　复核：程 静　　开票人：阳 江　　销售方（章）

图 3 - 120　增值税普通发票（发票联）

【活动指导】

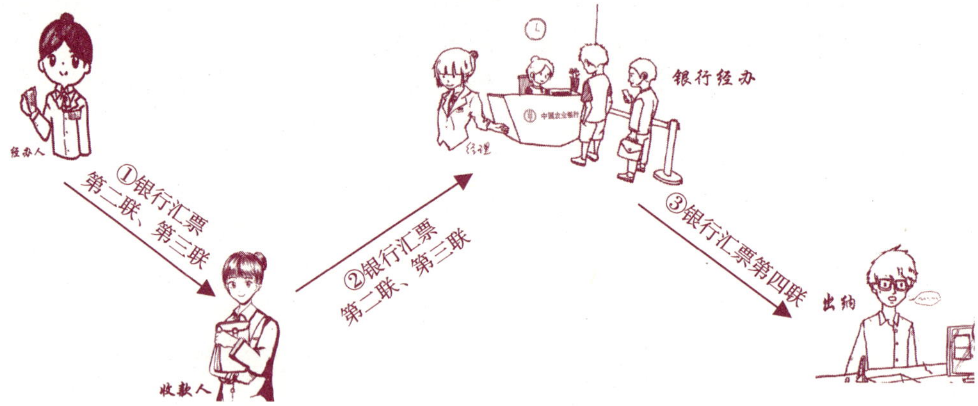

图 3－121　银行汇票结算业务的出纳工作流程

1. 结算时，经办人员在银行汇票的实际结算金额处填上实际支付金额，完成后将银行汇票的第二联、第三联交给收款人办理结算。

2. 代理付款行收到持票人交来的银行汇票第二联和第三联以及进账单并审核无误后，按实际结算金额将款项划转给持票人的账户，签发行结清银行汇票金额，发出多余款收账通知。

付款期限 壹个月

银行汇票（多余款收账通知） 4　　汇票号码　2098

出票日期（大写）　贰零壹玖年陆月贰拾陆日　　代理付款行：中国农业银行

收款人：尔海公司　　账号：4411552233998445

出票金额　陆万元整

实际结算金额人民币（大写）	千	百	十	万	千	百	十	元	角	分
伍万陆仟伍佰元整			¥	5	6	5	0	0	0	0

申　请　人：羊城市国光电器有限公司　　账号或地址：440015515066666123

出　票　行：中国农业银行羊城滨海支行　　密押

备　　注：

凭票付款

多余金额

千	百	十	万	千	百	十	元	角	分
			¥	3	5	0	0	0	0

复核　　记账

中国农业银行股份有限公司羊城滨海支行 2019.06.29 办讫

此联出票行作多余款后交申请人

图 3－122　银行汇票第四联（多余款收账通知）

3. 出纳根据银行汇票第四联（多余款收账通知），在出纳通门户中登记日记账（见图 3－122）。

（1）在出纳通登录界面中，在“账套名称”框中选择“羊城市国光电器有限公司”；

在登录用户中选择“张峰”；密码为空。单击“确定”，启动出纳通软件。在“出纳通”门户窗口中，单击“财务处理”—“银行日记账”菜单，进入“选择”界面。

（2）在“选择”界面中，在“账户”下拉列表框中选择“银行户”；系统自动显示“币种”为“人民币”；在“期间”下拉列表框中选择“第6期”；在“币别选项”区域中，默认显示为“显示原币”。

（3）单击“确定”按钮，进入“出纳通－［银行日记账］”列表。

（4）在“出纳通－［银行日记账］”列表，单击“添加”按钮，打开“增加日记账”界面，如图3－123所示。

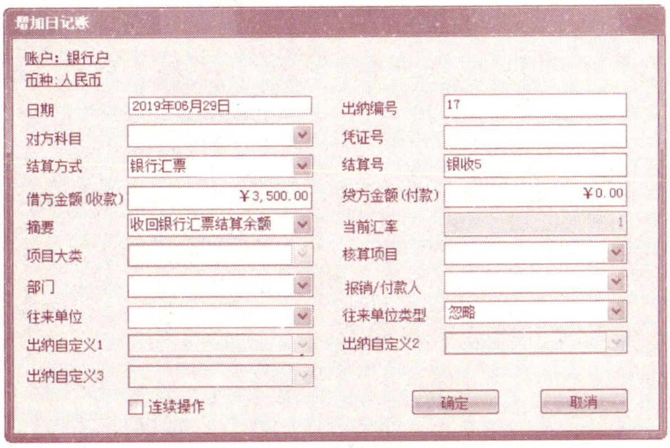

图3－123 “增加日记账”界面

（5）在“增加日记账”界面中，在“日期”框中选择“2019年06月29日”；在“结算方式”下拉列表框中选择“银行汇票”；在“结算号”框中录入“银收5”；在“借方金额（收款）”框中录入“3 500”；在“摘要”下拉列表框中选择“添加”，在弹出的“摘要信息”界面中录入“收回银行汇票结算余额”。

（6）单击“确定”按钮，返回“出纳通－［银行日记账］”列表，如图3－124所示。

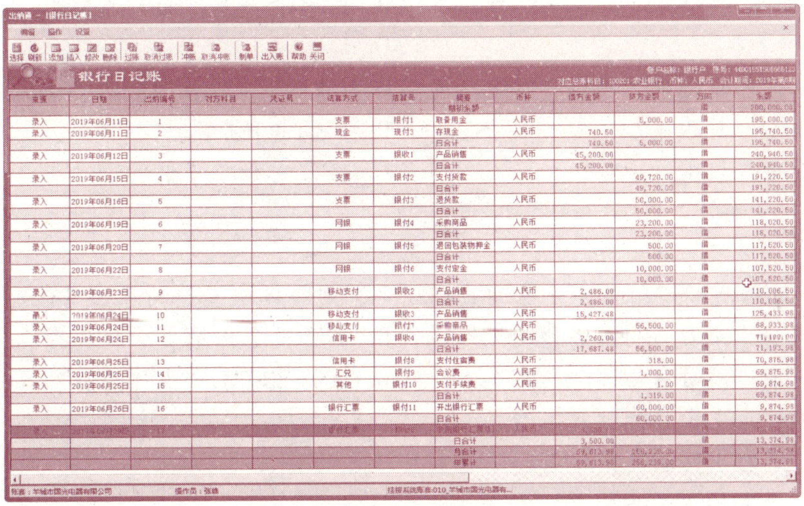

图3－124 “出纳通－［银行日记账］”列表

4. 将银行汇票第四联（多余款收账通知）交会计进行账务处理。

[导入与导出] 实训开始，恢复［010］账套——“T3账套－模块三”，登录出纳通系统管理界面。点击“账套管理”进入账套列表界面，点击“导入”选择“出纳通账套－模块三任务2活动6.1－申请银行汇票业务”进行账套恢复；实训结束，账套管理列表界面，选择实训账套，点击“导出”文件命名为“出纳通账套－模块三任务2活动6.2－办理银行汇票付款业务”。

考核与实训

一、单选题

1. 单位收入的现金不得作为库存现金留存，应于（　　）送存银行。

A. 5日　　B. 当日

C. 次日　　D. 3日

2. 下列各项中，不可以使用现金结算的有（　　）。

A. 职工工资、津贴　　B. 购买国家专控商品

C. 个人劳务报酬　　D. 向个人收购农副产品和其他物资的价款

3. 下列关于信用卡的表述中，错误的是（　　）。

A. 信用卡持卡人通过ATM等自助机具办理现金提取业务，每卡每日累计不得超过人民币1万元

B. 信用卡透支利率的上限为日利率万分之五，下限为日利率万分之五的0.8倍

C. 信用卡溢缴款是否计息及其利率标准，由发卡机构自主确定

D. 发卡机构向信用卡持卡人提供超过授信额度用卡的，不得收取超限费

4. 下列支付工具中，可以透支的是（　　）。

A. 储值卡　　B. 信用卡

C. 预付卡　　D. 储蓄卡

5. 下列银行卡分类中，以是否具有透支功能划分的是（　　）。

A. 人民币卡和外币卡　　B. 单位卡和个人卡

C. 信用卡和借记卡　　D. 磁条卡和芯片卡

二、多选题

1. 若企业库存现金实有数小于账面数200元，则导致该差错的原因可能有（　　）。

A. 库存现金出纳员多付库存现金　　B. 库存现金出纳员少收库存现金

C. 库存现金出纳员贪污　　D. 误将200元支出作为收入入账

E. 误将100元支出作为收入入账

2. 关于汇兑的下列表述中，符合法律制度规定的有（　　）。

A. 单位和个人均可使用汇兑

B. 汇款人对汇出银行尚未汇出的款项可以申请撤销

C. 汇兑以收账通知为汇出银行受理汇款的依据

D. 汇兑以汇款回单为银行将款项确已收入收款人账户的凭据

3. 下列选项中，属于我国目前使用的人民币非现金支付工具的有（　　）。

A. 本票　　B. 银行卡

C. 汇兑　　D. 委托收款

4. A 公司购买了 B 公司一批货物，双方同意 A 公司预先电汇支付货款，款到后 B 公司发货。根据汇兑的相关规定，下列选项中正确的有（　　）。

A. 汇款人 A 公司对汇出银行尚未汇出的款项可以申请撤销

B. 只有单位各种款项的结算可使用汇兑

C. 汇款回单只能作为汇出银行受理汇款的依据

D. 收账通知是银行将款项确已收入收款人账户的凭据

5. 下列各项中，属于即期票据的有（　　）。

A. 银行汇票　　B. 商业汇票

C. 银行本票　　D. 支票

三、判断题

1. 我国的库存现金指的是人民币。（　　）

2. 企事业单位在需要库存现金开支时，可以从本单位的库存现金中支付，也可以从单位的库存现金收入中直接支付。（　　）

3. 发卡机构向收单机构收取的发卡行服务费，实行政府指导价、上限管理，其中，借记卡费率水平为不超过交易金额的 0.45%，单笔收费金额不超过 13 元。（　　）

4. 申请人缺少解讫通知要求退款的，出票银行应于银行汇票提示付款期满 1 个月后办理。（　　）

5. 银行承兑汇票的出票人于汇票到期日未能足额交存票款时，承兑银行除凭票向持票人无条件付款外，对出票人尚未支付的汇票金额按照每天千分之五计收利息。（　　）

四、综合业务题

实训三　现金业务

［**实训准备**］

引入综合实训备份资料中的“实训 2－电算化账套（初始化）”恢复 008 账套。登录 008 账套，进入“出纳管理系统”在“系统管理”的“账套”下的“账套管理”导入“实训 2－出纳通账套（初始化）”

［**实训要求**］

在出纳管理系统中处理现金的各项收支及盘点的业务。

［**实训资料**］

1. 2019 年 7 月 4 日，销售 5 件安卓手机给必加美有限公司，开出增值税普通发票一张，发票注明价款 800 元，增值税额 104 元，现金收讫。

2. 2019 年 7 月 5 日，上月仓储部材料亏损已经查明，是因陈杰出管理不善造成，向公司赔偿 615 元现金。

3. 2019年7月7日，上月销售部左向文借支2 000元去上海开销售会议，本月6日回来报销并交回剩余现金320元。

4. 2019年7月8日，公司购买办公用品800元，用现金付讫。

5. 2019年7月9日，签发支票（20190701）一张，从银行提取现金1 961元补足现金限额。

实训四　银行业务（一）

[**实训准备**]

引入综合实训备份资料中的“实训2－电算化账套（初始化）”，恢复008账套。登录008账套，进入“出纳管理系统”在“系统管理”的“账套”下的“账套管理”导入“实训3－出纳通账套（现金业务）”。

[**实训要求**]

在出纳管理系统中处理银行的各项业务。

[**实训资料**]

1. 2019年7月11日，向西江市西海有限公司采购100件cos手机，单价120元，开出增值税发票一张，发票注明：货款12 000元，税额1 560元，出纳江大远持支票（20190702），去银行办理转账业务。

2. 2019年7月12日，向西江市顺景有限公司销售50件安卓手机，开出一张增值税专用发票。发票注明：价款10 000元，税额1 300元。收到西江市顺景有限公司开出的一张支票（13688171），出纳江大远持票去银行办理转账业务。

3. 2019年7月13日，收到必加美有限公司交来的一张5 000元支票（12325667），用来支付其采购产品的定金。

4. 2019年7月17日，向天之美股份有限公司购入22台ios手机，对方开出增值税专用发票：价款6 600元，税额858元，价税合计7 458元，出纳江大远用网银方式结算货款。

5. 2019年7月18日，向必加美有限公司销售40件安卓手机，开出增值税专用发票，发票注明：货款8 400元，税额1 092元，价税合计9 492元，收到对方网银汇款。

6. 2019年7月18日，将上月收西江市顺景有限公司的押金1 000元退还给客户，出纳通过网银办理退款手续。

7. 2019年7月19日，客户慧慧在门市部购买一件安卓手机，两件ios手机，一件cos手机，开出增值税普通发票，发票注明：货款800元，税额104元，价税合计904元。客户以支付宝扫码的方式支付货款（支付宝收取货款0.2%的手续费）。

实训五　银行业务（二）

[**实训准备**]

引入综合实训备份资料中的“实训2－电算化账套（初始化）”，恢复008账套。登录008账套，进入“出纳管理系统”在“系统管理”的“账套”下的“账套管理”导入“实训4－出纳通账套（银行业务一）”。

[**实训要求**]

在出纳管理系统中处理银行的各项业务。

[**实训资料**]

1. 2019年7月22日，行政部门刘潜力出差，用公务卡支付住宿费和火车费共6 000元，其中住宿费 4 028 元，火车费 1 972 元，回来向会计上交住宿费专用发票和火车票，附件审批完毕出纳江大远为他办理还信用卡款业务。

2. 2019 年 7 月 22 日，行政部门刘潜力在京东平台上面购买日常办公用纸，收到增值税普通发票，发票注明：价款 1 000 元，税额 130 元，用信用卡支付。当日出纳员江大远为他办理还信用卡款业务。

3. 2019 年 7 月 25 日，行政部门刘潜力到北京参加全国商业联盟会会议，需支付会议费 2 500 元，出纳员江大远为其办理汇款业务。

4. 2019 年 7 月 31 日，出纳申请了一张 50 000 元的银行汇票给采购主管成武华去西江市西海有限公司作为采购商品款。

模块四
处理出纳期末业务

7月初，张峰收到开户银行（中国农业银行）发出要求对上月账目进行核对的手机信息：尊敬的客户，贵单位2019年06月电子余额对账单已生成，请查收并及时回复我行。

图4-1 期末业务活动情景图

出纳人员保证日记账真实性、准确性的主要方法，就是定期对账和结账，发现并改正错误的账簿记录，做到账实相符、账证相符、账账相符。

任务1 处理银行对账工作

【学习目标】

- ☐ 了解银行对账的意义和知道对账的业务流程
- ☐ 能在出纳通系统中导入银行对账单

- □ 能通过出纳通系统查找未达账项，了解未达账项及其产生的原因及种类
- □ 掌握在出纳通系统银行对账的方法
- □ 能在出纳通系统查询银行存款余额调节表
- □ 养成及时处理会计信息的职业习惯

【知识储备库】

一、银行对账的意义

银行对账又称银行存款清查，是指将企业银行存款日记账的账面余额与开户银行提供的银行对账单逐日逐笔进行核对，以查明账实是否相符。通过双方记录的核对，检查双方记录有无错误，有无未达账，并在此基础上确定银行存款的实有额。造成银行存款日记账与银行对账单不一致的原因主要有两个方面：一是双方或一方记账有错，二是存在未达账项。

二、未达账项

未达账项是指对于同一经济交易或事项，由于结算凭证在企业和银行间传递时间上的先后，一方已经入账，而另一方尚未接到有关凭证而未入账的款项。

未达账项主要包括以下四种情况：

（1）银行已收，企业未收。例如，银行已收到企业的应收款项，而企业尚未收到收账通知。

（2）银行已付，企业未付。例如，银行已经代企业支付应付款项，而企业尚未收到付款通知；再例如，银行已做了借款利息扣款记录，而企业尚未收到扣款记录。

（3）企业已收，银行未收。例如，企业收到支票已登记入账，但尚未送达银行进账或者银行尚未收妥款项。

（4）企业已付，银行未付。例如，企业开出支票已做支出记录，而对方尚未到银行进账或者银行尚支付款项。

通过核对账目，如果发现未达账项，应通过编制“银行存款余额调节表”进行余额调整，落实银行存款实有数额。

小提示

企业编制银行存款余额调节表，主要用来查对双方记账有否错误，而不能作为记账的依据，这是为避免今后凭证到达后重复记账，即未达账项应该在收到有关凭证后再进行正常的账务处理。

活动1 导入银行对账单

【活动描述】

2019年7月1日，出纳员张峰采用网银方式网上下载6月份银行对账单，如图4-2所示。

账号 4400155150666 6123

查询起止日期 2019-06-01至2019-06-31 账户名 羊城市国光电器有限公司

存入汇总 116 113.98 支出汇总 201 339.00

电子回单号	交易时间	支出	存入	账户余额	对方账号	对方户名	对方行名称	摘要	用途/其他摘要
20190805902574000048635	20190611	5,000.00		195,000.00				取备用金	取备用金
20190806910048347391636	20190611		740.50	195,740.50				存现金	存现金
20190810990757777645637	20190612		45,200.00	240,940.50	44001551405555567	万里公司	羊城海珠支行	产品销售	产品销售
20190810990758552040638	20190615	49,720.00		191,220.50	44115522339988445	尔海公司	中国工商银行股份有限公司羊城越秀支行	采购商品	采购商品
20190812910041345414639	20190616	50,000.00		141,220.50	22087082208708332	艾美商场	羊城西华支行	退货	退货
20190812990990325762640	20190619	23,200.00		118,020.50	44050158440501583	力格公司	中国建设银行股份有限公司广州天润支行	采购商品	采购商品
20190812990792738696641	20190620	500.00		117,520.50	44001551405555567	万里公司	羊城海珠支行	退回包装物押金	退回包装物押金
20190812990970210005642	20190622	10,000.00		107,520.50	44050158440501583	力格公司	中国建设银行股份有限公司广州天润支行	支付定金	支付定金
20190812990970210005643	20190623		2,486.00	110,006.50	44015678621353512	美宜多商店	清河东支行	产品销售	产品销售
20190812990989406167644	20190624		15,427.48	125,433.98	18822110008	张明明		产品销售	产品销售
20190812990989406167645	20190624	56,500.00		68,933.98	44050158440501583	力格公司	中国建设银行股份有限公司广州天润支行	采购商品	采购商品
20190828901167000013646	20190624		2,260.00	71,193.98	6259858845312017	张国清	中国建设银行有限股份公司广州新华支行	产品销售	产品销售
20190828901167000013647	20190625	318.00		70,875.98	6228490468002622	张国光	羊城滨海支行	支付住宿费	支付住宿费
20190828901167000013648	20190625	1,000.00		69,875.98	62030154333096636	上海同盟企业管理有限公司	中国建设银行股份有限公司杨浦区支行	会议费	会议费
20190828901167000013649	20190625	1.00		69,874.98				支付手续费	支付手续费
20190828901167000013650	20190629	5,100.00		64,774.98	66785814547312312	羊城市电力有限公司	广州银行电子结算中心代收付中心	电费	电费
20190828901167000013651	20190630		50,000.00	114,774.98	22087082208708332	艾美商场	羊城西华支行	产品销售	产品销售

图4-2 网上下载Excel电子表格银行对账单

【活动指导】

1. 出纳员采用网银方式网上下载6月份银行对账单。
2. 根据银行对账单，在出纳通门户中导入银行对账单。

（1）以出纳员张峰的身份登录出纳通。在“出纳通”门户窗口中，单击“财务处理”—“银行对账单”菜单，进入“选择”界面，如图4-3所示。

（2）在“选择”界面中，在“日期范围”区域中单击“介于”单选按钮；输入相应对账日期；在“对账状态”区域中单击“全部”单选按钮；在“金额显示”区域中单击“全部”单选按钮。

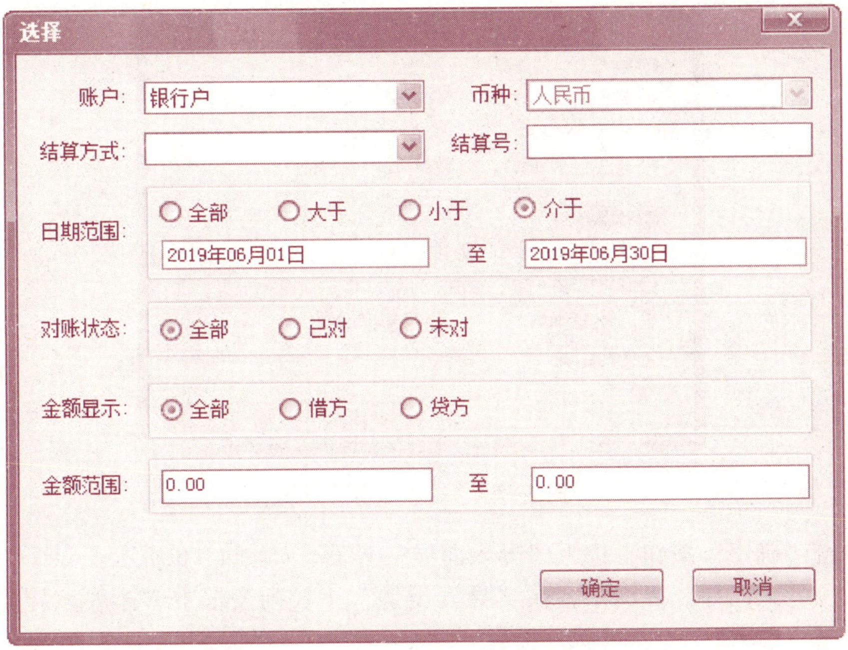

图 4－3 “选择”界面

（3）单击“确定”按钮，进入“出纳通－［银行对账单］”窗口，如图 4－4 所示。

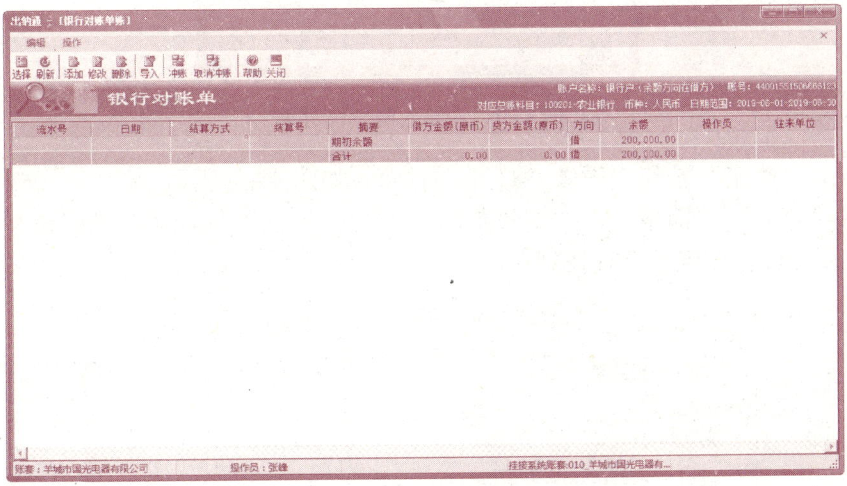

图 4－4 “出纳通－［银行对账单］”窗口

（4）在“出纳通－［银行对账单］”窗口中，单击“导入”按钮，进入“导入选项”界面，如图 4－5 所示。

（5）在“导入选项”界面中，在“日期类型”区域中单击“格式”单选按钮；在“借贷金额格式”区域中单击“借、贷金额分别在两列”单选按钮。

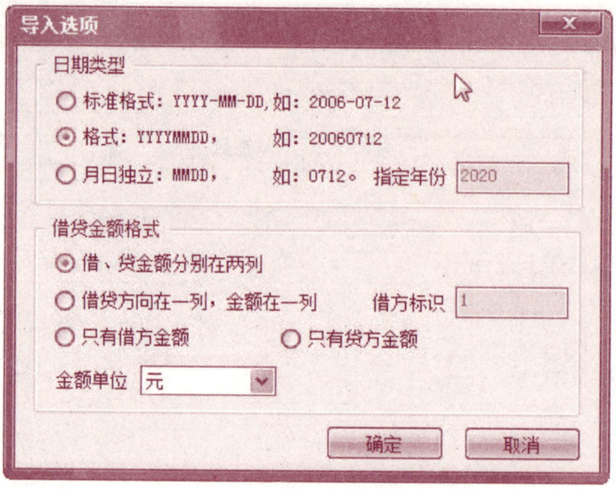

图4－5 “导入选项”界面

（6）单击“确定”按钮，进入“导入向导”界面，如图4－6所示。

（7）在“导入向导”界面中，在“导入类型”下拉列表框中选择“<导入 Excel 文件…>”。

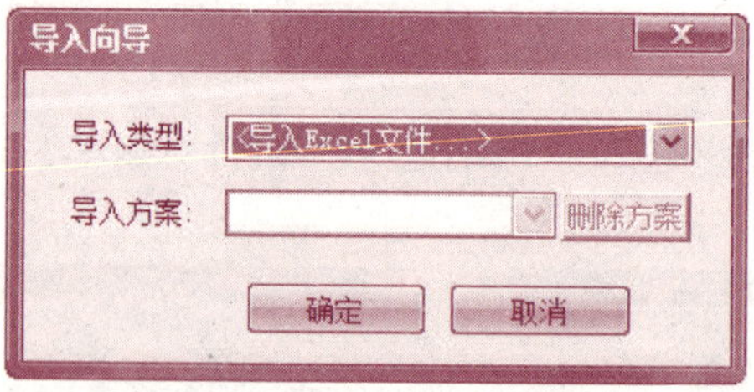

图4－6 “导入向导”界面

（8）单击“确定”按钮，进入“打开”界面，如图4－7所示。

（9）在“打开”界面中，在“查找范围”下拉列表框中选择对应的对账单电子文件存放的位置；在文件存放区域内查找到对应文件。

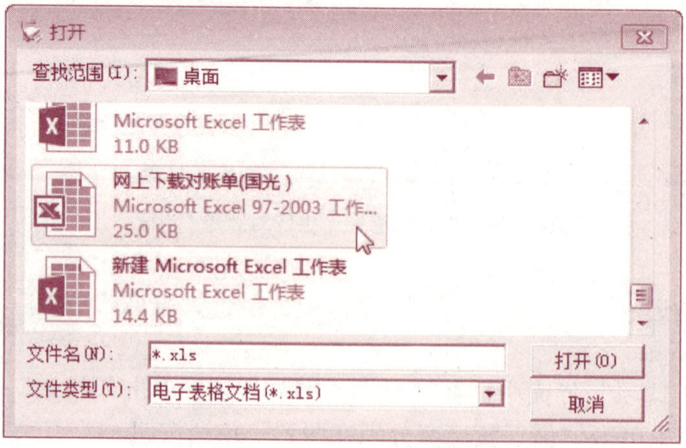

图4－7 “打开”界面

（10）单击“打开”按钮，进入“导入向导－导入表格”界面，在“删除前”输入“4”行；单击“√”按钮，如图4－8所示。

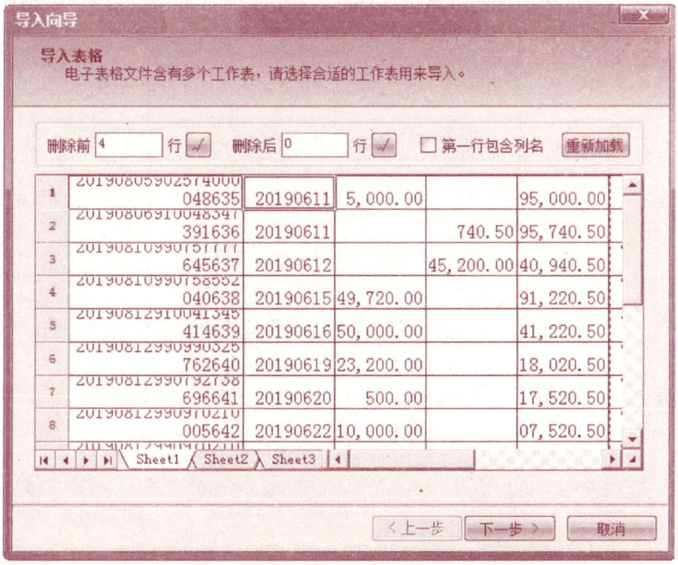

图4－8 “导入向导－导入表格”界面

（11）单击“下一步”按钮，进入“导入向导－指定对应关系”界面，如图4－9所示。

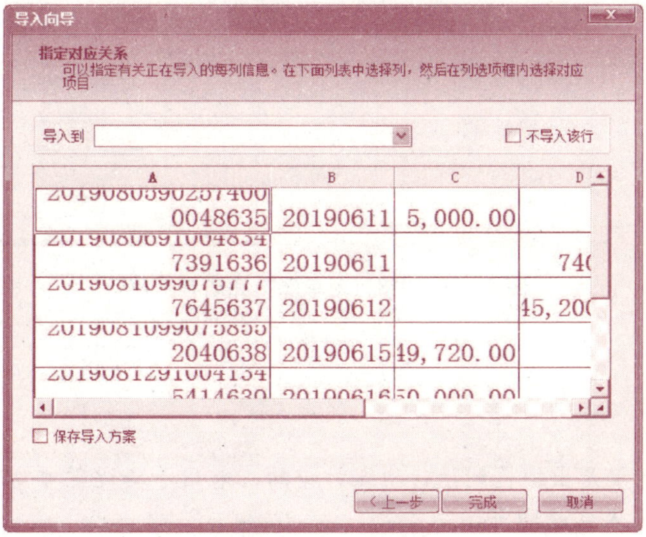

图4－9 “导入向导－指定对应关系”界面

（12）在“导入向导－指定对应关系”界面中，单击电子表“电子回单号”列单元格，在“导入到”下拉列表框中选择“结算号”；单击电子表“交易时间行”列单元格，在“导入到”下拉列表框中选择“日期——年月日：YYYYMMDD”；单击电子表“支出”列单元格，在“导入到”下拉列表框中选择“贷方（单位：元）”；单击电子表“存入”列单元格，在“导入到”下拉列表框中选择“借方（单位：元）”；单击电子表“对方户名”列单元格，在“导入到”下拉列表框中选择“往来单位”；单击电子表“摘要”列单元格，在“导入到”下拉列表框中选择“摘要”。

（13）单击“完成”按钮，进入导入完成“提示”界面，如图4－10所示。

图4－10 “提示”界面

（14）单击“确定”按钮，进入“出纳通－［银行对账单］”完成导入窗口，如图4－11所示。

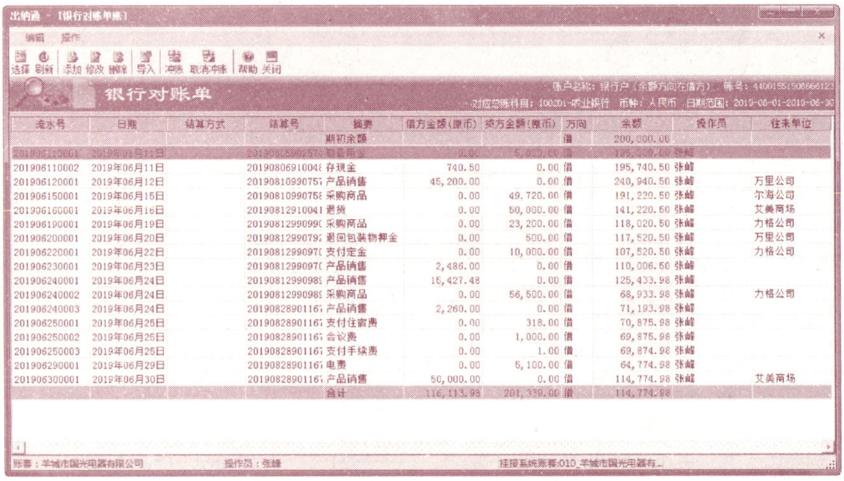

流水号	日期	结算方式	结算号	摘要	借方金额（原币）	贷方金额（原币）	方向	余额	操作员	往来单位
				期初余额			借	200,000.00		
201906110001	2019年06月11日		[illegible]	[illegible]	[illegible]	[illegible]	借	[illegible]	张峰	
201906110002	2019年06月11日		2019080691004€	存现金	740.50	0.00	借	195,740.50	张峰	
201906120001	2019年06月12日		2019081093075…	产品销售	45,200.00	0.00	借	240,940.50	张峰	万里公司
201906150001	2019年06月15日		2019081099075…	采购商品	0.00	49,720.00	借	191,220.50	张峰	尔海公司
201906160001	2019年06月16日		2019081291004…	退货	0.00	50,000.00	借	141,220.50	张峰	艾美商场
201906190001	2019年06月19日		2019081299099…	采购商品	0.00	23,200.00	借	118,020.50	张峰	力格公司
201906200001	2019年06月20日		2019081299079…	退回包装物押金	0.00	500.00	借	117,520.50	张峰	万里公司
201906220001	2019年06月22日		2019081299097…	支付定金	0.00	10,000.00	借	107,520.50	张峰	力格公司
201906230001	2019年06月23日		2019081299097…	产品销售	2,486.00	0.00	借	110,006.50	张峰	
201906240001	2019年06月24日		2019081299098…	产品销售	15,427.48	0.00	借	125,433.98	张峰	
201906240002	2019年06月24日		2019081299098…	采购商品	0.00	56,500.00	借	68,933.98	张峰	力格公司
201906240003	2019年06月24日		2019082890116…	产品销售	2,260.00	0.00	借	71,193.98	张峰	
201906250001	2019年06月25日		2019082890116…	支付住宿费	0.00	318.00	借	70,875.98	张峰	
201906250002	2019年06月25日		2019082890116…	会议费	0.00	1,000.00	借	69,875.98	张峰	
201906250003	2019年06月25日		2019082890116…	支付手续费	0.00	1.00	借	69,874.98	张峰	
201906290001	2019年06月29日		2019082890116…	电费	0.00	5,100.00	借	64,774.98	张峰	
201906300001	2019年06月30日		2019082890116…	产品销售	50,000.00	0.00	借	114,774.98	张峰	艾美商场
				合计	116,113.98	201,339.00	借	114,774.98		

图4－11 “银行对单账”完成导入窗口

小提示

如果银行对账单是出纳员到银行网点打印的，采用手工逐笔添加录入方式，在菜单栏“添加”功能录入完成即可。

［导入与导出］ 实训开始，恢复［010］账套——“T3账套－模块四”，登录出纳通系统管理界面。点击“账套管理”进入账套列表界面，点击“导入”选择“出纳通账套－模块三任务2活动6.2－办理银行汇票付款业务”进行账套恢复；实训结束，账套管理列表界面，选择实训账套，点击“导出”文件命名为“出纳通账套－模块四任务1活动1－导入银行对账单”。

活动2 对账、查询银行存款余额调节表

活动2.1 对 账

【活动描述】

2019 年 7 月 1 日，出纳员张峰根据已导入 6 月份的银行对账单与银行日记账 6 月份的业务进行核对。

【活动指导】

图 4-12 出纳对账工作图

1. 根据已导入对账单信息，在出纳通门户中对账。

(1) 以出纳员张峰的身份登录出纳通。在“出纳通”门户窗口中，单击“财务处理”—“银行对账”菜单，进入“选择”界面，如图 4-13 所示。

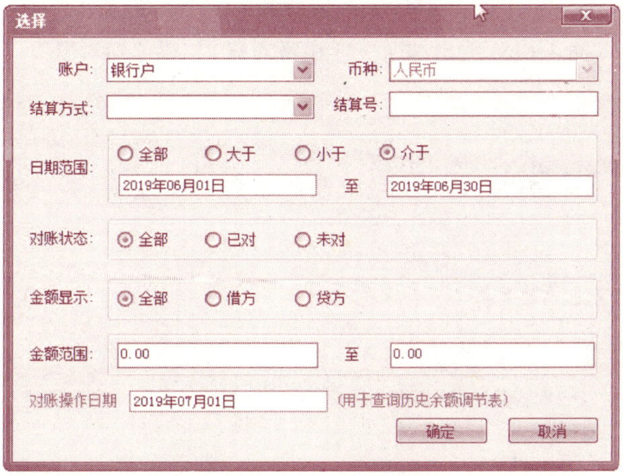

图 4-13 “选择”界面

（2）单击“确定”按钮，进入“出纳通－［银行对账］”窗口，进入后调整列宽全屏显示效果，屏幕左方为银行日记账业务，右方为银行对账单业务，如图4－14所示。

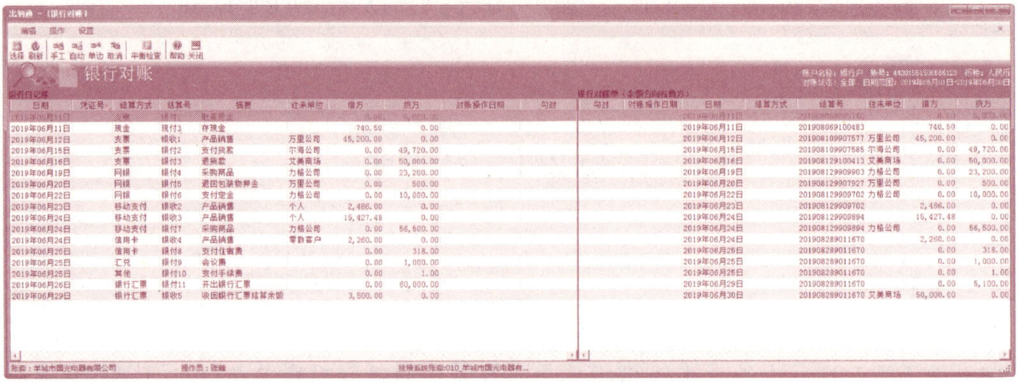

图4－14 “出纳通－［银行对账］”窗口

2. 勾对。

方法一：手工勾对（每一笔逐条勾对）。选定银行对账编辑区里的双方对上的业务，单击“手工”按钮，相应对上的该笔业务勾对列上会出现“√”，如图4－15所示。依此类推，选定双方每笔相同业务，单击“手工”按钮，完成全部业务手工勾对，如图4－16所示。

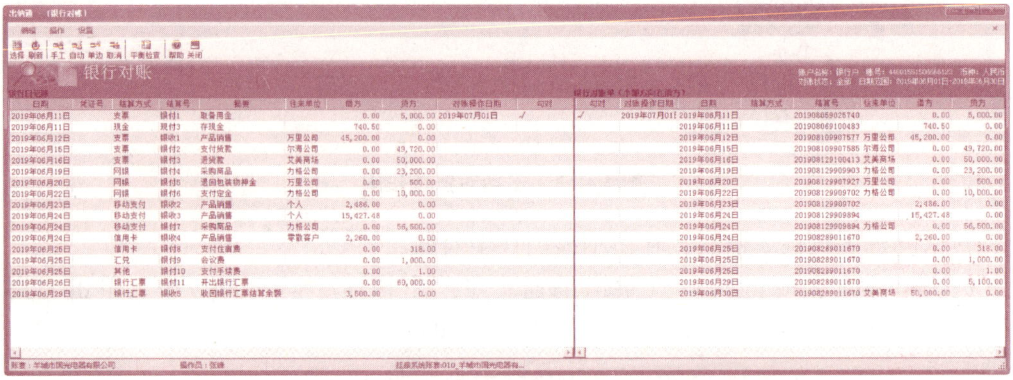

图4－15 “出纳通－［银行对账］”逐笔勾对窗口

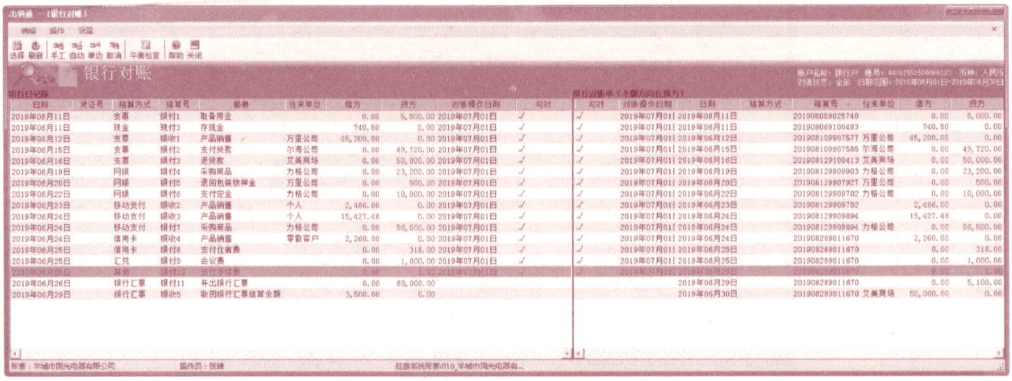

图4－16 “出纳通－［银行对账］”全部业务完成手工勾对窗口

方法二：自动勾对。

（1）在“出纳通－［银行对账］”窗口中，单击“自动”按钮，进入“自动对账条件”界面，在“日期差距在□天内”前面的复选框打“√”，在填充框填上“0”天，如图4－17所示。

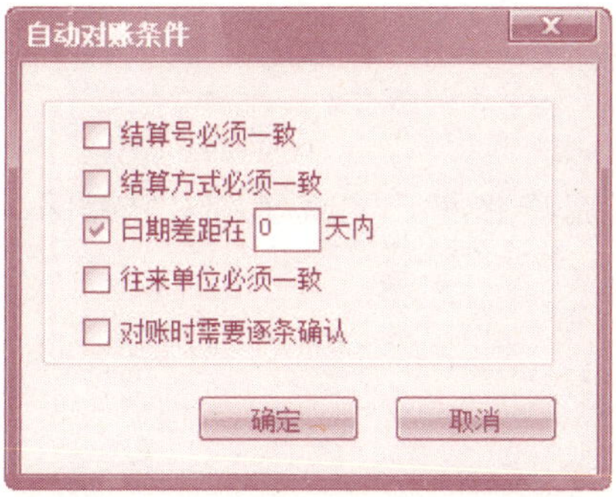

图4－17 “自动对账条件”界面

（2）单击“确定”按钮，进入自动对账完成“提示”界面，如图4－18所示。

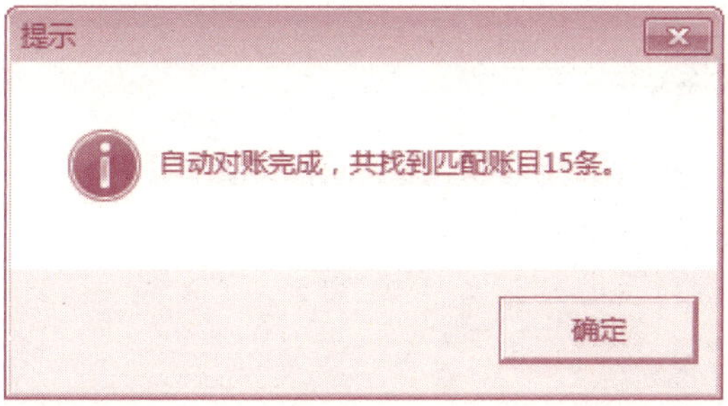

图4－18 “自动对账完成”提示界面

（3）单击“确定”按钮，进入“出纳通－［银行对账］”自动完成对账窗口，如图4－19所示。

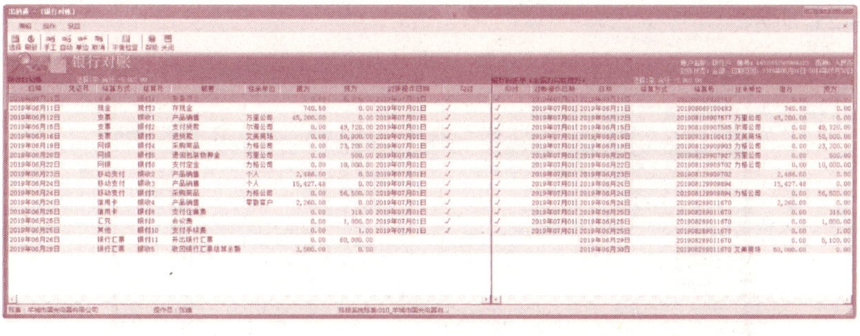

图4－19 “出纳通－［银行对账］”自动完成对账窗口

［导入与导出］ 实训开始，恢复［010］账套——“T3账套－模块四”，登录出纳通系统管理界面。点击“账套管理”进入账套列表界面，点击“导入”选择“出纳通账套－模块四任务1活动1－导入银行对账单”进行账套恢复；实训结束，账套管理列表界面，选择

实训账套，点击“导出”文件命名为“出纳通账套－模块四任务1活动2.1－对账”。

活动2.2 查询银行存款余额调节表

【活动描述】

2019年7月1日，出纳员张峰根据已完成银行对账结果，发现存在未达账项，需要查询银行存款余额调节表。

【活动指导】

根据银行对账结果，在出纳通门户中查询“银行存款余额调节表”。

（1）以出纳员张峰的身份登录出纳通。在“出纳通”门户窗口中，单击“财务处理”—“余额调节表”菜单，进入“余额调节表”界面，如图4－20所示。

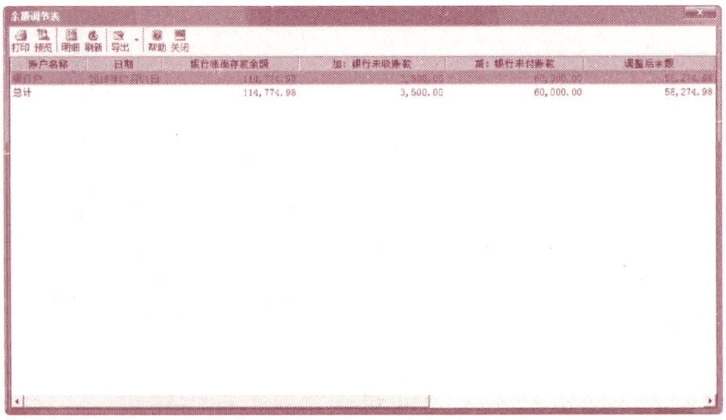

图4－20 “余额调节表”界面

（2）在“余额调节表”界面单击菜单栏“明细”按钮，进入“银行存款余额调节表”界面，如图4－21所示。

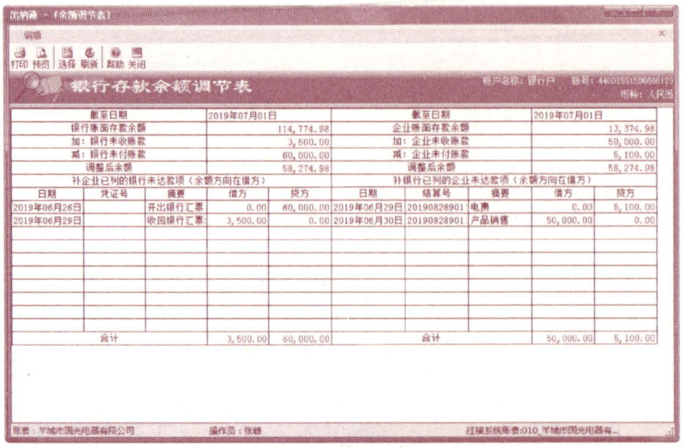

图4－21 “银行存款余额调节表”界面

小提示

在实际工作中，银行存款余额调节表是由非出纳员以外的财务人员编制的，编制后应打印此表，并加盖公章后交会计以作为银行存款日记账余额与银行对单余额不一致的依据，及显示月末银行存款实有数的附件资料。

［导入与导出］实训开始，恢复［010］账套——“T3 账套 - 模块四”，登录出纳通系统管理界面。点击“账套管理”进入账套列表界面，点击“导入”选择“出纳通账套 - 模块四任务 1 活动 2.1 - 对账”进行账套恢复。

任务 2　处理常规期末业务

【学习目标】

□　了解出纳岗位常规期末业务处理的内容及步骤
□　了解查询出纳账表的作用
□　能在出纳系统中进行日记账与总账对账
□　能在出纳系统中对出纳模块进行结账
□　养成规范操作、严谨细致的职业态度

活动 1　查询出纳账表

【活动描述】

2019 年 7 月 1 日，国光电器有限公司财务主管兰英想了解公司当天资金数和 6 月 10 日至 16 日促销活动周销售收款情况，出纳张峰分别进行查询资金报表和日记账，并以报表形式上报。

【活动指导】

1. 查询资金报表。

（1）以出纳员张峰的身份登录出纳通。在“出纳通”门户窗口中，单击“财务处理”—“资金报表”菜单，打开“资金报表选择”界面，在“报表类型”界面中，单击“日报”单选按钮；在“显示明细”复选框中打“√”，如图4－22所示。

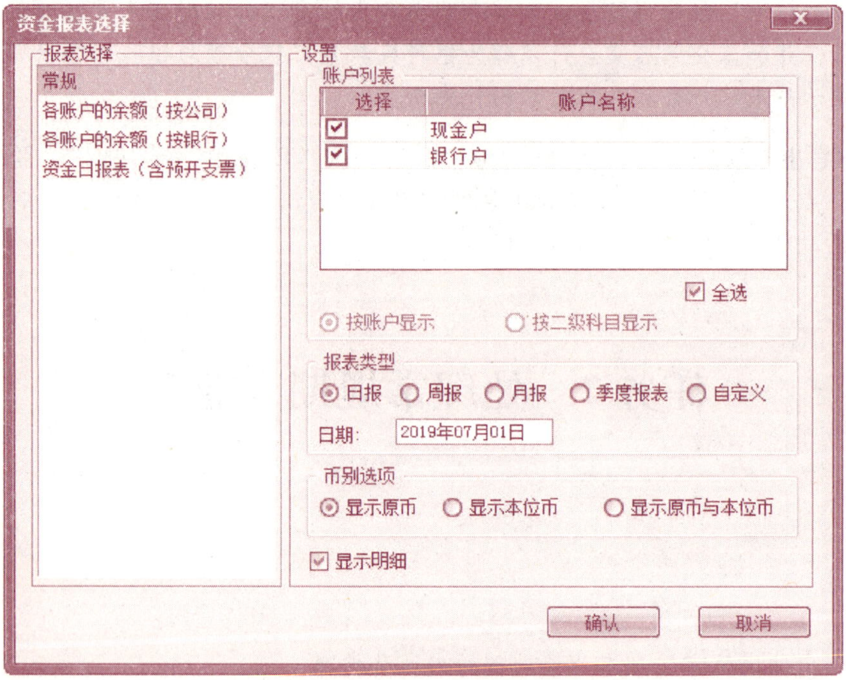

图4－22 “资金报表选择”界面

（2）单击“确定”按钮，进入“出纳通－［资金报表］”窗口，如图4－23所示。

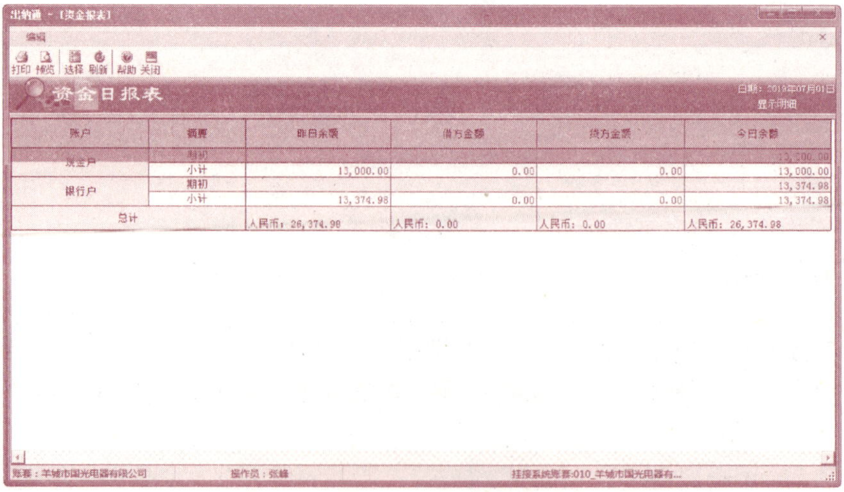

图4－23 “出纳通－［资金报表］”窗口

（3）单击“预览”按钮，进入“资金日报表”格式显示窗口，如图4－24所示。

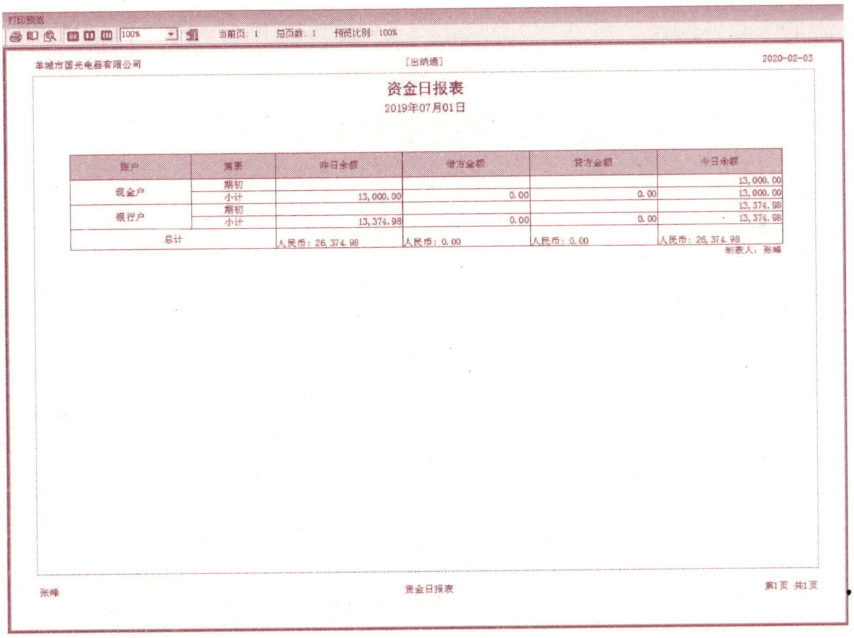

图 4-24 “资金日报表”格式显示窗口

2. 查询日记账。

(1) 以出纳员张峰的身份登录出纳通。在“出纳通”门户窗口中，单击“财务处理”—“日记账查询”菜单。打开“日记账查询”界面，在“账户选择”把“现金户”和“银行户”复选框打上“√”；在“时间范围”区域中单击“按周”单选按钮；在“自”下拉列表框中选择“［19/06/10］-19/06/16”；在“至”下拉列表框中选择“19/06/10-［19/06/16］”，如图 4-25 所示。

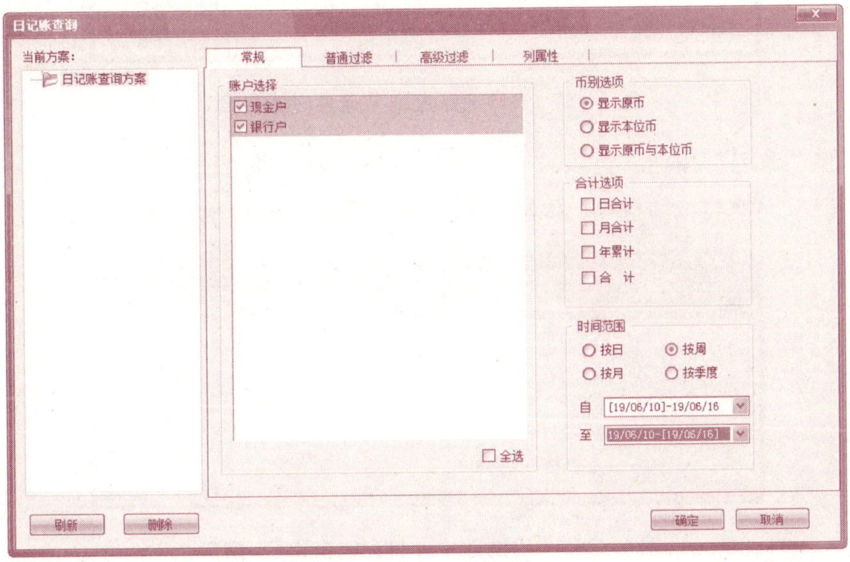

图 4-25 “日记账查询”界面

（2）单击“确定”按钮，进入“出纳通－［日记账查询］”窗口，如图4－26所示。

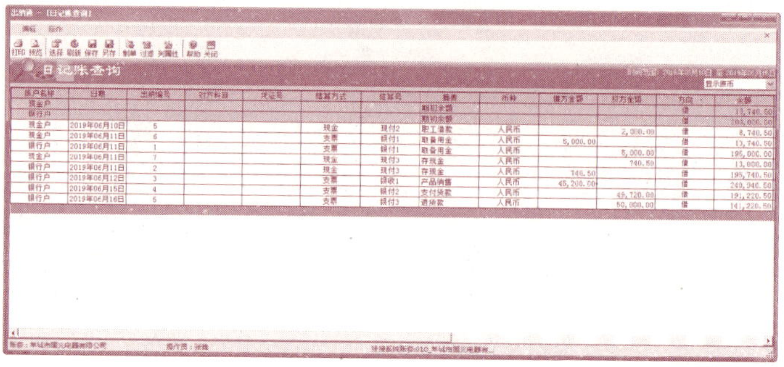

图4－26 “出纳通－［日记账查询］”窗口

（3）在“出纳通－［日记账查询］”窗口中单击“过滤”按钮，进入“日记账查询”条件过滤界面，在“普通过滤”选项“摘要”下拉列表中选择“产品销售”，如图4－27所示。

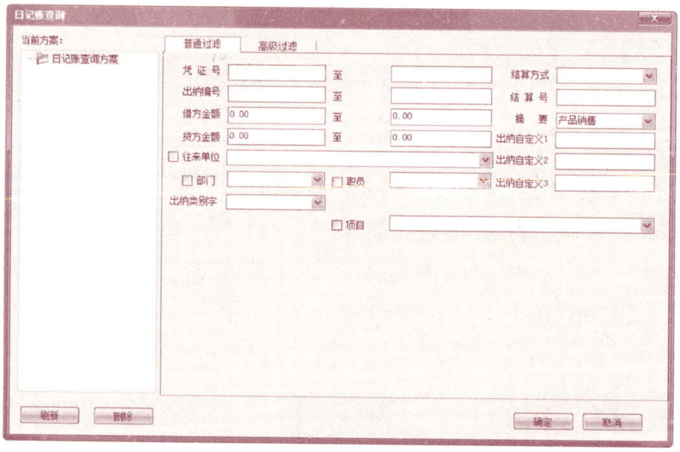

图4－27 “日记账查询”条件过滤界面

（4）单击“确定”按钮，进入“出纳通－［日记账查询］”窗口，如图4－28所示。

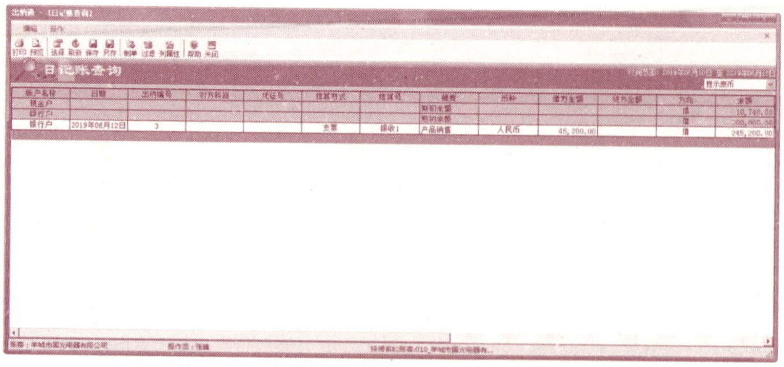

图4－28 “出纳通－［日记账查询］”窗口

（5）“出纳通－［日记账查询］”窗口单击“预览”按钮，进入“日记账查询”报表格

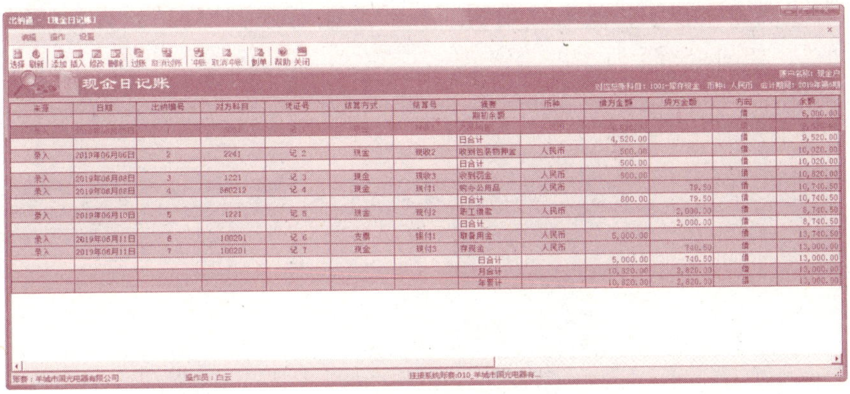

图 4－32 “出纳通－［现金日记账］”全部制单窗口

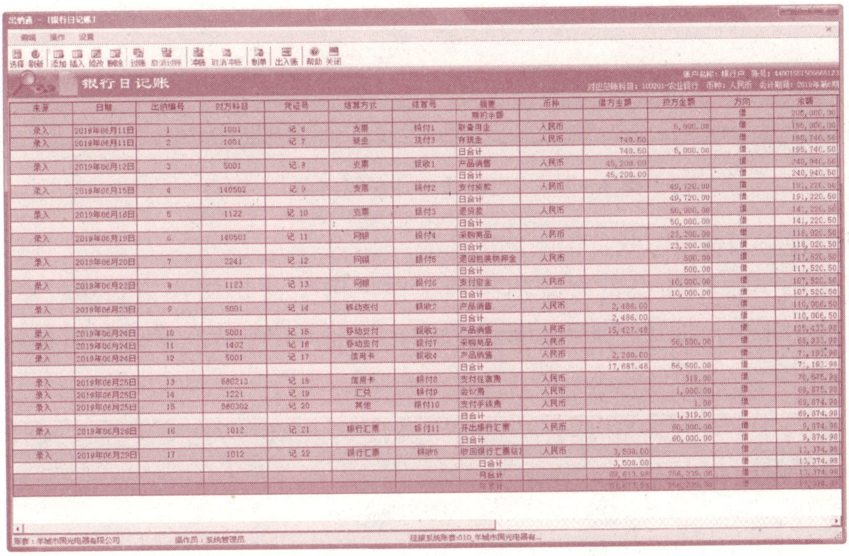

图 4－33 “出纳通－［银行日记账］”全部制单窗口

3. 出纳对日记账与总账系统进行核对。

(1) 以出纳员张峰的身份登录出纳通。在“出纳通”门户窗口中，单击“财务处理”—“总账对账”菜单，打开“选择”界面，如图 4－34 所示。

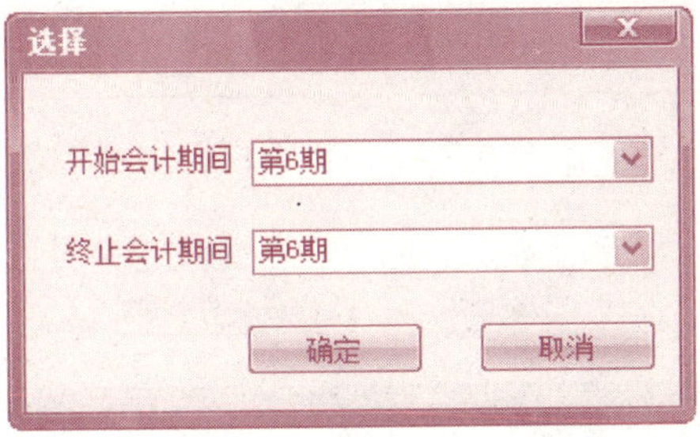

图 4－34 “选择”界面

（2）单击“确定”按钮，进入“出纳通－［总账对账］”窗口，查看核对结果列显示是否显示“平”，如图4－35所示。

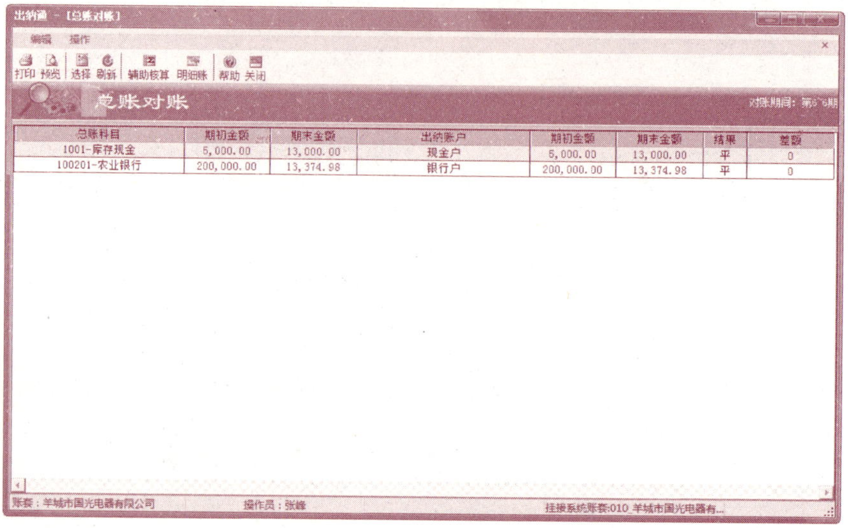

图4－35 “出纳通－［总账对账］”窗口

4. 出纳对现金和银行存款日记账进行月结。

（1）以出纳员张峰的身份登录出纳通。在“出纳通”门户窗口中，单击“财务处理”—“月结”菜单，打开“期末结账”界面，在“账户列表”选择栏对现金户和银行户都打“√”，如图4－36所示。

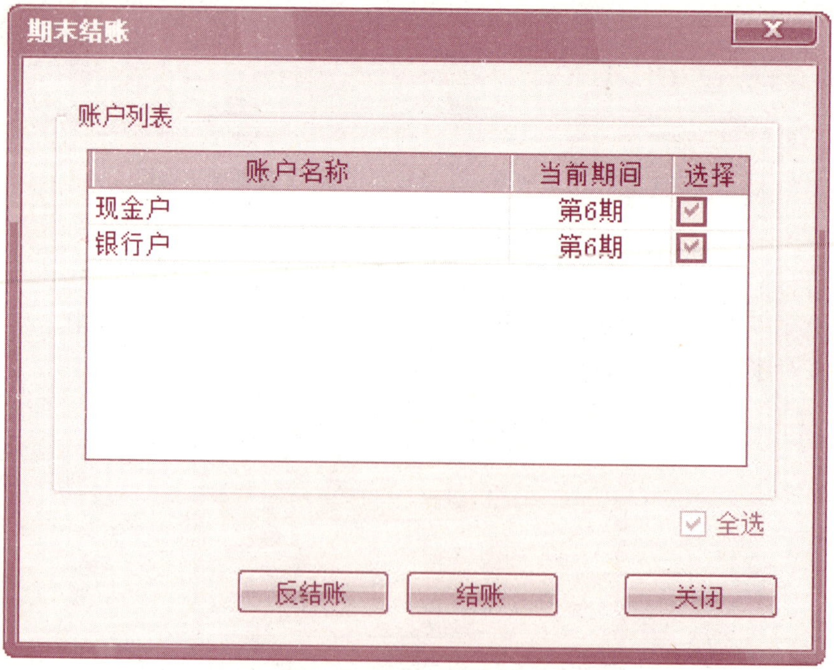

图4－36 “期末结账”界面

（2）单击“结账”按钮，进入结账完成“提示”窗口，如图4－37所示。

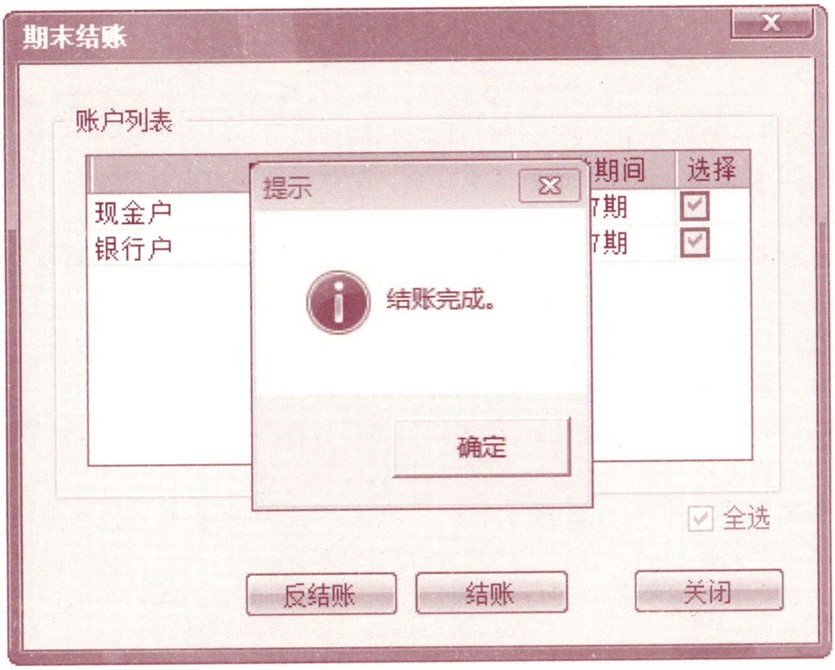

图4－37　结账完成“提示”窗口

（3）单击“确定”按钮，系统结账操作完成。

［导入与导出］实训开始，恢复［010］账套——“T3账套－模块四”，登录出纳通系统管理界面。点击“账套管理”进入账套列表界面，点击“导入”选择“出纳通账套－模块四任务1活动2.1－对账”进行账套恢复。实训结束，账套管理列表界面，选择实训账套，点击“导出”文件命名为“出纳通账套－模块四任务2活动2－完成系统结账操作”。备份［010］账套，备份文件名为“T3账套－模块四任务2活动2－完成系统结账操作”。

任务3　办理出纳交接业务

【学习目标】

- □ 熟悉办理交接业务的手续及财务制度
- □ 掌握各项工作交接表的填写规范
- □ 养成按财务制度办事的职业习惯

【活动描述】

2020年2月20日，国光电器有限公司原出纳员张峰辞职，由新聘的出纳员刘星接任。在公司财务主管兰英的监督下，两人进行出纳工作交接。

截至2月20日上午，张峰经管的货币资金、会计资料和其他财产及事项如下：

1. 库存现金1 439.10元。

2. 经管银行存款账户1个，截至2020年2月20日的银行对账单信息如下：基本存款户，开户银行：中国农业银行羊城滨海支行，账号：44001551506666123，账户余额：234 783.54元。

3. 日记账2本（将软件出纳通2个日记账打印装订成册）。

库存现金日记账（账户余额为：1 439.10元）和银行存款日记账（余额234 783.54元）。

4. 支票使用登记簿1本。

5. 空白支票1本。中国农业银行羊城滨海支行空白支票1本，编号自27808841－27808850，共10张。

6. 空白收据2本：编号自4223113－4223120，1本共8张；编号自4223121－4223140，1本共20张。

7. 商业承兑汇票1张，出票人和承兑人：万里公司，票面金额：23 400元，出票日期：2019年7月10日，到期日：2020年5月10日。

8. 印章4个，分别是“财务专用章”“发票章”“现金收讫”“现金付讫”。

9. 农业银行U盾（K宝）1个，序列号：520812368930。支付密码器1个。

10. 钥匙3把，分别是财务室大门钥匙、档案柜钥匙、保险柜钥匙。

11. 中国农业银行羊城滨海支行回单箱IC卡1个。

12. 密码2套，分别是保险柜箱密码、中国农业银行羊城滨海支行网上银行登录密码。

【活动指导】

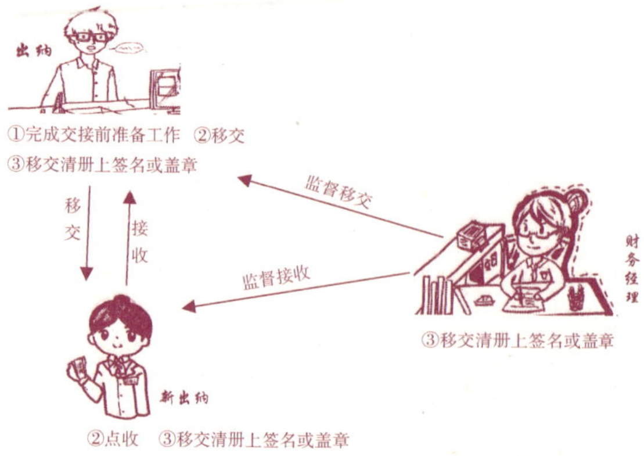

图4－38 办理交接业务的出纳工作流程图

1. 交接前准备工作。

交接人张峰在办理移交手续前应完成以下工作：

（1）根据已受理的业务凭证办理收付手续。

（2）完成软件出纳通库存现金和银行存款日记账的登记。

（3）到银行打印对账单，完成软件出纳通银行对账和查询银行存款余额调节表，并完成出纳期末处理工作后打印库存现金和银行存款日记账装订成册，在日记账最后一笔余额后盖姓名章。

（4）清点库存现金，与库存现金日记账，银行存款总账核对，检查账实、账账是否符合。如不符合应查明原因，按照会计制度进行处理。

（5）编制移交清册，在移交清册上列出办事要点和未了事项，见表4－1。

（6）向会计机构负责人或会计主管人员提出移交申请。

表4－1　　出纳工作移交清册

原出纳员 张峰 因辞职，现出纳工作移交给 刘星 接管。现办理如下交接：

一、交接日期：2020年2月20日

二、交接事项

序号	移交事项	数量	说明	备注√
1	库存现金		1 439.10元	
2	中国农业银行羊城滨海支行	1张	账号：44001551506666123，余额234 783.54元	
3	库存现金日记账	1本	编号：现字1号，账户余额：1 439.10元	
4	基本户银行存款日记账	1本	编号：银字1号，账户余额234 783.54元	
5	支票使用登记簿、发票领用簿、发票登记簿	各1本		
6	中国农业银行羊城滨海支行空白支票	1本	编号自27808841－27808850，共10张	
7	空白收据	2本	编号自4223113－4223120，1本共8张 编号自4223121－4223140，1本共20张	
8	商业承兑汇票	1张	出票人和承兑人：万里公司，票面金额：234 000元，出票：2019年7月12日，到期日：2020年5月10日	
9	印章	4个	财务专用章，发票章，现金收讫，现金付讫	
10	农业银行U盾（K宝）	1个	序列号：520712368930	
	支付密码器、电脑、票据打印机、凭证装订机、点钞机、计算器	各1台		
11	钥匙	3把	财务室大门钥匙，档案柜钥匙，保险柜钥匙	
12	银行回单箱IC卡、银行预留印鉴卡	各1个	中国农业银行羊城滨海支行，账号：44001551506666123	
13	保险柜箱密码	1套	××××××	

续表

序号	移交事项	数量	说明	备注√
14	网上银行登录密码	1套	中国农业银行羊城滨海支行，账号：44001551506666123　密码：××××××	
15	其他未办理事项	无		

三、交接责任

2020年2月20日前出纳责任由张峰负责；2020年2月20日起出纳工作由刘星负责。

以上交接事项均经交接双方认定无误。本交接书一式三份，双方各执一份，存档一份。

移交人：　张峰　时间：2020年　2月20日

接管人：　　　　时间：　　年　　月　　日

监交人：　　　　时间：　　年　　月　　日

2. 移交点收。

国光电器有限公司派出财务科主管兰英负责监交，接管人员刘星按照移交清册逐一点收货币资金、会计资料和其他财产物资，在移交清册对应的栏目打“√”，与交接人张峰当面交接。

（1）接管人清点实际现金数额，与库存现金日记账、库存现金总账核对，检查账实、账证是否符合。如不符合，在移交清册中注明，由移交人查明原因负责处理。

（2）接管人核对银行对账单、银行存款日记账、银行存款总账、银行存款余额调节表，检查账实、账账是否相符。如不相符，在移交清册中注明，由移交人查明原因负责处理。

（3）接管人检查日记账、支票使用登记簿和其他会计资料是否完整无缺，如有短缺，在移交清册中注明，由移交人查明原因负责处理。

（4）接管人根据支票使用登记簿检查空白支票、作废支票是否齐全、连号，空白收据等其他空白凭证是否连号。如有短缺，在移交清册中注明，由移交人查明原因负责处理。

（5）接管人检查其他有价证券的数量是否与应收票据账簿的记录一致，有价证券的面额是否与相关账簿余额相符。如有短缺，在移交清册中注明，由移交人查明原因负责处理。

（6）接管人检查印章数量、内容是否相符。

（7）接管人检查钥匙是否匹配，当面打开保险柜，检查密码是否正确。

（8）接管人在电脑中插入银行U盾，当面使用密码登录网上银行，确认U盾和登录密码正确。当面清点以下用具和设备：支付密码器、电脑、票据打印机、凭证装订机、点钞机、计算器。

（9）移交人与接管人持银行回单箱IC卡到银行当面打开银行回单箱，确认IC卡与回单箱匹配。

（10）检查其他未办理事项的单据是否完整、手续是否齐全。如有缺漏、错误，在移交清册中注明，由移交人查明原因负责处理。

3. 在移交清册上签名或盖章。

接管人清点完毕后，交接双方（张峰、刘星）和监交人（兰英）在移交清册上签名或盖章。移交清册一式三份，交接双方各执一份，存档一份。

4. 办理交接后的事项。

（1）接管人接收账簿后，应在出纳通软件继续登记，以保持会计记录的前后衔接、内容完整。接管人在打印账簿扉页的“账簿经管人员一览表”登记有关信息，如表4－2所示。

表4－2　　账簿经管人员一览表

经管人员		接管日期			移交日期			监交人员	
姓名	签章	年	月	日	年	月	日	职务	姓名
张峰	张峰	2020	1	1	2020	2	20	财务主管	兰英
刘星	刘星	2020	2	20					

（2）更换密码、钥匙。接管人接收有关钥匙和密码后，应及时重设密码，必要时更换钥匙，以确保财产安全。

（3）到银行办理变更经办人手续。接管人应持公司有关授权委托证明、本人身份证明，到银行办理变更经办人手续。

考核与实训

一、单选题

1. 出纳银行对账是（　　）。

A. 银行存款日记账与银行存款总账核对　B. 现金日记账与银行存款日记账核对

C. 银行存款日记账与银行对账单核对　D. 银行存款日记账与现金总账核对

2. 下列说法正确的是（　　）。

A. 移交清册一式两份，交接双方各执一份

B. 移交清册一式三份，交接双方和监交人各执一份

C. 移交清册一式三份，交接双方各执一份，留档一份

D. 移交清册一式四份，交接双方和监交人各执一份，留档一份

二、多选题

1. 未达账项包括（　　）。

A. 企业已收款入账，而银行未收款入账的款项

B. 企业已付款账，而银行未付入账的款项

C. 银行已收款入账，而企业未收款入账的款项

D. 银行已付款入账，而企业未付款入账的款项

2. 出纳交接内容包括（　　）。

A. 库存现金　　B. 日记账

C. 支票及有价证券　　D. 其他会计资料

三、判断题

1. 银行存款日记账和银行对账单余额相等，说明双方记账一定没有错误。（　　）

2. 银行存款余额调节表调节后的余额表示为企业的实际存款金额。（　　）

3. 在银行存款核对中发现未达账项后，应根据银行存款余额调节表调整账面记录。（　　）

4. 出纳工作交接只要接收双方确认方可。（　　）

四、综合业务题

实训六　银行对账及期末处理

[实训准备]

引入综合实训备份资料中的“实训5－电算化账套（会计完成制单）”。恢复008账套。登录008账套，进入“出纳管理系统”在“系统管理”的“账套”下的“账套管理”导入“实训5－出纳通账套（会计完成制单）”。

[实训要求]

在出纳管理系统中完成期末对账业务及月结处理。

[实训资料]

银行对账单（见表4－3）。

表4－3　银行对账单

电子回单号	交易时间	支出	存入	账户余额	对方账号	对方户名	对方行名称	摘要	用途/其他摘要
20190711433343744344411	20190709	1 961.00		1 188 599.00				取备用金	取备用金
20190711434747443444344	20190711	13 560.00		1 175 039.00	2265826	西江西海有限公司	建行西江西区支行	支付货款	支付货款
20190712483480034343434	20190712		11 300.00	1 186 339.00	2396105	西江顺景有限公司	西江健康支行	产品销售	产品销售
20190714213110874813133	20190713		5 000.00	1 191 339.00	5263147	必加美有限公司	建行西江北区支行	收到定金	收到定金
20190714023308080303431	20190717	7 458.00		1 183 881.00	2263019	天之美股份有限公司	西江西区支行	支付货款	支付货款

续表

电子回单号	交易时间	支出	存入	账户余额	对方账号	对方户名	对方行名称	摘要	用途/其他摘要
20190719020313834848134	20190718		9 492.00	1 193 373.00	5263147	必加美有限公司	建行西江北区支行	产品销售	产品销售
20190720181084990887744	20190718	1 000.00		1 192 373.00	2396105	西江顺景有限公司	西江健康支行	退回押金	退回押金
20190722130887489913134	20190720		902.40	1 193 275.40				产品销售	产品销售
20190723313134381313141	20190722	6 000.00		1 187 275.40	623545464568745	刘潜力	西江前进支行	报销差旅费	报销差旅费
20190724002383088983034	20490722	1 130.00		1 186 145.40	623545464568745	刘潜力	西江前进支行	购办公用品	购办公用品
20190723020331313134241	20190728		14 690.00	1 200 835.40	9658746	西江城西有限公司	中国银行股份有限公司西江西江支行	收到退货款	收到退货款
20190723038033211837841	20190731	50 000.00		1 150 835.40				开出银行汇票	开出银行汇票

模块五
综合实训

一、背景资料

（一）企业基本情况（见表5-1）

表5-1　　企业基本情况

企业名称	广州市宏鑫电脑有限公司
法人代表	张田
会计主管	陈丽
会　计	春一星
出　纳	陈家可　身份证：645233198811265574 发证机关：西江市公安局东区分局
住址、邮编	广州市海珠区新滘西路20号　500021
电 话	88662588
信用代码证	652148962014000956
开户银行	农业银行广州新滘支行
账号	663215999251
主营业务	销售联想一体机、Dell台式电脑、华美便捷式手提
公司性质	商业

（二）企业会计政策

（1）公司执行《小企业会计准则》（2011年）和财政部颁发的《会计基础工作规范》《会计基础工作规范说明》。

（2）公司经广州市国家税务局认定为一般纳税人企业，增值税税率13%，城市维护建设税税率7%，教育费附加费率3%，企业所得税税率25%（企业所得税实行查账计征，按季预缴、年终汇算清缴）。

二、业务操作

（一）电算化账套初始化设置（以系统管理员身份设置操作员、建账并进行操作员的权限分工，以账套主管陈丽的身份进行基础设置）

1. 系统管理

（1）企业基本信息。

账套号：012；账套名称：广州宏鑫电脑有限公司；启用期间：2019 年 9 月；单位名称：广州市宏鑫电脑有限公司；单位简称：宏鑫电脑；单位地址：广州市海珠区新滘西路 20 号；法人代表：张田；联系电话：88662588；税号：652148962014000956；企业类型：商业；行业性质：小企业会计准则（2013 年）（按行业性质预置科目）；账套主管为：demo。

基础信息：存货、供应商、客户不分类，无外币核算，采用标准业务流程。编码方案：科目编码 42222。

启用模块：总账，启用日期：2019 年 9 月 1 日。

（2）增加用户并进行用户授权管理（见表 5－2）。

表 5－2　　用户及授权管理

编号	姓名	岗位	职责
201	陈丽	账套主管	账套主管
202	春一星	会计	公用目录、出纳通、总账（除出纳签名、审核凭证以外的所有权限）
203	陈家可	出纳员	公用目录、出纳通、总账中的出纳签字

小提示

用账套主管进去 T3－企业管理信息化软件，启动出纳通系统。

2. 基础档案设置

（1）部门档案（见表 5－3）。

表 5－3　　部门档案

编号	部门名称	编号	部门名称
1	行政部门	4	仓储部门
2	财务部门	5	销售部门
3	采购部门		

（2）职员档案（见表 5－4）。

表 5－4　　职员档案

编号	所属部门	姓名	编号	所属部门	姓名
101	行政部门	张田	302	采购部门	梁绮珊
102	行政部门	李华	401	仓储部门	陈婷婷

续表

编号	所属部门	姓名	编号	所属部门	姓名
201	财务部门	陈丽	402	仓储部门	徐子豪
202	财务部门	春一星	501	销售部门	黄伟哲
203	财务部门	陈家可	502	销售部门	林自玉
301	采购部门	吴慧			

（3）客户档案（见表5－5）。

表5－5　　客户档案

客户编码	客户简称	信用代码	地 址、电 话	开户银行	开户账号
KH001	韵达公司	524800123456000726	广州市前进路105号，83286145	建行前进支行	526314795148
KH002	联利公司	524800123456000789	广州市健康路8号，56942365	工行健康支行	239610585147
KH003	天一商场	524800123456000785	广州市南堤路36号，51566781	建行南堤支行	638952432546
KH098	零散客户				
KH099	个人				

（4）供应商档案（见表5－6）。

表5－6　　供应商档案

供应商编码	供应商简称	开户银行	开户账号	信用代码
GYS001	南阳公司	中行西江支行	965874654842	524800123456000714
GYS002	同里美公司	建行西区支行	226582615432	524800123456000799
GYS003	花园公司	工行西江支行	226301915612	524800123456000749

（5）收付结算设置。

①本公司的开户银行（001 农业银行广州新滘支行663215999251）。

②结算方式（见表5－7）。

表5－7

结算方式编码	结算方式名称	票据管理	结算方式编码	结算方式名称	票据管理
1	现金		5	网银	
2	支票		6	移动支付	
3	银行汇票		7	信用卡	
4	汇兑		8	其他	

（6）凭证类别：记账凭证。

（7）根据表5－8增加会计科目。

表5－8

科目编码	科目名称	辅助项
100201	农业银行	日记账、银行账
101201	银行汇票存款	
101202	定额备用金	
122101	个人	个人往来
140501	联想一体机	数量金额式（台）
140502	Dell台式电脑	数量金额式（台）
140503	华美便捷式手提	数量金额式（台）
224101	押金	
560108	差旅费	
560109	其他	
560212	办公费	
560213	差旅费	
560214	其他	

（8）2019年8月30日期初余额（见表5－9）。

表5－9

科目代码	科目名称	借方余额	贷方余额	辅助项
1001	库存现金	9 150.00		日记账
1002	银行存款	4 033 930.00		日记账、银行账
100201	农业银行	4 033 930.00		日记账、银行账
1012	其他货币资金	2 000.00		
101202	定额备用金	2 000.00		
1122	应收账款	23 400.00		客户往来
1405	库存商品	1 260 500.00		数量金额式（台）
140501	联想一体机	625 000.00		125台@5 000
140502	Dell台式电脑	321 000.00		107台@3 000
140503	华美便捷式手提	314 500.00		74台@4 250
1601	固定资产	3 320 000.00		
1602	累计折旧		812 900.00	
2202	应付账款		15 000.00	供应商往来
3001	实收资本		4 900 000.00	
3002	资本公积		1 550 000.00	
3101	盈余公积		350 000.00	
310101	法定盈余公积		350 000.00	
3104	利润分配		515 480.00	
310415	未分配利润		515 480.00	
3103	本年利润		505 600.00	

①应收账款明细账（见表5－10）。

表5－10

日期	名称	摘要	金额
2019－08－12	联利公司	销售商品	23 400.00

②应付账款明细账（见表5－11）。

表5－11

日期	名称	摘要	金额
2019－08－29	花园公司	采购商品	15 000.00

（9）指定科目：库存现金总账指定为“库存现金”，银行存款总账指定为“银行存款”。

（二）出纳通账套初始化设置

小提示

建立完T3账套后，用账套主管进入T3门户点击“出纳管理”开始创建出纳通账套，并将基础数据同步到出纳管理中。

1. 增加出纳通操作员并赋权（见表5－12）

表5－12

用户	密码	权限
春一星	空	过账、取消过账、制单、删除凭证
陈家可	空	全部权限（除过账、取消过账、制单、删除凭证的权限外）

2. 添加现金账户并编辑现金账户信息（见表5－13）。

表5－13

账户名称	现金账户
总账科目	1001－库存现金
账户币种	人民币
账户类型	现金
建账日期	2019年09月01日
余额	9 150.00

3. 添加银行账户并编辑银行账户信息（见表5－14）。

表5－14

账户名称	银行账户
总账科目	100201－银行存款
建账银行	农业银行广州新滘支行
账户币种	人民币

续表

账户名称	银行账户
账户类型	银行存款
建账日期	2019 年 09 月 01 日
余额	4 033 930. 00（无未达账）
公司名称	广州市宏鑫电脑有限公司
开户银行	农业银行广州新滘支行
银行账号	663215999251
省市县	广东省广州市

4. 新建普通支票账户并添加票据数据（见表 5－15）。

表 5－15

账号名称	中国农业银行支票（粤）
关联银行账户	银行账户
票据类型	普通支票
编号前缀	21375602
起止号码	44017001
张数	50

（三）业务题（以出纳陈家可身份处理日常业务）

1. 2019 年 9 月日常业务：

（1）2019 年 9 月 5 日，向云天小商店销售联想一体机 1 台，含税价 8 588 元，开出增值税普通发票，出纳陈家可收现金结算的货税款。

（2）2019 年 9 月 6 日，收到联利公司业务员以现金方式交来购买货物的押金 870 元。

（3）2019 年 9 月 8 日，仓库管理员陈婷婷因管理不善造成产品报废，经决定罚款 800 元，当日向财务上交现金 800 元。

（4）2019 年 9 月 8 日，财务部陈家可去新华文具店购买零星办公用品款，对方开出普通发票，共计金额 112 元，陈家可用现金支付。

（5）2019 年 9 月 10 日，收到销售部门林自玉交来已审批的借支单，办理出差借款 4 000元，出纳员陈家可已支付现金。

（6）2019 年 9 月 11 日，出纳陈家可，开出支票提现（票号：44017001），提取现金 1 500元零钱备用。

（7）2019 年 9 月 11 日，出纳陈家可对现金进行盘点，其中 100 元面额 1 把 60 张，20 元面额的 29 张，10 元面额的 10 张，5 元面额的 20 张，1 元面额的 16 张。并将超过银行核定的库存现金限额的 11 796 元余款送存银行。

（8）2019 年 9 月 12 日，向联利公司销售联想一体机 10 台，价款 76 000 元，税费 9 880 元，价税合计 85 880 元，开出增值税专用发票 1 张，收到联利公司开出的转账支票（号码：

44022345）1 张，出纳员陈家可，持支票到银行办理转账。

（9）2019 年 9 月 14 日，采购部门吴慧持购买合同来财务部申领支票（票号：44017002）一张支付货款，向同里美公司购买 Dell 台式电脑 25 台。收到对方开出增值税专用发票，发票注明每台价款 3 000 元，金额 75 000 元，增值税 9 750 元，价税合计 84 750 元。当日电冰箱已验收入库，出纳员陈家可开出支票交给吴慧。

（10）2019 年 9 月 16 日，收到韵达公司交来退货单，出纳陈家可开出红字增值税专用发票 1 张，价税合计 135 600 元，办理退货业务。出纳员陈家可，根据业务开出支票（票号：44017003）交给销售部门黄伟哲进行退货款。

（11）2019 年 9 月 19 日，采购员吴慧向同里美公司购买 Dell 台式电脑 20 台，并交来请款单、入库单和增值税专用发票，发票注明金额 60 000 元，增值税 7 800 元，价税合计 67 800元。凭证审核无误后出纳办理网银支付手续。

（12）2019 年 9 月 20 日，收到销售员黄伟哲交来客户联利公司的包装物押金 870 元的退回申请单，出纳陈家可通过网银办理退款手续。

（13）2019 年 9 月 22 日，出纳员陈家可通过网银方式向南阳公司转出采购联想一体机定金 10 000 元。

（14）2019 年 9 月 22 日，向天一商场销售华美便捷式手提电脑一台，售价 6 888 元，增值税 895. 44 元，价税合计 7 783. 44 元，出纳陈家可开出增值税普通发票，对方以微信的方式支付货税款。

（15）2019 年 9 月 23 日，接到客户韵达公司网购订单，订单显示对方需购买华美便捷式一体机 6 台，协商价格为每单价台 7 500 元，开出增值税电子专用发票，价款 45 000 元，增值税 5 850 元，价税合计 50 850。韵达公司验货后，通知支付宝支付货款（支付宝按货款的 0. 2% 收取手续费）。

（16）2019 年 9 月 24 日，收到采购员吴慧交来的增值税专用发票，向南阳公司采购联想一体机 10 台，价税合计共 56 500 元，出纳陈家可办理支付宝支付结算。

（17）2019 年 9 月 25 日，收到快克商店购买 Dell 台式电脑 1 台的信用卡款 5 152. 80 元。

（18）2019 年 9 月 25 日，行政主管张田出差，以公务卡支付火车费 2 230 元，根据火车费发票回来报销，出纳员陈家可为他办理还公务卡款。

（19）2019 年 9 月 25 日，行政部门李华到新加坡参加全国商业联盟座谈会议，需要支付会议费 8 500 元，出纳陈家可根据会议费发票（机打发票）为其办理汇款。

（20）2019 年 9 月 26 日，采购员梁绮珊向同里美公司采购 Dell 台式电脑一批，申请开出银行汇票 60 000 元，准备支付货款。当日出纳陈家可去银行开出 60 000 元银行汇票，并支付开票手续费 3 元，回来把银行汇票交给采购员梁绮珊。

（21）2019 年 9 月 28 日，采购员梁绮珊到同里美公司采购联想一体机 25 台，对方开出增值税专用发票，发票注明每台价款 2 000 元，金额 50 000 元，增值税 6 500 元，价税合计 56 500 元，采购员梁绮珊将银行汇票交给对方用来支付货款。

（22）2019 年 9 月 29 日，出纳陈家可收到银行退回银行汇票多余款的收款通知。

2. 期末业务：

（1）2019 年 9 月 30 日，出纳员在网银上下载对账单，导入（见表 5 – 16）对账单并进行对账，会计查询银行余额调节表并打印。

表 5 – 16　　中国农业银行企业存款对账单

账号：663215999251　　账户名：广州市宏鑫电脑有限公司

查询起止日期：2019 – 09 – 01 至 2019 – 09 – 30

支出汇总：427 753.00　　收入汇总：195 362.24

电子回单号	交易时间	支出	存入	账户余额	对方账号	对方户名	对方行名称	摘要	用途/其他摘要
20190911453543766564611	20190911	1 500.00		4 032 430.00				取备用金	取备用金
20190911456767665444564	20190911		11 796.00	4 044 226.00				存现金	存现金
20190912485480056545454	20190912		85 880.00	4 130 106.00	239610585147	联利公司	工行广州健康支行	产品销售	产品销售
20190914215110874815133	20190914	84 750.00		4 045 356.00	226582615432	同里美公司	建行广州西区支行	支付货款	支付货款
20190916025508080505651	20190916	135 600.00		3 909 756.00	526314795148	韵达公司	建行广州前进支行	退货款	退货款
20190919020515854848156	20190919	67 800.00		3 841 956.00	226582615432	同里美公司	建行广州西区支行	采购商品	采购商品
20190920181084990887746	20190920	870.00		3 841 086.00	239610585147	联利公司	工行广州健康支行	退回押金	退回押金
20190922150887489915154	20190922	10 000.00		3 831 086.00	965874654842	南阳公司	中国银行股份有限公司广州西江支行	支付定金	支付定金
20190923515154581515161	20190923		7 783.44	3 838 869.44	638952432546	天一商场	建行广州南堤支行	产品销售	产品销售
20190924002585088985054	20190924		50 850.00	3 889 719.44	526314795148	韵达公司	建行广州前进支行	产品销售	产品销售
20190925020551515156241	20190925	56 500.00		3 833 219.44	965874654842	南阳公司	中国银行股份有限公司广州西江支行	支付货款	支付货款
20190925058033211857841	20190925		5 152.80	3 838 372.24	6401235011232312	陈一帆	中国银行股份有限公司广州黄沙支行	产品销售	产品销售
20190925057451551445647	20190925	2 230.00		3 836 142.24	6854120125354456	张田	新滘支行	报销差旅费	报销差旅费

续表

电子回单号	交易时间	支出	存入	账户余额	对方账号	对方户名	对方行名称	摘要	用途/其他摘要
20190925151880998151514	20190925	8 500.00		3 827 642.24	323155614431	中国商业联盟股份有限公司	北路支行	支付会议费	支付会议费
20190926550508481481652	20190926	60 000.00		3 767 642.24				开出银行汇票	开出银行汇票
20190926550508481481653	20190926	3.00		3 767 639.24				开票手续费	开票手续费
20190929208406064056131	20190929		33 900.00	3 801 539.24	526314795148	韵达公司	建行广州前进支行	产品销售	产品销售

（2）2019 年 9 月 30 日，会计登录到“出纳管理”系统，进行日记账过账并制单处理。

（3）2019 年 9 月 30 日，出纳员陈家可进行出纳账户与总账对账，对账无误后完成系统结转操作。